RECLAM-BIBLIOTHEK

Adolf Endlers Sudelblätter gehen zurück auf Tagebuchaufzeichnungen aus den Jahren 1981–1983.
Ereignisse, Fiktionen, Träume, Obsessionen hart aneinandergeschnitten, verselbständigen sich in Kalauern, satirischen Passagen, Hohngelächter, Zornesausbrüchen und Flüchen. Noch im skurrilen Witz bleibt der Ernst sichtbar, mit dem der Autor ihn Empörendes, Verletzendes benennt. Endler schürft tief, wo geglättet, gelogen, totgeschwiegen wird. Entstanden ist ein Buch, in dem die urbane Atmosphäre Berlins, das trotz Unterdrückung lustvolle dissidentische Treiben in den frühen 80er Jahren im Stadtteil Prenzlauer Berg lebendige Gestalt annehmen.
Adolf Endler, geboren 1930 in Düsseldorf, erhielt für dieses poetische Dokument den »Brandenburgischen Literaturpreis 1994«, den »Preis der SWF–Bestenliste 1995« und den »Brüder-Grimm-Preis der Stadt Hanau 1995«.

Adolf Endler **Tarzan am Prenzlauer Berg**

Sudelblätter 1981–1983

Reclam Verlag Leipzig

Der Verfasser dankt dem
Deutschen Literaturfonds e. V.
für die großzügige
Unterstützung
der vorliegenden Arbeit.

ISBN 3-379-01565-2

© Reclam Verlag Leipzig 1994, 1996

Reclam-Bibliothek Band 1565
1. Auflage, 1996
Reihengestaltung: Hans Peter Willberg
Umschlaggestaltung und Typografie: Matthias Gubig
(Porträtfoto des Autors: © by Anita Schiffer-Fuchs, Köln)
Gesetzt aus Officina Serif
Satz: Offizin Andersen Nexö Leipzig
Druck und Bindung: Ebner Ulm
Printed in Germany

Vorbemerkung / 11

ERSTES BUCH

Oktober 81

Introduktion / 16
Lychener Straße / 16
Botschaft / 19
»Lyrik der DDR« / 19
Schüsse / 21
Wäschekorb / 21
Mißtrauen / 22
Bahro / 23
Auf den Kopf gestelltes muffiges Schema / 23
Hauptwerk / 24
»Die Russen« / 27
»Wanzen« (I) / 27
Hundeprüfung / 29
Stabilbaukasten / 30

November 81

Ausdruck / 31
»Genug« / 31
Blockpresse / 32
Klingelbeutel / 32
Ein Hurra / 33
Ledermantel-Jenny / 33
»Stimmen einer Stadt« / 35
Tragelehn / 36
Kleine Fische / 36
Der »Zeit«-Kinderwagen / 37
Stimme von oben/unten / 40

Hauptwerk (Fortsetzung) / 41
Hitler / 42

Dezember 81

Winterurlaub / 44
Der Kaiser ist nackt / 44
Brief an Peter Gosse (Leipzig) / 45
Flagge zeigen / 47
Traum-Straße / 49
Sog / 49
»Prenzlberch« / 54
Voodoo-Arendt / 54
Zufallsbegegnung / 57
Jugendtourist / 57

Januar 82

»Feuchte Ecke« / 59
Zettel an der Wohnungstür / 59
Versuch / 63
Chile / 63
Die Zote / 64
Wa! / 64
Wanderdüne Prenzlauer Berg / 65
»Innerer Ring« / 66
Förderung / 67
Jandl im Landl / 68
Der Unhold / 69
Kartoffeln / 70

Februar 82

Witze / 71

Erstaunter Bildhauer / 71
Kim Ir Sen / 72
Stasi-Schrippen / 73
»Schnäcke« / 73
Wortgewalt / 75
Welle / 76
Briefmarken im Bier / 77
Ausdruck / 79
Zuchthaus / 79
Museum der Drohgebärden / 80
Nix deitsch / 82
Auf gute Zusammenarbeit / 83

März 82

Widmung / 84
Majaks Erben / 84
HWG / 84
Reisebericht / 85
Victory is possible / 86
KA und Nicht-KA / 87
Wanzen (II) / 88
»Geklont« / 90
Der Mantel / 90
Wörter, Wörter / 91
Das ewige ›Looch‹ / 92
Statement Ende März 1982 / 93
Die Leere / 96

April 82

Militärischer Sperrbezirk / 97
Blacky Bulat / 97

Neue alte Bildwelt / 99
Honni / 99
Tuck-Tengelmatz-Story (I) / 100
Paul Wiens / 103
Post / 104
Adresse / 105
Tuck-Tengelmatz-Story (II) / 105
Geburtsstation / 106
Kolbe / 107
»Bambi« / 107
Wanzen (III) / 109

Mai 82

Schöne Stille / 110
Die Bilder / 110
Fernsehturm / 111
Tuck-Tengelmatz-Story (III) / 111
Empfindung / 114
DDR-News / 114
Wiedererweckung / 115
Wort / 117
Oberlausitz / 117
Sorbisches / 118
Als Pandittrich / 119
Briefe an Franz Fühmann (I) / 119
Kultbuch / 120
Abkommandiert / 121
Berliner Geschichte / 122

Juni 82

Wachsamkeit / 123

Fuge / 123
Stille Tage am Prenzlauer
 Berg (I) / 124
»Damals war's ...« / 126
Biermann / 127
Das Prager Krügl / 128
Reise-Gedichte / 129
Pedestrisch / 130
Problem / 131
Liedgut / 131
»Akte Endler" / 132
Vitaler Kadaver / 133
Unter den Dächern von
 Prenzlauer Berg / 135
»Gerettetet« / 135

ZWEITES BUCH

September 82

Die Sonne / 138
Schulanfang / 139
PEN-Charta / 140
Die Flucht / 144
Der sterbende Dichter / 144
Engpaß / 147
Quadratisch / 148
Stille Tage am Prenzlauer
 Berg (II) / 148
Merkhilfe / 150
Wörterhaufen / 150
Gambrinus / 152

Oktober 82

Geburtstagsgeschenk / 154
Der alte Vagant / 155

»Und« / 158
Kulturkonferenz der FDJ
 / 159
PEN-Club-Tagung / 160
Spaziergänge / 163
Opfergang / 165
Berufsverbot / 166

November 82

Memories / 167
U-Boot / 167
Heroes / 168
Unterschriftensammlung
 (I) / 169
Gebrüll / 171
Grenadierstraße / 171
Unterschriftensammlung
 (II) / 172
Krähwinkel / 173
Bille / 173
Arbeitstreffen / 175
Unterschriftensammlung
 (III) / 176
Kinderfrage / 177
Kellerasseln / 177
Besuch in Leipzig / 178
Becher / 178
Schulze / 180

Dezember 82

Die Bombe, die Gastürme / 181
Schaufenster / 181
Nichts mehr stimmt / 183
Geschlossen / 183
Stadtgespräch / 186

Die Erklärung / 186
»Eigenes Begehren« / 187
Straßenbahnen / 189
Alles für Marzahn / 189
Oberlausitz / 190
Unsere mannhaften Ideale / 190

Januar 83

Ruhm der Freiheit / 192
Stieler / 192
G. G. / 196
Schnittmusterbogen / 196
So oder so / 198
Gestrüppe / 198
Wenn Journalisten träumen / 200
Arendts Mülleimer / 201
Nostalgia / 202
Nachricht vom Kunsthandel / 202
Spitznamen und Prügelvarianten / 203
Kein Anschluß unter dieser Nummer / 205

Februar 83

Kabäuzchen / 206
VerboteVerbote / 206
Literaturkalender 83 / 208
Grenzer und Poet / 209
Dada Leipzig / 210
»Marzipanlippe« / 210
Meldung / 211
Strafe Jottes / 212

»Hoher Besuch« sozusagen / 212
Nachrichten aus dem sozialistischen Dorf / 214
Bautzen / 215
Das Göhrener Ei / 216
Jena / 217
Lilia / 218

März 83

Sternausfall / 220
»Knuffen« / 221
Bok oder Bub / 221
Neuer Duden / 222
Einmal Magdeburg hin und zurück / 222
»Aussprache« / 223
»Nahbar« / 223
Erich Arendt / 227
Aus den Nordbezirken / 228
Briefe an Franz Fühmann (II) / 229
Ecke PrenzlauerDimitroff / 231
Die Wand / 231
Maskulin-Provinz / 232
Folgenreiche »Dichterlesung« / 233
»Unser Wilhelm« / 235
Einsatz für einen Satz / 235
Problem / 236

April 83

Begrüßung / 237
Mein Telefon / 237

»Kämpfer« sollen es sein / 238
Zur Machtfrage / 239
Revival / 240
Werbung / 240
Schock / 241
Die Lösung / 241
Briefköpfe / 242
Ausdrucksweise / 243
Verlustanzeige / 244
»Flächenbefragung« / 244
Ein Apropos / 246
Beweissicherung / 247
Hauswald / 248
Die Übertretung / 248
Eddi Kopflos / 249
Die Reise nach Holland (I) / 250
Intern / 252
The last book / 253
Die Reise nach Holland (II) / 254
Anarcho-Computer / 257

Mai 83

Verständigungsschwierigkeiten / 258
Gegen Sippenhaft / 258
Dresdener Tränen / 258
Fahne / 259
»Van der Lubbes der Feder« / 260
Underground-Zeitschriften / 262
Der Film hier / 263
Prenzlauer Berg / 263
Rauschgift / 265
In der Watte des Tags / 266
»Oppositionsverminderung« / 269
Buschfunk / 270
Kathi / 271
Springflut / 271
PEN-CLUB / 272
Stille Tage am Prenzlauer Berg (III) / 274
Schwarze Halskette / 275

N A C H T R Ä G E

Nachtrag zu »Hauptwerk« (S. 24) / 278
Nachtrag zu »Sog« (S. 49) / 279
Nachtrag zu »Statement Ende März« 1982 (S. 93) / 280
Nachtrag zu »Kulturkonferenz der FDJ« (S. 159) / 281
Nachtrag zu »PEN-CLUB-Tagung« (S. 160) / 281
Nachtrag zu »Nachricht vom Kunsthandel« (S. 202) / 283
Nachtrag zu »Eddi Kopflos« (S. 249) / 284
Nachtrag zu »PEN-CLUB« (S. 272) / 285
Nachtrag zu »Schwarze Halskette« (S. 275) / 287

VORBEMERKUNG

»Prenzlauer Berg«, »die Szene am Prenzlauer Berg« – Chiffren einerseits für verrückte und ungezügelte Kreativität, andererseits für ein Geflecht düsterer Machenschaften und Spitzelei. Wie habe ich diesen zweifellos extraordinären Kontinent der DDR-Welt (der dennoch immer DDR-Welt blieb) wirklich erlebt? Das ist die Frage, die unausgesprochen über den Seiten des vorliegenden Buches schwebt, eine Frage, die den Autor in modifizierter Form schon in den Jahren 78 bis 86 dazu bewegt hat, ein sogenanntes »Tagebuch« zu führen; eigentlich handelte es sich um ein Sudelbuch im wahrsten Sinne des Wortes, das eines Tages gesichtet und vor allem in stilistischer Hinsicht »aufgearbeitet« werden sollte. Es möge nicht daran gezweifelt werden, daß ich schon um 1980 dieses quasi »realistische«, dokumentierende und erklärende Buch im Kopf hatte (weshalb sonst dieses kohlstrunkartige Knäuel wüster Notizen?), und zwar als Komplement zu den eher surreal-phantasmagorischen und schwarzhumorigen Erzählwerken, mit denen ich mich damals meiner Haut zu erwehren versuchte (»Schichtenfloz«, »Ohne Nennung von Gründen«, »Vorbildlich schleimlösend« etc., Bücher, die selbstverständlich nur noch im »Westen« publiziert werden konnten). Das Material umfaßt, wie gesagt, die Zeit von 78 bis 86. Nicht nur, weil das Buch ein unförmiger literarischer Saurier ungeahnten Ausmaßes geworden wäre, habe ich mich dann doch für eine Auswahl entschieden: Aufzeichnungen und Tagebuchnotizen aus der Zeit vom Oktober 81 bis zum Mai 83. Solche Selbstbeschränkung ist auch das Ergebnis des Mißmuts, ja, Trübsinns, der mich zunehmend befiel, sobald ich mich in die trostlosen Schluchten meiner damaligen Tagebuchproduktion abzuseilen überredet hatte. Wie wenig der Alltag im Prenzlauer Berg insgesamt einem karnevalesken Happening geglichen hat, wiewohl wir es angestrebt haben, das läßt sich z. B. aus dem Fakt der unaufhörlichen Abwanderung der Poeten und Künstler in Richtung Westen schließen, das läßt sich auch aus dem Umstand schließen, daß ich es für notwendig hielt, meine Tagebuchnotizen von Zeit zu Zeit ins Rheinland schmuggeln zu lassen: Ich habe sie »nach der Wende« wiedergefunden in einem Ganz Besonderen Schränkchen (in Briefen »GBS« genannt) bei meiner lieben alten Mutter in Ratingen bei Düsseldorf, Bertramsweg 30. Manchmal bedauere ich, den ganzen unsäglichen Klumpatsch nicht sofort den Flammen übergeben zu haben ... – / / – PS.: Da es mir nicht um hämische Abrechnung geht – ich wünsche jeglichem Wesen, fast jeglichem Wesen ein Frohes Weihnachtsfest! –, habe ich auf das von einigen Kollegen empfohlene Personenverzeichnis verzichtet. Es wäre womöglich auch etwas enttäuschend ausgefallen für das eine oder andere Schnüffler-Gemüt: Unter »A« würde man z. B. nur ein einziges Mal den angloskandinavischen Namen »Anderson« finden, dagegen vielleicht mehr als dreißigmal den des alten, dann dahinsiechenden Dichters Erich Arendt, eines Greises, dem die Herzen im Kiez gewiß sehr viel inniger zugeneigt gewesen sind als einem gewissen Sascha. (Es ist eben alles sehr viel differenzierter zugegangen, als es die bequeme Legende von der »Schlangengrube Prenzlauer Berg« weiß.) Hinzu kommt, daß nicht in allen Fällen der volle und richtige Name der Personen genannt werden durfte (oder konnte), die das Tagebuch durchstreunen; oft mußte es aus dem oder jenem Grund bei den Initialen bleiben. Einige Male wurde sogar ein Tarnname verwendet, z. B. was einen gewissen »Dr. Claro Kingsize« betrifft, der in Wahrheit natürlich ... naja! Wer solches Durcheinander als zu verwirrend empfindet, der rufe sich einfach zu: Prenzlauer Berg, Prenzlauer Berg!

Berlin-Friedrichshain; 25. 9. 93

PS.: Die mit einem Sternchen versehenen Stücke finden sich fortgesetzt oder kommentiert in den »Nachträgen«.
(A. E.)

ERSTES BUCH   OKTOBER 81
                  BIS JUNI 82

OKTOBER 81

INTRODUKTION / / Einladung zu einer illegalen »Lesung« im offenen Forst, in den Waldungen weit draußen vor der Stadt; den »Veranstaltungsort« konnte man mittels einer karikaturistisch gezeichneten Landkarte finden und dank des Hinweises: »Man besteige die S-Bahn 14.04 Uhr ab Friedrichstraße in Richtung Erkner und fahre bis Wilhelmshagen; Treffpunkt ca. 10–15 min Sandweg Richtung Woltersdorf.« Hinzugefügt war von den Einladern, die das hektographierte Papier in hundertfacher Ausführung verteilt haben mögen, u. a.: »... Volljährigkeit nicht Bedingung ... *Grenzmündigkeit* kein Hindernis ... Korkenzieher nicht vergessen!« – / / – Zum Begriff »Grenzmündigkeit«; einer, der 65 Jahre alt ist, darf für 30 Tage in'n Westen; er ist nach dem allgemein verwendeten Ausdruck »grenzmündig« geworden.

LYCHENER STRASSE / / Gescheitert unser Wagnis, aus dem bröckelnden und versifften (versyphten?) dritten Hinterhaus ins stabilere Vorderhaus umzuziehen nach der Geburt von Julius, aus der Winzlings-Bude in eine einigermaßen ordentliche Zweieinhalbzimmer-Wohnung, nach *vorne* also, in die Welt der Klein-Privilegierten, wo seit einem Jahr eine Wohnung ungenutzt bleibt. (Normalerweise muß eine von der Kommunalen Wohnungsverwaltung zugewiesene Wohnung innerhalb von drei Monaten »bezogen« sein.) Schon während des armen Möbeltransports schiefmäulig-giftige Drohungen des HAUSWARTS (der mich an den Nazi-Blockwart meiner Kindheit erinnert); zudem wie beiläufig gelispelte Andeutungen eines Besuchers, »es gäbe auch behämmerte Leute, die *aus Versehen* konspirative Wohnungen der Staatssicherheit besetzen«. (Wenn ich mich nur daran erinnern könnte, wer genau das gewesen ist!) Nach zwei Tagen finden wir – Judith hatte schon begonnen, das Kinderzimmer zu »streichen« – unsere mit viel Geächz ins Vorderhaus gewuchteten Möbel u. ä. zusammengewürfelt und zerkratzt im nassen Kellergang wieder, von einer rasch und schweigend operierenden Brigade sportiver Ledermantel-Helden, die wir nur als bedrohliche Schatten wahrgenommen hatten, in wenigen Minuten zurückbefördert in unsere Unter- und Hinterwelt. Es wäre vielleicht ohnehin geschehen; doch das triumphale und höhnische Grinsen des HAUSWARTS sagt deutlich genug (und will es sagen): Hab' ick veranlaßt, hab' ick jemacht! – / / – Der unaufhörliche Kleinkrieg des HAUSWARTS gegen die Leute im zweiten, dritten, vierten Hinterhaus – im Auftrag, im Interesse des »Vorderhauses« gewissermaßen? Wenn im ersten Hinterhof, und es passiert nicht zu selten, der Müllcontainer brennt, wenn es raucht und schwelt und stinkt aus dem rostigen Blechmaul heraus, wird der Apparat ganz einfach in den dritten Hof gerollert vom HAUSWART, wo es nur die wertlosen (und nie genug zu quälenden) feindlichen Nasen der Assis und Dissis, der Dissi-Assis trifft. (Gewiß, das sind sie, die neuartigalten »Kämpfe unserer Zeit« Hermann Kants!) Ein anderes Detail von vielen: Den in Ermanglung eines Kellers im Treppenhaus abgestellten Kinderwagen von Julius finden wir seit neuerem immer wieder aus dem Haus herausgezerrt und neben den Müllcontainern placiert, einladend bereitgestellt für den Abtransport zur Kippe: Ordnung muß sein!, der Platz im Treppenhaus hat »frei« zu bleiben!, wo leben wir denn? Endlich schließen wir das Wägelchen mit einem feisten Fahrradschloß am Fuß des Treppengeländers an, versehen mit einem Pappschild: »BITTE, STEHEN LASSEN! WIR HABEN KEINEN KELLER!«; die große Fotografin Helga Paris hat es in verschiedener Beleuchtung geknipst. Weniger leicht zu dokumentieren der Umstand, daß seither regelmäßig in den Wagen hineingepißt wird;

ja, das sind sie, die »Kämpfe unserer Zeit«! – Doch als Hauptkampfmittel dient dem HAUSWART (und der kaum weniger bedeutenden, öligen HAUSWARTSGATTIN) selbstverständlich das sogenannte HAUSBUCH, das er cerberusgleich verwaltet, in das man sich sogar als Nur-Dreitage-Besucher »einzutragen« hat (und wenn man für mehr als drei Tage verreist, auch »auszutragen«). Mehrmalige Belobigung samt Überreichung eines künstlichen Blumenstraußes durch das herzlich lachende Polizeirevier: Tatsächlich scheint »unserem« Verbindungsmann zur Polizei bislang so gut wie kein einziger Nachtgast entgangen zu sein ... »Sie haben sich noch nicht eingetragen, wissen Sie das?« Man fragt sich, wie der Mensch das immer nur so rasch herauskriegt: Ob er an den Sperrholztüren lauscht? »Sie haben sich noch nicht eingetragen!« Und ganz und gar »höhere Menschenrasse«, wenn er sarkastisch nachbohrt: »Ist das in Ihrem Heimatort so üblich?« – Sobald es sich bei den Besuchern um »Neejer« oder sonstwie exotische Tierwelt handelt, gilt die verdächtigende Häme nicht dem »Heimatort«, sondern dem »Herkunftsland«. – Natürlich macht die zwischen Vorne und Hinten, Oben und Unten her- und widerwuselnde spitzelnde Ratte uns oft genug grinsen und lachen; andererseits läßt sich nicht verhehlen, daß es solcherlei Kapo-Naturen auf die Dauer nicht schlecht gelingt, das Viertel mit stetig schwärender Furcht zu infizieren; möglicherweise mit ihrer eigenen ... – / / – Überlegungen hinsichtlich einer neuen und kiezbezogenen POPULATIONSTHEORIE, scheidend die Bewohner des Gebäudekomplexes nach ihrem Platz im Vorderhaus oder in den diversen Hinterhöfen, scheidend sie nach ihrem entsprechend differierenden »Charakter«. Vermutlich müßte das zurückgehen bis in das späte neunzehnte Jahrhundert, ins wilhelminische NO von Groß-Berlin, das diese Mietskasernen hervorgebracht hat, verschließbare und nach acht Uhr abends in der Regel bis heute verschlossene, freilich von uns Assis und Dissis, uns Destruktions-Artisten zur ohnmächtigen Wut des HAUSWARTS mit schöner Regelmäßigkeit »geknackte« Kasernen. (Türklingeln gibt's nicht oder höchstens für die Mieter im Vorderhaus.) Sehen Sie sich nur einmal den oft mit fragenden Blicken gestreiften Vorschlag-Hammer auf dem Bücherbrett etwas genauer an!, nicht zuletzt die seltsamen Knochensplitterchen an Hammers stumpfem Kopf!

BOTSCHAFT / / »... mit vielen tollen Sprüchen«, winkt uns die Reklame für einen dürftigen »Jugendfilm« zu – nicht mit vielen tollen Bildern? –, welcher sich an die etwa 14- bis 18jährigen wendet. Ich begegne der »jugendgemäßen« Werbefloskel schon zum zweiten Mal: »... mit vielen tollen Sprüchen.« – Kann die Abwesenheit einer sogenannten »Botschaft« oder sonstiger Qualitäten deutlicher markiert werden? Und ich frage mich: Was ist das?, wo kommt das her?, aus der »Poetenbewegung«? Bedenkenswert jedenfalls, daß derlei als Lockmittel verwendet wird von der staatlichen Werbeagentur DEWAG wie von der FDJ etc. Es rechnet offenkundig mit einer »Zielgruppe« von Dummis, welche hoffentlich mit dem tollen Spruch »Fuck me off« reagiert. – Da ich es notiere, fällt mir ein, daß ich mit der Floskel ja auch für meine eigene Prosa werben könnte: »... mit vielen tollen Sprüchen.« Allerdings hisse ich in der Regel die irgendwo aufgeklaubten Zitate und »Sprüche« in einer Weise, die deutlich machen will: Es sind faulende, es sind löchrige Socken ... – / / – PS.: Diese Notiz ist ein (dürftiges) Beispiel dafür.

»LYRIK DER DDR« / / Treffe Uwe Kolbe in »seiner« Straße (Schliemannstraße, »neb'm Kohlenhof«) – jeder von uns hat im Umkreis von fünf Quadratkilometern bzw. in Zehnachtundfünfzig »seine« Straße, alle drei bis vier Jahre sie wechselnd in der Regel –: Der erhoffte Gedichtband von

Bert Papenfuß, wiewohl von Mickel frenetisch unterstützt und dann auch von Lektor Caspar »halbwegs« akzeptiert, sei nach manchem undurchsichtigen Hin und Her definitiv gescheitert am knackigen Veto der Verlagsfrau G. – Das ist die gleiche Dame, welche dazumal auch schon Inge Müller aus der Anthologie »Lyrik der DDR« verwiesen hat, und zwar in einleuchtender Kooperation vor allem mit dem Mitherausgeber Preißler; die knappe und Widerspruch ausschließende Begründung damals: Diese Frau Müller habe »keinen Beitrag zur sozialistischen Lyrik-Entwicklung geleistet«, punktum! – Mit derselben Begründung lassen sich selbstverständlich so gut wie alle jüngeren Autoren vom Prenzlauer Berg unterdrücken, ob sie nun Kolbe oder Faktor oder Papenfuß heißen. Daß die einen »Beitrag zur sozialistischen Lyrik-Entwicklung« zu leisten haben, ist ihnen bislang selbst im Traum nicht eingefallen; man kann ja schon froh sein, wenn sie einen »Beitrag« zur Lyrik schlechthin leisten wollen, was nicht in jedem Fall ganz klar ist ... – Diese Poeten kommen eigentlich von vornherein für den Schriftstellerverband nicht in Frage, in dessen Statut die tollkühne Zumutung ausgesprochen ist: »Die Mitglieder des Schriftstellerverbandes der DDR ... bekennen sich zur Schaffensmethode des sozialistischen Realismus.« So wird der kuriose Seufzer der Verbands-Sekretärin Marianne Krumrey verständlich – *so* hat man das eigentlich noch *nie* gehört! –, den sie in der Zeitschrift TEMPERAMENTE (2/81) losläßt: »Die Fortsetzung sozialistisch-realistischer Tradition der DDR-Literatur durch neue Schriftstellergenerationen erfolgt offensichtlich nicht *automatisch*.« Soll das bedeuten: Ein Rohrstock muß her ...? – Was Madame G. betrifft, kann man geradezu von wilhelminischer »sozialistisch-realistischer« Tradition sprechen, wenn man bedenkt, daß sie seinerzeit angesichts der Illustrationen von dem wahrlich bemerkenswerten, »modernistischen« Grafiker Goltzsche, die für Sarah

Kirschs Gedichtband »Zaubersprüche« bestimmt waren, ihrem Abscheu mit den Worten Luft gemacht hat: »Was *schön* ist, *weiß ich auch* ...; was *Kunst* ist, *weiß ich auch*!« Dieses »Weiß ich auch« ist dann fast sprichwörtlich geworden – nicht zuletzt im Hinblick auf olle Kaiser Willems Diktum: Kunst, die sich »über die von Mir bezeichneten Gesetze und Schranken hinwegsetzt, *ist keine Kunst mehr.*«

SCHÜSSE / / Der steinalte ehemalige Fuhrmann Schöne in dem Dörfchen Wuischke (Oberlausitz) ist auch schon im Ersten Weltkrieg Soldat gewesen: »Vier Jahre vor Douaumont gelegen ...«, erzählt er, um dann rasch hinzuzufügen: »Aber keinen einzigen Schuß abgegeben, keinen einzigen!« Der Journalist Mechtel ergänzt: Genau das hätten ihm schon viele alte Leute berichtet, sie hätten weder im Ersten noch im Zweiten Weltkrieg auch nur »einen einzigen Schuß abgegeben«; es falle wirklich schwer, jene ausfindig zu machen, die geschossen hätten ... – Vielleicht eine eingeübte und dann zur stereotypen Formel gewordene, eine »verinnerlichte« Schutzbehauptung der Besiegten gegenüber den gefürchteten Siegern, vor allem den rabiaten Sowjets?

WÄSCHEKORB / / Die seit langem aufmüpfige Maria K., etwa zweiundzwanzig Jahre alt, erzählt von der schockierenden Begegnung mit dem etwa gleichaltrigen Thomas S., einem Kind aus der Prenzlauer Allee wie sie auch, das mit ihr in die gleiche Schulklasse gegangen war; Thomas ist bei der Stasi-Truppe gelandet und hat unter anderem, womit er sich vor Maria brüstet, den Staatssicherheitsknast in Hohenschönhausen bewacht. Großmäulig-pueriles Geprotze des Knaben – und darin unterscheidet er sich wenig von bestimmten Mitgliedern der »Parteigruppe« im Schriftstellerverband oder im PEN-Club –, vor allem mit seinem quasi geheimen »Sonderwissen«, mit dem er dumm-schlau gedopt worden ist: »Also, da macht ihr euch ja keen Bild, wie viele Attentate auf Erich Honecker verhindert worden sind von uns. Kannste mir jlooben! Und massenweise Anschläge, vor allem auf'n Fernsehturm ... Stell' dir vor, der kippt um!« Und dann die Superpointe, sein Hinweis auf irgendeine »sowjetische Jeheimwaffe« – schon wieder die alt vertraute »Geheimwaffe«, mein Gott! –, welche im »Jrenzstreit mit China zum Einsatz jekommen is'«: »Da jab et so 'ne kleene chinesische Insel, da is' allet weg und spurlos verschwunden, die Insel und ooch die janzen Chinesen uff der Insel, allet weg!« Und dann der »Stolz« ob seiner informationsmäßigen Bevorzugung: »Das wird sojar vor unserer Volksarmee jeheim jehalten!« Und dann tatsächlich: »Da is' man richtich stolz, sag' ick dir ...«, nämlich vor allem wohl deshalb, daß man zu den Auserwählten gehört, die das »Scharfe« und Schlimme erfahren dürfen. »Aber allet kann ick dir ooch nich' sagen, Maria!« – »Et is' ooch jenuch!« – Häufige Beobachtung, nicht zuletzt an parteigebundenen »Intellektuellen« gemacht: Wer den psychologischen Köder des apparat-internen »Sonderwissens« geschluckt und nicht wieder ausgespien hat, der ist paradoxerweise nach einiger Zeit an seinem »Immer-weniger-Wissen« zu erkennen, an einer zunächst nur befremdlichen, dann auch befremdlich *frechen* Blödigkeit, an seiner mählich fortschreitenden Blindheit gegenüber den Realitäten. – Was den vielleicht noch zu rettenden Thomas S. betrifft: Im akzentuierenden Kontrast zu der Story von der pulverisierten chinesischen Insel der mütterliche und nach Waschmitteln duftende Wäschekorb, welchen er (»wie früher«) vor sich herträgt auf dem Weg nach Hause, abgeholt von der Wäscherei BLÜTENWEISS nebenan ...

MISSTRAUEN / / M., der die DDR verlassen will, grübelt uns vor, vielleicht um eine Spur zu vertraulich, ob er

»durchkommt« oder ob er »verunfallt«: Sofort zuckt Mißtrauen auf bei der Vokabel, bei mir so gut wie bei J. »Verunfallt« – Bürokratendeutsch, Stasi-Deutsch? Weshalb verwenden *wir* diese Schnodder-Vokabel nicht? Und es könnte auch als indirekte Drohung bzw. Warnung gemeint sein, keinem anderen als *mir* gewidmet nach mancherlei Aktivitäten ... Vom Mißtrauen gesprenkelte Notizen dieses Tagebuch!

BAHRO / / Zwei Jahre nach Bahros Abschiebung: Elke träumt während des Mittagsschlafes von einem Bahro im Gefängnis, der andauernd an der Gefängnisordnung herumbessert und deren Paragraphen umstellt ...

AUF DEN KOPF GESTELLTES MUFFIGES SCHEMA / / Die Autorin Ruth Kraft, ehemals unter Wernher von Braun Sekretärin in Peenemünde – »Wir gehören zu den Jahrgängen der gebrannten Kinder« –, diese Ruth Kraft schreibt zum TAG DER REPUBLIK im SONNTAG (40/81) unter anderem über die gartenlaubenartigen Wohltaten, die der junge Künstler, die junge Künstlerin in den Landschaften unseres Landes erfährt (sofern nicht dem »Asozialen«-Status anheimgegeben): »Von den Jungen will ich sprechen, einem Künstlerpaar um die Dreißig, *Freunde unseres Hauses*« – tatsächlich, »Freunde unseres Hauses«!, ich muß an sonntägliche Blockflötenkonzerte, an kleine lockere Gesellschaften auf besonnter Terrasse denken dabei! –, »freischaffend *beide* als Maler, Grafiker, Kunsthandwerker ...« Diese beiden haben sich, erfährt man, »in einem mecklenburgischen Dorf *eingerichtet*«, versehen mit Gütchen und Atelier dank der Hilfe durch den Verband der Bildenden Künstler sowie »mit Unterstützung des Rates des Kreises«. Aber so einfach schenken lassen wollen sie sich nun auch wieder nicht alles: »Das junge Paar *tat* und *tut* das Seine dazu, *beherzt und einfallsreich* ...«; und einiges Böse läßt das Paar mit Sicherheit lieber sein! – Frau Kraft erzählt weiter, d. h., sie läßt dieses Wunderbare durch den Mund einer Freundin glossieren, welche flügelschlagend ausruft: »Wie schön! So anfangen zu können. *In der ersten Lebensphase*, wo man noch ganz *ungebrochen schöpferisch* ist, solche Arbeitsbedingungen zu haben – wo hat es das je gegeben?« Soweit die zweifellos ziemlich behämmerte Freundin des Hauses Kraft; ihr freudenreich zustimmend nun wieder Frau Ruth: »Auf den Kopf gestellt ist das *muffige Schema*, daß erst *gegen Ende des Lebens der Lohn des Fleißes* zu stehen habe.« – Ich möchte, bitteschön, weiterhin diesem Schema vertrauen dürfen; wenn nicht, müßte ich mich nach der nächstgelegenen Seilerei erkundigen, Mutter! – Ruth Kraft: »In unserer Generation war es die Regel, daß Talente durch Alltagssorgen zermürbt wurden oder *im politischen Dagegensein sich gar nicht erst entfalten konnten* ...« Und das ist des Pudels Kern: Ja, das »politische Dagegensein«, das hat sie alle ganz schön kaputt gemacht, die Walther von der Vogelweide, Heinrich Heine und Heinrich Mann, die Enzensberger und Brecht, ja, in der Tat, im Grunde *alle* – außer Ruth Kraft und den Freunden ihres Hauses –, Mensch, was werden wir für eine Kunst und Literatur entwickeln in Zeiten wie diesen, die des »politischen Dagegenseins« zumindest in innenpolitischer Hinsicht so gänzlich entraten können ... – Ursprünglich habe ich die obige Zitatenreihe mit der Überschrift TAGE DES WAHNS versehen wollen; Tage des Wahns.

HAUPTWERK / / Ganz so, als hätte ich (mir) nicht auch anderes »geleistet«; durch Fragen und Fragen immer neu provozierte Erinnerung an den »Ausschluß aus dem Schriftstellerverband« im Juni 79, damals von meiner lieben alten Mutter in Düsseldorf (da mein Bild endlich einmal neben anderen im Fernsehen zu besichtigen war) mit dem telefonischen Ausruf quittiert: »Junge, jetzt weiß ich, daß du noch nicht *ganz* weg vom Fenster bist!« – Wer fragt mich nach meinen Gedichten, wer nach meinen Essays undsoweiter? – Dabei empfinde ich trotz der schlimmen Folgen die damaligen Vorgänge nach wie vor als eine Kette von schrillen Lächerlichkeiten. Als das Erinnernswerteste ist mir immer wieder der kuriose Umstand erschienen, daß während der ganzen langen gerichtsverhandlungs-ähnlichen »Befragung« am Tag vor dem Ausschluß und durch keinerlei Attacken der sieben oder acht »Fragesteller« zu vertreiben ein (sehr, sehr früher) Doppelvers von Stephan Hermlin durch meinen Kopf geschwirrt ist – er hat ihn wohl als zu epigonal bzw. zu »dekadent« aus späteren Sammlungen getilgt –, ein lyrischer Ohrwurm par excellence: »Rosen versteinerten grün im Schreien der Pfauen, / durch die schwierigen Türen taute Musik ...« – / / – Aber ich höre auch noch Gisela Steineckert, wie sie dem »Verräter« Karl-Heinz Jakobs mütterlich-feldwebelhaft ins Gewissen zu reden versucht: »Du hast dir also jetzt andere Freunde gesucht, Karl-Heinz?« (Ja, Karl-Heinzchen ist in »schlechte Gesellschaft geraten«, z. B. in meine, in die des Säufers und Rumtreibers Endler, in dessen Kopf es melodiös auf- und niederwallt: »Rosen versteinerten grün im Schreien der Pfauen ...«) Jakobs, unwillig und kurz angebunden: »Ja!« Es hätte mich nicht verwundert, wenn er »Ja, Mamma« gezischt hätte; auch ein harsches »Gebt Feuer!« konnte assoziiert werden; ich habe es alles als sehr komisch empfunden.) Und ich höre die Stimme des jovial-inquisitorisch gestimmten Herrn, der verzweifelt den Himmel des engen Büroraums beschwört: »*Einer* von euch achten *muß* doch beim CIA sein ...« (Durch die schwierigen Türen aber taute Musik und taute Musik und taute Musik.) – / / – Anderes aus jenen Tagen ist mir als kaum weniger kurios in Erinnerung geblieben, z.B. die Zusammenkunft der »betroffenen« acht oder neun Autoren und ihrer Damen nach der »Befragung« bei Schlesinger hoch droben über der Leipziger Straße, zum Gelächter animierend trotz der Angst, die in jedem still gearbeitet hat. (Denn unten in den Grünanlagen patrouillierte zu Dutzenden der Staatssicherheitsdienst im Gewand z. B. des fleißig harkenden und gelegentlich nach der Witterung über der Leipziger Straße Ausschau haltenden Gärtners; herangekarrt waren diese Freunde der neo-preußischen Gartenbaukunst in seltsam anmutenden Automobilen mit grauen undurchsichtigen Fenstern; und Schlesinger hatte sein Fernglas geholt ... »Laß auch 'ma kuck'n, Klaus!«) Selbstverständlich wurde sogleich der Vorschlag gemacht und flüchtig beraten, einen anderen, einen zweiten und edleren Schriftstellerverband zu gründen, selbstverständlich wurde als zweiter Punkt diskutiert, wie dieses Gebilde u. U. heißen könnte. (Von den mißbilligenden Blicken der übrigen Herrschaften ob meiner knäbischen Unreife gestraft, schlage ich vor, den intendierten Verein »Tugendbund Preußischer Schriftsteller e. V.« zu benennen. – »Nee, würcklich!, Eddi!«) Dann die Frage der Ämterverteilung – acht Personen haben wir notfalls schon zur Verfügung –, die Frage, wer den »Pressesprecher« machen soll, wer den »Verbindungsmann« zum älteren anderen Verband (aus welchem wir am nächsten Tag ausgeschlossen werden sollten) ... Rosen, Pfauen; Pfauen, Rosen. Und ich kündige eine sogenannte »Sympathie-Erklärung« an; »sonst nix.« – / / – Am Rande: Neben den Versen von Stephan Hermlin, wie sie mir immer einmal wieder als hüllende Wolke bzw. Fliegender Teppich gedient, stehen dem Autor in heiklen Situationen als Fluchtfahrzeuge außerdem das »Dadaistenlied« von Tristan Tzara und fünf Zeilen von Friedrich Georg Jünger zur Verfügung. Der Jünger-Hit bleibt allerdings ausschließlich für Katastrophenfälle der obersten Kategorie in Reserve: »Indra Indrani / Und Wischnu in Fischform / Und Prajapati / Die schöne Parvati / Des Himalaya ...« – Hilft immer! /*

»DIE RUSSEN« / / Seit meinem Ausschluß aus dem Schriftstellerverband kommen vielleicht zehnmal so viele Besucher zu mir heraufgestiegen wie in früheren Jahren; vor allem junge Leute, nicht ausschließlich junge Dichter übrigens. Natürlich schiebt sich auch manches allzu glatte oder rätselhaft zerschlissene Gesicht in mein belebtes Abseits. Dieses Mal ist es ein eloquenter Techniker, der vor kurzem in Moskau gearbeitet hat, ein wenig vertrauenerweckender Zeitgenosse, der dank des Inhalts seiner Reiseberichte wie auch des sarkastischen Berichtstons als die Inkarnation des weithin dominierenden Überlegenheitsgefühls des DDR-Deutschen gegenüber Tschechen, Polen und vor allem »Russen« erscheint; »Deutsche Wertarbeit« hier (und er), dort Faulheit, Schlamperei, Bruch. – Die Erzählung kreist schließlich um die grotesken Bemühungen des »deutschen Genossen«, einem moskauer Putzfrauengeschwader, das den Fliegendreck auf einer Schaufensterscheibe lediglich hin und her wandern läßt, eine wirkungsvollere Reinigungs-Methode ans Herz zu legen; die höhnische Reaktion einer älteren Frau: »Ich – dumm! Ich mach' anders!« Wer mich kennt, kann sich denken, daß ich sofort auf der Seite dieser mürrischen Moskowiterin stehe. Ich – dumm! Ich mach' anders!; könnte vielleicht als Motto über all meinem Geschreibsel stehen. – Wir Russen, wir Zigeuner, wir – ...

»WANZEN« (I) / / Immer wieder beim Besuch in fremden Wohnungen der schon gewohnheitsmäßige forschende Blick zum meistens blätternden Plafond, zu den Buckeln der Tapete, auf die Dielenritzen hinunter – gibt es irgendwen, der nicht weiß, worauf ich hinauswill? –, das Stirngerunzel und fragende Augenzwinkern schließlich, das vom Gastgeber oder »Wohnungsinhaber« wissen möchte: »Mh, ob es hier irgendwo ›Wanzen‹ hat ...?« – Deutscher Alltag 1981! – Die Antwort nicht selten (sinngemäß):

»Nehm' ich doch an ... Meine Frau und ich gehen jedenfalls davon aus ... Ach, sollen sie, sollen sie doch ... Der Lauscher an der Wand ...« – Doch sogar in der eigenen Fluchthöhle und Nischen-Nische ertappt man sich trotz aller Gewöhnung ans »vivere pericolosamente« mit schöner Regelmäßigkeit dabei, daß man den grüblerisch-verträumten Blick zu den Steckdosen, zu den Lampen und in die sieben dank einer sagenhaften Zettelwirtschaft (und Zeitungssammelei) unzugänglich gewordenen Schmoll- und Schmuddelwinkel des Raums wandern läßt: »Wie kommt es, daß der X. gestern von der Chose mit der Schallplatten-Kitty gewußt hat ...? Das geht nicht mit rechten Dingen zu ... Irgendwo steckt garantiert 'ne Wanze – im Gummibaum?, hinter den Bücherreihen vielleicht?, in den alten Jahrgängen der EINHEIT?« (Vor kurzem ist es Paul Wiens gewesen, der mich mit seinem »Sonderwissen« über normalerweise ganz Unzugängliches meiner problematischen Lebensführung verblüfft hat ...; ein kleiner Schock!) – //
... und manchmal findet man die Dinger, die »Wanzen« auch, hat sie ergriffen, ehe sie ausgeschlüpft und weggehüpft sind, und zeigt sie im Bekanntenkreis mit dem Stolz des erfolgreichen Jägers grienend herum; vor einer Weile ist das ein paar Stunden vor dem Beginn einer Lesung bei den Poppes in der Rykestraße geschehen, und es ist beleidigenderweise eine Abhörwanze »der älteren Bauart« gewesen, wie mir der Kenner und Wanzen-Fan Gerd Poppe erklärt hat, von scheuer Hand ausgesetzt auf dem kieselbestreuten Dachboden zu Häupten des erwarteten Dichters – Poppes wohnen selbstverständlich im fünften Stock –, welcher augenblicklich den Anfang seiner als Pseudo-Referat präsentierten Erzählung TOD IN CRIMMITSCHAU entsprechend korrigiert und erweitert hat; andere »Wanzen« mögen mitgehört haben, als ich anhub: »Meine Damen und Herren, liebe Freunde meiner Dichtkunst und meines Altersstils, nicht zuletzt auch du, unsere

gute alte fette Oma Wanze! Ein Stück *Konterpropaganda* ist es – na gut, nicht ausschließlich! –, wenn ich an diesem verschwiegenen, vom Üblichen weggewinkelten Ort neuerlich feststelle, übrigens nun wirklich zum letzten Mal: Bubi Blazezak, Zentralfigur der ersten Bände meines Romanwerks, hat die Gaststätte ODERKAHN, welche vor kurzem den Autor *vollkommen grundlos* mit Lokalverbot belegt hat, wenigstens zu seinen Lebzeiten niemals betreten ...« (Undsoweiter; und zwei bis drei Stunden lang; und wahrlich »politischer«, als es der Anfang vermuten lassen könnte; und geradezu leitmotivisch und akzentuiert immer mal wieder unserer »Oma Wanze« entgegen gereicht!) Alle in Poppes kleiner Wohnung zusammengepferchten 100 oder 120 Zuhörer, darunter der ob meiner clownesken Spaßeslust vermutlich einigermaßen verblüffte Robert Havemann, sie alle werden bestätigen können: Es wurde die sagenhafteste »Lesung«, die man sich denken kann – vielleicht nicht zuletzt dank der befeuernden Anwesenheit der einen oder anderen »Wanze«, der man ziemlich sicher sein konnte, wie auch der ignoranten Haltung ihrem sonst oft lähmenden magischen (wenn auch unsichtbaren) Blick gegenüber. – / / – Leider gelingt so etwas in letzter Vollendung nur ein einziges Mal; jede Wiederholung muß ohne den Zauber des frech und »umwerfend« Improvisierten bleiben.

HUNDEPRÜFUNG / / BZ vom 23.10.81: »Schon mit 15 Monaten kann ein Hund die erste Prüfung ablegen. *Fährtenarbeit, Unterordnung* und *Schutzdienst* sind die hauptsächlichsten Ausbildungsrichtungen ...«; ganz wie beim Menschen, ganz wie beim Neuen Menschen, ganz wie bei uns!, und zweifellos nach unserem Ebenbild geformt, der früh geprüfte Hund! – »Wie heißt du denn, mein braver Vierbeiner?« – »*Dunja von der Pleißenquelle!*«, nickt das Tier zu mir herauf, und ernst!, sehr ernst ...

STABILBAUKASTEN / / Manche Oppositionelle scheinen der schlimmen Meinung zu sein: Wo es um »Menschenrechte« etc. geht, darf nicht sprach-gespielt oder gar gekalauert werden, sondern nur mit dem verbissensten Ernst und Gesichtsausdruck »gedichtet«, »gesungen«, gefiedelt ... – Resumé einer quälenden Auseinandersetzung mit dem Pfarrer der Dresdener Weinbergskirche, wo Elke Erb, Rainer Kirsch und ich am 25.10. im Anschluß an einen »Kurzgottesdienst« sozusagen »halb-legal« gelesen haben. Die lauthals zum Himmel quiekende Gemeinde, wie ich sie mit meinen Texten entfacht, ist dem Gottesmann offenkundig ein Scheuel & Greuel gewesen. Ich glaubte sogar so etwas wie glimmenden Haß zu spüren, nachdem ich ihm vielleicht ein wenig zu leichthändig zu erklären versucht hatte, daß »die Sprache«, daß »die Wörter« für mich in gewisser Weise fragwürdig und ins Rutschen geraten wären und auch deshalb »Spiel-Material«. Oh des blitzesschwangeren Zornes des Pfarrers auf mich (vielleicht zu erklären durch einen längeren Gefängnisaufenthalt, von dem ich erst am nächsten Morgen erfuhr), oh der savanarolahaften Verachtung der flackernden Fledermaus für den flapsigen Flaneur ... – Und plötzlich fiel mir ein, daß (für ihn) vermutlich an der Sprache als dem »Wort des Herrn« und der Bibel gerüttelt worden war von mir, daß ein Sprachspieler wie ich letztendlich des Teufels sein muß unter diesem Aspekt, auch wenn er in der Weinbergskirche seine Kunststückchen zeigt ... Also, in was für »Situationen« unsereins gerät!

NOVEMBER 81

AUSDRUCK / / Das *naseweise* Verstummen so mancher Genossen, wenn man brisante Themen anschneidet.

»GENUG« / / Die allgemein als »Gräfin« bekannte vornehme Dame – und sie ist wirklich 'ne Gräfin und dank einer Erbschaft zudem wohlhabend! –, diese stets beruhigende Gestalt, die ich seit den Fünfzigern als Mitarbeiterin im Kulturbund kenne, ist in den »Westen« getürmt, und zwar gemeinsam mit dem Kleinstplastiker und Miniaturen-Maler W., nicht ohne sich vorher bei einer Freundin mit der Erklärung zu verabschieden: »Ich habe jetzt genug für diesen Staat hier getan ...« – Eine merkwürdige Betrachtungsweise für manchen; für mich jedoch ganz gut zu verstehen: »Ein gewisses Maß an Arbeit und Leben hat man für diesen Versuch DDR zu geben *anständigerweise*« (im Unterschied zu dem da »drüben«?); es hätte ja etwas werden können, und dann ... Aber es ist eben nichts geworden, garnix! – / / – W., der Künstler, ist bei dem Fluchtversuch geschnappt worden, die »Gräfin« ist durchgekommen ... Man sieht es dem veränderten Gesicht von W. deutlich an, daß er entweder schwerkrank oder im Gefängnis gewesen ist. Katja Lange-Müller bleibt trotzdem voller Mißtrauen gegenüber W. und weckt auch meines wieder – trotz der Überzeugungskraft seiner Gefängnisberichte, z. B. über die Dominanz der Kriminellen, mit denen man sich verständigen muß, aber auch über die Bestechlichkeit der Wächter etc. Daß ich W. so dringlich nach Details befrage, erkennt er bald als Ausdruck meiner Sorge, demnächst selber u. U. wegen meiner West-Publikationen »eingebuchtet« zu werden: »Du willst wohl Bescheid wissen, um dich zurechtfinden zu können ...« – »Mh!« – Die höhnische künstlerische Spezialität dieses

W.: Winzige mausgraue Schweinchen aus Blei oder etwas Ähnlichem.

BLOCKPRESSE / / Der Kulturredakteur der dresdener CDU-Zeitung, der mir ganz wohl gesonnen ist: »Ja, ich würde 'mal gerne etwas über Ihre Sachen schreiben« – wahrscheinlich meint er »Das Sandkorn« –, »aber wenn ich auch nur Ihren Namen am Rande erwähne, ruft sofort *Berlin* an; das ist vollkommen klar!« Wer ist »Berlin«? Goebbels? Auf jeden Fall scheine ich bekannter zu sein, als ich vermutet, »bekannt wie *ein bunter Hund*« sozusagen. Statt sauer zu sein, sollte ich mich geschmeichelt fühlen.

KLINGELBEUTEL / / Lesung in Pankow; nach absolviertem Vortrag wird für den mit hohem Recht als »arm« eingestuften Troubadour mit einem löchrigen alten Hut gesammelt: EinundneunzigMarkdreißig. Zum dritten Mal, daß mir so etwas geschieht: Das erste Mal ist es in einer Greifswalder Kirche nach der vom Studentenpfarrer organisierten Lesung vor der Studentengemeinde gewesen; dort hat indessen der sogenannte »Klingelbeutel« hungrig die Runde gemacht. Dieser Studentenpfarrer und seine Frau haben mir einige Wochen später außerdem ein Paket mit Kinderspielzeug und Süßigkeiten geschickt ... So etwas, liebe Leute im Verband oder in der Akademie der Künste, werdet ihr nimmermehr erleben!: Um 79/80 ist mir sogar schon einmal ein beträchtlicher FRESSKORB zu Theil geworden, von unbekanntem, bis heute unbekanntem Spender kommentarlos an mich abgesandt; und Gift ist der Salami nicht beigebröckelt gewesen. – / / – Daß solche Arbeits-, Verdienst- und Lebensform mir erheblich mehr behagt als eine mit Verträgen o. ä. abgesicherte, daß ich diese Lebensform zuweilen sogar genieße, darf man eigentlich nicht laut sagen; ich tue es dennoch. Neulich habe ich für Gregor Laschen in Utrecht eine Selbst-Definition zu finden versucht, die u. a. mitteilt: »Ich opponiere gegen diese ständig zur Erstarrung und Abtötung des Lebens strebende Welt sicher auch aus ›Veranlagung‹, und früher habe ich meine für manchen schier unbegreifliche Produktivität gelegentlich mit der lockeren Bemerkung erklärt, ich wäre eben so etwas wie ein Zigeunergeiger, grund-melancholisch und nicht kleinzukriegen, stets auf dem Sprung, und sei es nur, dem Wind sein Liedchen zu fiedeln ... Das tapfere, gegen den mörderischen Angriff der Polizistenwelt und gegen die eigenen Tränen gerichtete ›Hoch die Geige!‹ aus einem Jugendgedicht Joseph Roths, von ihm in Briefen zeitweise gern verwendet, hat mir im Augenblick eingeleuchtet, als ich es vor vielen Jahren entdeckte: ›Hoch die Geige!‹ – und losgespielt! Irgend etwas solchen Zigeunergeigerwesens, Django-Reinhardtschen, muß wohl doch in mir herumgeistern ...« – / / – PS.: Soeben erfahre ich, daß Geldsammlungen der oben charakterisierten Art streng verboten sind. Ich habe mich also doppelt strafbar gemacht wie auch der Organisator: 1. mit der illegalen Lesung, 2. mit der Schröpfung meines Publikums.

EIN HURRA / / Jajajajajaja! Wir haben wieder eine »Anschaffung« machen können – einen Suppenquirl!

LEDERMANTEL-JENNY / / Yes, indeed, »Ledermantel-Jenny mit dem Damenbart«, Kaltmamsell von der Friedrichstraße, ach, siehe da, es gibt sie immer noch und unverändert herzlich und hilfsbereit – wie es auch das legendäre Pissoir am Eingang der Linien- bzw. Oranienburger Straße noch gibt gegenüber der Gaststätte GAMBRINUS, unbeleuchtetes Hexenhäuschen draußen wie drinnen, eigentlich ein Treffpunkt der Schwulen, wenn nicht Ledermantel-Jenny, auch als Jenny *von* H. bekannt, ihrem spätabendlichen, ihrem nächtlichen Nebenerwerb frönt ... Die finsterste Unzuchtsklause der Hauptstadt – »Unzuchtsklause«, ja, so singt das Katholische aus mir heraus! –, wenn man die sogenannte Öffentliche Bedürfnisanstalt unter dem U-Bahnhof Dimitroffstraße 'mal außer Betracht läßt: Es kann dem vom Drang gequälten Trinker geschehen, daß er statt vor die Pinkel-Rinne und die urin- und teerduftende Wand zu gelangen auf eine wie für alle Zeiten erstarrte Mauer aus Männern des leisesten (angehaltenen) Atems und des zartesten Unterhosengeknisters trifft, die selbst der Mutigste schwerlich auseinanderzuschieben wagen würde. Ich folge Jennys Berichten, wenn ich ergänze: Man könnte auch hämisch von einer eng aufgebauten Reihe von Zapfsäulen sprechen (Altertumswissenschaftler, Linguisten, Kriminalmediziner), an welcher Jenny, dann und wann tankwartartig zugreifend bzw. zupfend & zapfend, her und wider zu schreiten pflegt in gewissen Nächten – »mein Gott, Jenny!« –, bedankt von glucksenden männlichen Lustlauten; ein gekapptes Juchzen – wir befinden uns immerhin im Zentrum der Stadt –, ein zusammengeknoteter Schrei, welche Jenny gerne mit einem zur Lautlosigkeit verurteilten »Amen« in die Dunkelheit entlassen möchte ... – / / – Als ich sie kennenlernte, es ist etwa drei Jahre her, war sie freilich gerade in einen frustrierten Streik getreten (und besonders gesprächsbereit); zwei, drei Wochen später war es bereits wieder mit Haut und Haaren in den Hintergrund gerollt, das »wie mit der Sense« abgesäbelte und schon reichlich staubzerfressene Jünglingshaupt aus dem Müllcontainer Gartenstraße Ecke Invaliden, dieses bezwingende FUNDSTÜCK, das einige Donnerstage und Freitage im Kiez thematisch »so gut wie hundertprozentig« beherrscht hat, sekundiert von den übrigen Gliedmaßen und Rippenstücken des von einem vielumrätselten Anonymus in einigermaßen handliche Portionen zerhackten sogenannten »Unbekannten aus dem Müllcontainer«, welcher aufgeteilt worden war auf sechs oder sieben weitere Müllcontainer der Gegend. – »Und wer wird als erster verdächtigt?« fragt Jenny rhetorisch und gibt die Antwort: »Natürlich *ich*!« In der Tat war der sogenannte »dringende Tatverdacht« bequemerweise und vielleicht aufgrund der Winke eines unbefriedigten Kunden zunächst auf Jenny gefallen, auf »Ledermanteljenny mit dem Damenbart«: »Die haben mich sogar mitgenommen, die Bullen, die Idioten!« – »Jenny, dich? Das darf doch nicht wahr sein!« Glücklicherweise stand ihr Freundeskreis so gut wie vollzählig auf ihrer Seite. Der Frontal-Jurist Dr. Scheidt (mit d-t) zum Beispiel vertraulich zum Verfasser: »Nee, *sooooo weit* ist Jenny noch niemals gegangen; außerdem entspricht die Jünglings-Zerschnibbelei im großen und ganzen nicht ihrem Stil ...« – / / – PS.: Ich gebe gern zu, daß der Dr. Scheidt (mit d-t) und sein Ausspruch *frei erfunden* sind; alles andere aber ... Yes, indeed!

»STIMMEN EINER STADT« / / Die vor einiger Zeit dargebotene Neuauflage der Berlin-Anthologie »Stimmen einer Stadt«; Sarah Kirsch ist schon 'rausgenommen worden, Kurt Bartsch steht noch drin (weil erst später »nach drüben« gegangen). – Diese und andere Anthologien (falls, wie die Regel, in mehreren Auflagen erschienen, immerhin!) müßte man einmal eiskalt im Hinblick auf derlei Rein-, Raus-, Rein-, Raus-, Rein-Spiele untersuchen; übrigens auch den LITERATURKALENDER des Aufbau-Verlags. Ich kenne perverse Leser, die nicht nur die Ausgabe der ersten, sondern die sämtlicher Auflagen etwa der offiziellen Anthologie »Lyrik der DDR« besitzen und fiebernd auf die nächste warten, um sie unter dem Aspekt des Rein und Raus vergleichen zu können; das kann zum kriminalistischen »Hauptreiz« der Lektüre werden, auch nicht das Empfehlenswerteste gewiß ... – Ich frage mich: Kommt es eigentlich zuweilen vor, daß sich die LektorInnen »mit Krall' und Klau'« gegen die Zumutung wehren, eine Dichterin wie Sarah Kirsch aus ganz und gar außerliterarischen Gründen aus einer Anthologie zu entfernen? – Übrigens reicht auch gelegentlich der Ausschluß aus dem Verband, um sowohl aus dem LITERATURKALENDER als auch aus der und jener Anthologie getilgt zu werden etc.: Ach ja, man braucht gewiß Platz für die Jahr für Jahr dutzendweise, wenn nicht hundertfach nachwachsenden AutorInnen des Sozialistischen Korruptional-Realismus.

TRAGELEHN // Oh Stolz meines Freundes B. K. Tragelehn: »Nie eine Rechtsabweichung, nie! – Ich bin immer nur wegen Linksabweichungen gefeuert worden!«

KLEINE FISCHE // E. L., als ehemalige Partei-Journalistin Kennerin zahlreicher »geheimer Kommandosachen«, erzählt davon – und die Story erscheint mir parabolisch im Hinblick auf die Wirtschafterei in der DDR –, wie mit den Fischen im Schwieloch-See verfahren worden ist aufgrund wieder einmal eines geradezu nationalpreiswürdigen »genialen Einfalls«: Um die Fang-Erträge der Fischereigenossenschaft vom Schwieloch-See im wahrsten Sinne des Wortes »schlagartig« zu erhöhen, wurde das ganze schöne Wasser des Sees von den Fischwirtschaftlern ratzeputz »elektrifiziert«, *der Fisch* also einem Elektroschock ausgesetzt ... Die Folge: Alles, was Fisch oder sonstwie hieß, ist postwendend »nach oben« gekommen und sodann betäubt auf den Wellen dahingetrieben, was natürlich das Fischen ungemein zu erleichtern geeignet gewesen ist. (Genial, genial!) Kritische Stimmen, besorgte Fragen, wie sie ja noch jede Heldentat hervorgerufen hat, werden mit der schlaumeierischen Begründung weggewedelt: »Nu', die kleineren Fische sinken wieder ab, wenn die Betäubung nachläßt – und so ist auch die künftige Vermehrung *gesichert* ...« (Nationalpreis 1. Klasse!, würde ich sagen.) Ach, ja, ach, ja, ach, ja – und dann haben leider die Möwenschwärme der märkischen Seen-Platte von dem Experiment erfahren und sind Schar um Schar herbeigeflügelt, Schar um Schar herniedergestoßen; und dann hatte es keine Fische mehr im Schwieloch-See ... »Wirklich, so ungefähr läuft alles«, sagt E. L., der es nur mittels Schreikrämpfen und Nervenzusammenbrüchen in der Kantine des Betriebs gelungen ist, von ihrem Parteiauftrags-Posten in der cottbusser Parteizeitung »befreit zu werden« (die Ausführung ihrer »Zusammenbrüche« hatte sie vorher mit ihrem Mann detailliert »durchgesprochen«): Das irrwitzig rollende Auge, die geiferschlabbernde Lippe, das spitze Getrommel auf dem Kantinentisch, der Sturz mit weit ausgestreckten Armen (und das alles nach zwei bis drei Monaten Redaktionsarbeit nur), nee, mit der war kein Staat zu machen und ein Parteiblatt erst recht nicht! »Ich habe mich geschämt, den Leuten aus irgendeiner Brigade oder so auf der Straße zu begegnen, über die ich im vorgeschriebenen pathetischen Ton geschrieben habe ... Wirklich, ich bin diesen Leuten ausgewichen und nur noch umhergeschlichen in Cottbus!« – Trotz ihrer nur kurzen Journalisten-Karriere, für die sie ein paar Jahre in Leipzig studiert hat, hat sie bereits Dutzende solcher Wahnsinns-Stories wie die von den Fischen im Schwieloch-See parat; fast jede übrigens vom Chefredakteur damals mit dem Kehrreim versehen: »Da hat der Klassenfeind wieder zugeschlagen!« Das betraf z. B. jeden Waldbrand, aber auch den Umstand, daß bei einem Manöver einmal der »heiße Draht« zwischen Berlin und Moskau zerschossen worden ist ... – »Ich habe mich geschämt, den Leuten auf der Straße zu begegnen!« Ende einer so lange vorbereiteten Dienstfahrt.

DER »ZEIT«-KINDERWAGEN // ... und die Folgen des remarkablen Umstands, daß dem alten Spanienkämpfer, Exilanten, Dichter und Pablo-Neruda-Übersetzer Erich Arendt zu seinem 70. Geburtstag von der »Staatsmacht« gratuliert worden ist, nicht zuletzt mit dem generösen Bescheid: »Sie können jeden Wunsch äußern, Kollege Arendt, er wird Ihnen erfüllt, wenn es nur irgend zu machen ist!« (Der Staat als Märchenfee; auch das wäre vielleicht mal abzuhandeln: Tausendundeine Nacht »im DDR-Maßstab«.) Die blitzschnelle Antwort Arendts: »Ja, dann wünsche ich mir, regelmäßig die NEUE RUNDSCHAU beziehen zu dürfen ... und ... und den MERKUR ... und ... und DIE ZEIT!« (Stockte keinem das Herz? Tausendundeine Nacht.) Die Antwort, die wahrscheinlich etwas weniger schnelle Antwort: »Gut, geht in Ordnung.« – Zumindest was DIE ZEIT betrifft, mußte Arendt allerdings ein Papier unterschreiben – und er hat es sicher kalt lächelnd getan –, mit dem er sich verpflichtete, dieses dubiose Organ nach Kenntnisnahme alsbald zu vernichten. – Sie erlauben, daß ich mich wieder einmal vorstelle: Endler, der ZEIT-Verbrenner Erich Arendts, Adolf Endler, um es für Begriffsstutzige zu wiederholen, Erich Arendts ZEIT-Verbrenner! Wenn Sie mich besuchen, dürfen Sie also nicht zu sehr erstaunt sein über den hochrädrigen Kinderwagen aus Ur-Uromas Zeiten (übrigens aus dem Müllcontainer Duncker/Ecke Raumerstraße gerettet), der in meiner André-Breton-Memorial-Ecke steht und beinahe zusammenbricht unter der Last mehrerer mächtiger Ballen und (allerdings vielfach gefledderter) Jahrgänge der hamburger Wochenzeitung DIE ZEIT. Es ist so: Bei sogenannten »Geburtstagsfêten« o. ä. sieht man im allgemeinen so gut wie sämtliche Freundinnen und Freunde an dem fragilen Kinderwagen herumzerren, als gelte es, seinen Inhalt zu etwelchen babyhaften Bekundungen zu animieren; statt dessen raschelt und knistert es großzeitungshaft, wie es das NEUE DEUTSCHLAND in dieser intensiven Weise niemals zustande brächte ..., wobei sich vor allem die Feuilleton- und Literaturseiten hervortun. Sobald der Name des alten Dichters Erich Arendt gefallen ist, verstummt auch der Disput bezüglich der Herkunft dieser für die Verhältnisse in der DDR nicht nur ungewöhnlichen, sondern geradezu kostbaren Kollektion: »Aha, aha, aha ... Hast du also bei Erich Arendt geklaut!« Denn wer zwischen Rostock und Suhl wüßte nicht, daß Arendt einer der vermutlich mit den zwei Fingern einer einzigen Hand zu zählenden Privat-Abonnenten der ZEIT in der DDR ist. »Nee, geklaut *eigentlich* nicht ...«; und wieder einmal die in verschiedenen Modifikationen ausgestreute Geschichte, daß ich neben anderen exklusiven Jobs auch den allzu begehrten des sogenannten »ZEIT«-Verbrenners des in der Raumerstraße wohnhaften Nestors der DDR-Poesie ausübe, dem es sein hohes Alter und die angeschlagene Gesundheit verbieten, dieses Altpapier nach der Durchstöberung selber dem Reißwolf zuzuführen oder gar in den Prenzlauer-Bergischen Kachelofen zu stopfen. Beinahe jede vierte Woche läßt Arendt den ihm als vertrauenswürdig geschilderten Eddi Endler bei sich antanzen, um diesem, sagen wir 'mal, »Kollegen von der Müllabfuhr« jedes Mal etwa zwanzig Kilo ZEIT (ohne das von Arendt gesammelte ZEIT-MAGAZIN indessen) auf die Schulter zu wuchten – ich bin, wie alle wissen, früher Transportarbeiter gewesen –, verbunden dieser zum Ritual gewordene Akt mit dem dringlich-ernsten Bescheid, den Packen »alter Zeitungen« entweder den legendären sieben sauren Winden vom Prenzlauer Berg zum Fraß vorzuwerfen oder aber bei sich zu Hause den Flammen seines Kanonen-Öfchens. Erich Arendt: »Ich kann Rauch in meinem Alter nicht mehr vertragen, *wenn man es denn schon so nennen will* ...« (Übrigens eine der Lieblingsfloskeln Arendts: »Wenn man es denn schon so nennen will ...«) – Ja, und so ist es gekommen, daß der ostberliner Stadtbezirk Prenzlauer Berg heute nicht nur auffällt als Hort des seltsamsten literarischen Sonderwissens, sondern ebenso als der in Mode-Angelegenheiten bestinformierte der ganzen realsozialistischen Welt gelten kann – das eine dank Fritz

J. Raddatz, einem alten Arendt-Freund, das andere dank der ZEIT-Mitarbeiterin Marietta Riederer, das ist ja klar!, dieser Ricarda Huch des deutschen Modejournalismus. –//– »Ich kann Rauch in meinem Alter nicht mehr vertragen, lieber Eddi, wenn Sie wissen, was ich meine ...« Ja, unser guter Erich Arendt und sein stets konspirativ gestimmtes Anarchistengemüt! Wie viele Gesetzesüberschreitungen dürften seinen Anregungen, seinen kennerischen Hinweisen zu danken sein: »Aber, bitte, kein einziges Wort zu einem Dritten ...« Was ihn selber betrifft: Die Gesetze und Verfügungen, gegen die er zumindest in den letzten zwanzig Jahren verstoßen hat, müssen Legion sein, wobei die Devisenvergehen und die Bücherdiebstähle auf der Leipziger Messe, »wenn man es denn schon so nennen will«, gar nicht 'mal mitgerechnet sind ... Ach, Erich Arendt, für die breitere Öffentlichkeit bekannt vor allem als der fleißigste Pablo-Neruda-Übersetzer, der sich denken läßt, Erich Arendt und sein listiges Lächeln, wenn er z. B. – Anspielung auf den Pablo-Neruda-Titel »Ich bekenne, ich habe gelebt« – auf wahrlich ganz unfeierliche und manchen Bewunderer düpierende Weise verkündet: »Ich bekenne, ich habe von Pablo Neruda gelebt ...« Hat er nicht sogar einmal die Unterschrift Nerudas gefälscht, um die Behörden der DDR irrezuführen? Für ganz ausgeschlossen halte ich es nicht. »Das Volk der DDR ist ein Volk von Gaunern«, habe ich jüngst behauptet, nachdem mir zum fünften Mal mein Fahrrad gestohlen worden ist. Ich will die Lyriker gar nicht ausschließen: Ein Völkchen von Gaunern auch sie – gezwungenermaßen selbstverständlich!, und auf höchstem Niveau!

STIMME VON OBEN/UNTEN / / Und so darf 'mal wieder die sogenannte »Arbeiterklasse« 'ran, da es den »Künstlern« eins auf die Mütze zu hauen gilt: Am 17. November der empörte Brief eines »Arbeiters« (?) ans NEUE

DEUTSCHLAND, ein Brief, der jählings und befehlsgemäß allerorts »diskutiert« wird, nicht zuletzt im Schriftstellerverband (wie ich höre). Ehrlich gesagt, ich habe den Inhalt des Briefes schon wieder vergessen; angeblich hat er jedoch beim Fernsehen bereits zu ersten Entlassungen beigetragen. Was hat denn eigentlich in dem Brief drin gestanden? – / / – Man deutet mir an: Der schärfere Wind wehe vor allem wegen der Ereignisse in Polen. So werde aus Filmen und Fernsehwerken alles auf Polen Bezügliche schnippschnapp herausgeschnitten. Auch die Vokabel »Unterseeboot« dürfe nicht mehr »auftauchen«, nämlich wegen der mysteriösen U-Boot-Affäre vor der Küste Schwedens. Man habe feststellen müssen, daß in den Kinos das Publikum in wieherndes Gelächter ausbreche, sobald in dem oder jenem Film von einem »Unterseeboot« die Rede ist; wie viele Filme mögen das sein? – / / – »Mh, was hat denn eigentlich in dem Brief jenes Arbeiters drin gestanden?« – »Na, weiß ich auch nich' mehr so jenau ...«

HAUPTWERK (FORTSETZUNG) / / Noch einmal zum Ausschluß aus dem Schriftstellerverband Mitte 79; was mich nachträglich noch aufstöhnen läßt, ist die hirnverbrannte Borniertheit, mit welcher während der verhörartigen »Gespräche« *vor* dem Ausschluß auf solch einer Fragwürdigkeit wie dem »Bekenntnis zum Sozialistischen Realismus« bestanden wurde (dieser stalin-gorkischen Seifenblase), da einem ja der schlichte »Realismus« allein schon immer dubioser geworden ist, auch ohne die zusätzliche »sozialistische« Würze. Ich weise während der »Befragung« speziell auf diesen Punkt hin – und das ist später als besonders ekle Dreistigkeit kommentiert worden –; im Grunde könne (und dürfe) ich schon deshalb nicht mehr Mitglied des Verbands sein, weil ich mich nicht im geringsten mehr fähig fühle, den entsprechenden Geboten des »Statuts« des Verbandes Reverenz zu erweisen. Sinngemäß sage ich:

»Ich bin kein Sozialistischer Realist – und will auch kein Sozialistischer Realist werden ..., wenigstens heute nicht mehr!« (Habe ich nicht sogar frecherdings die Änderung des Statuts verlangt?) – / / – Dieser Punkt vor allem – die Verpflichtung, dem »Sozialistischen Realismus« entgegenzustreben – war mir allerdings schon z. Z. meines relativ späten und lange hinausgezögerten *Eintritts* in diesen Verband (Bürgen: Rosemarie Heise und Paul Wiens) als extrem problematischer im Statut aufgefallen. Trotzdem ... 1964 ist es ulkigerweise Johannes Bobrowski gewesen – wie es heute andere und in der Regel weniger achtenswerte Gestalten sind –, welcher meine Skrupel mit den Worten »Ach, nimm das alles doch nur nicht so ernst ...« wenigstens kurzfristig zerstreut hat. Schon daß ich diese scheinbare Beiläufigkeit noch erinnere, will mir jedoch bedeuten, daß das letztendlich moralische Problem all die Jahre hindurch nie ganz seinen Stachel verloren hat – wenigstens für mich nicht! Damals, als Bobrowski es mir zuzwitscherte, ich möge »das alles nicht so ernst nehmen«, hat mit Sicherheit irgend etwas in mir rumort, das mich verwarnt hat: »Nicht ernst nehmen? Und wie, bitteschön, verträgt sich das mit der SOZIALISTISCHEN MORAL?« Ich bedenke es nicht ohne Rührung ob meiner früheren sittlichen Konstitution; Bobrowski ist die »sozialistische Moral« vermutlich vollkommen schnuppe gewesen, anderen Sternbildern verschworen als den seinerzeitigen meinen, allerdings schon sich drehenden und auseinanderdröselnden. – / / – Nach fünfzehn, zum Glück *nur* fünfzehn Jahren im Verband bin ich es endlich, endlich doch noch losgeworden: »Also, wissensenee, diese Chose mit dem Sozialistischen Realismus ...« Undsoweiter.

HITLER / / Gespräch mit der etwa sechzehnjährigen Micky im WIENER CAFÉ an der Schönhauser. – M.: »Sach' ma', wat hältst 'n du eijentlich von Adolf Hitler ...?« – Ich: »Na, wat soll ick denn schon von dem halten?« – »Hältst also nix von dem?« – »Na, hör' mal ...« – »Et jibt aber welche, die sagen ...«; und da M. meinen wohl halb ungläubigen, halb vereisenden Gesichtsausdruck gewahrt haben mag, rasch abwiegelnd, das heikle Thema wegwedelnd: »Naja, sprechen wir lieba üba wat anderet!« – Und also geschah es bedauerlicherweise; wir sprachen über etwas anderes, über Jeans oder über Stöckelschuhe oder über die ROLLING STONES ...

DEZEMBER 81

WINTERURLAUB / / Großmächtige Urlaubsreise mit Kind und Kegel nach Rahnsdorf an der Stadtgrenze, wo uns L. ihre kleine Wohnung zur Verfügung stellt; unentgeltlich. Nicht weit das Fischerdörfchen wendischen Ursprungs mit seiner schönen alten Gaststätte ZUM GROSSEN HECHT. Ein paar Tage Frieden? Kein Frieden: Früh in der Bahn der verbandsoffizielle Reiseschriftsteller R. C. (vermutlich wieder einmal aus Kalkutta o. ä. zurück), der hier irgendwo sein Haus haben muß; ich steige mit J. und dem Kind in einen anderen Wagen um. – / / – Andererseits (und nur so ist die Reise nach Rahnsdorf möglich geworden): Vor einigen Tagen einige Tausend Mark Solidaritätsspende von zwei Romanschriftstellern (Verbandsmitgliedern) aus der Gegend Halle/Magdeburg, die anonym bleiben wollen, für die im Jahr 79 ausgeschlossenen Autoren. Ich nahm, von Klaus Schlesinger überrumpelt, 500,- Mark an. Jetzt bin ich doch froh, die fünfhundert Mark in der Tasche zu haben: mein wie auch immer zusammengeronnenes »Einkommen« beträgt zur Zeit etwa 200,- Mark pro Monat.

DER KAISER IST NACKT / / Ein kleines Typoskript-Konvolut, die von Uwe Kolbe lancierte »Zeitschrift« DER KAISER IST NACKT, zugesteckt bekommen; die Texte von Uwe Kolbe selber die radikalsten. Eines der kleineren Gedichte von einem Werner A. Markert ist dem »Herrn Mickel« zugeeignet und geht so: »Zugeb ich, daß ich ganz privat / Reflektiere nah am Hochverrat. / Meine Gerade ist ein Grat: / Am einen Fuß die Schelle klirrt, / Der andre nimmt ein Bad / In Eselsmilch.« (Wer ist Markert? Natürlich Kolbe! Und diese kleine Nebensächlichkeit scheint mir dank geringerer Verkrampftheit goutabler als manches der Haupt-Gedichte von Kolbe. Außerdem trifft es nicht ganz und gar daneben; Du wirst es zugeben müssen, lieber Karl!) – Dann und wann glossenartige Beitaten wie dieses »Anbei, frei nach Klaus Staeck«: »Arbeiter! Die Intellektuellen wollen euch eure Villen in Wandlitz wegnehmen!« Das könnte dem Lästermund Katja Lange-Müllers entfleucht sein, welche im September-Oktoberheft wieder einige ihrer zerfledderten Besoffenheits-Gedichte kundtut, wahrscheinlich in der Kneipe spuck-mundig hingebrabbelt und aufs Papier geratscht, sodann dem in der Regel nüchternen Kolbe durch die Bierpfütze hindurch zugeschoben für sein »Blatt«: »Zween Trittbrettfahrer, stinkbesoffen in Pampelmusenvodka, / deren elfenbeinerne Ich's von ihnen den Fluß trieben, / herum und hinunter ...«; naja, undsoweiter. Früher (als Tochter Inge Langes) selber Nutznießerin von Wandlitz, »das sind die eigentlichen Asozialen«, hat sie sich seit langem schon für die »besseren Asozialen« im Prenzlauer Berg entschieden, d. h.: »Ick konnte gar nicht anders!« – / / – Jede Nummer der seit dem Sommer erscheinenden Typoskript-Zeitschrift wird übrigens vorsichtigerweise mit der hier und da abgewandelten Formel versehen: »*Die Beiträge sind nicht eigens entstanden. Es handelt sich um autorisierte private Typoskripte.*« Darüber mag die Polizei nur grübeln und grübeln: Um »nicht eigens entstandene Beiträge« handelt es sich? Na, prima! – Um die erhoffte Verwirrung zu vergrößern, könnte übrigens eine surrealistische Fassung des Titels dienlich sein, statt »Der Kaiser ist nackt« unter Umständen »Des Kaisers nackte Kleider«; da ich es Kolbe im Vorbeigehen nahelege, werde ich wieder einmal nicht ernst genommen: Wozu bin ich überhaupt auf der Welt.

BRIEF AN PETER GOSSE (LEIPZIG) / / »Lieber Peter, ich habe betreffs einer Wohnung bzw. eines Zimmers (für Gerti Tetzner) alle möglichen Leute im Kiez befragt, und ich kann nichts Gutes vermelden: Es gibt für einen von draußen, wie es scheint, nur *zwei* Möglichkeiten, 1. den Weg über offizielle Stellen, aber das müßten schon *sehr* offizielle Stellen sein (vielleicht Staatssicherheit o. ä.), 2. irgendwo in Untermiete zu ziehen und von dieser Basis aus so lange Wohnungen zu besetzen, bis die Ämter es leid werden, Dich wieder hinaus zu setzen, Dir irgendeine kleinere Geldstrafe aufbrummen, Dich aber in der Wohnung drin lassen ... Das alles läuft auf einen die Lebensform der Beteiligten verändernden Kleinkrieg hinaus: strapaziös, gemein, z. T. brutal ... *Unsere* etwas größere Wohnung haben wir bekommen per frühzeitigen Tausch mit einer Frau, die Frank-Wolf Matthies in den Westen gefolgt ist (*frühzeitig:* das betone ich, weil sie *danach* einen Passus unterschreiben mußte, in dem sie sich verpflichtet, nicht etwa vor ihrem Weggang rasch die Wohnung zu tauschen; eine Sache, die aufgrund der Notlage offenkundig nicht selten vorkommt – aus all dem erhellt, daß die Ämter unser ehemaliges Quartier fest im Griff haben!). Noch etwas: Auch die (meistens 1-Zimmer-) Wohnungen, die man sich hier erobert, sind eigentlich unter aller Würde: Außenklo, kein Bad, sanitäre Einrichtungen *unter* Slum-Niveau, wohl kaum das Richtige für Gerti Tetzner! – Auch unsere jetzige Wohnung würde von vielen als ganz unzulänglich zurückgewiesen werden ... Da ich so etwas immer unter dem Gesichtspunkt betrachte, ob ich *Platz* zum Arbeiten habe, finde ich sie allerdings gut und befriedigend: Das Außenklo gehört eben zu unserem Leben, wahrscheinlich sterb' ich auf ihm. – / / – So, das war das, sozusagen eine (vermutlich entmutigende) Rohskizze; Angst hat man hier vor der Volkszählung, weil den oben beschriebenen Praktiken Riegel vorgeschoben werden könnten – nicht zum Heil der Bürger, kann man annehmen –, und die eine oder andere Sache in diesem Zusammenhang auffliegen dürfte. Insgesamt: »Ende« der Anarchie und Korruption, welche doch die eine oder andere Lücke oder wenigstens einen Rest von Hoffnung ließen ... Mitte Dezember will ich mich aus solcher Welt wieder für 6 oder 8 Wochen in die Einsiedeleien nördlich der Müggelsee-Schilfichte zurückziehen. / Herzlich! / Dein ..... PS.: Dieser Brief macht vielleicht einen etwas düster-depressiven Eindruck; aber es stimmt nicht sehr heiter, wenn rechts und links alle möglichen Bekannten in'n Westen abziehen. A. E. (Datiert: Berlin, Anfang Dez. 81)

FLAGGE ZEIGEN / / Genosse Peter Keit überläßt mir die Durchschrift eines Denunziationsbriefes, welcher in seiner Parteigruppe (Volkshochschule) z. Z. die armen Köpfe rauchen läßt. Abgesehen von den veränderten Namen, geht das Schreiben wortwörtlich so: »Werte Genossen! / Der Bewohner unseres Hauses, der Genosse Pumps, ist bei Euch als Dozent tätig in der Volkshochschule. Meines Wissens soll er als Gesellschaftswissenschaftler tätig sein. / Genosse Pumps *flaggt nie* zum 1. Mai, Tag der Republik usw. Wir können mit ihm auch keinen Kontakt aufnehmen, da er zu *abgeschlossen* ist. Von *parteilosen* Mietern, die *zum Teil* flaggen und sich auch *sonst* am gesellschaftlichen Leben beteiligen, hat man deswegen ständig Auseinandersetzungen. Mit dem Genossen Pumps selbst zu sprechen, würde auch keinen Erfolg haben. / Meine Vermutung ist, daß er sich bei seiner Tochter nicht durchsetzen kann, die *starken westlichen Einflüssen* unterliegen muß. Vor kurzem war der Genosse Pumps mit seiner Frau, die ja auch Genossin ist, verreist, und ihre Tochter war allein mit einem Mann in der Wohnung, Nacht um 1. Uhr wurde vor der Tür des Mieters über ihn, den Mieter Balsam ein Knallgeschoss abgelassen, dass das ganze Haus erschütterte. Ich kann nur nicht verstehen, daß bei uns in der DDR *solche lauten Knallgeschosse* hergestellt werden. *Und dann dann nur zu Sylvester.* Es muß ein *westliches Erzeugnis* gewesen sein. Ich wagte mich nicht runter zu gehen, denn ich bin ein alter Mann, über 50 Jahre schon Genosse, denn wenn ich wäre runter gegangen, hätte *der* mich vielleicht niedergeschlagen. / Ich bitte Euch, doch mit dem Genossen Pumps mal *eine Aussprache zu führen*, daß er sich auch *äußerlich* als Genosse hier im Wohngebiet zeigt. / Für Eure freundliche Unterstützung danken *wir* Euch schon heute bestens und verbleiben mit sozialistischem Gruß! Franz Teckel« – / / – Antwort des Genossen Pumps auf die Denunziation des Genossen Teckel, auch dieses authentisch bis auf die Namen: »... Zur *Beflaggung*: seit 1949 hänge ich am Tag der Republik, am 1. Mai und zu anderen Anlässen *die Fahne aus dem Fenster*. Für die Zeit, wo ich in Treptow wohnte, ist u. a. der Gen. Gimpel aus der Kipfelstraße Zeuge dafür. Seit ich in Pr. Berg wohne, der Gen. Hultenreich, der nach Friedrichshagen verzogen ist. / Danach könnte ich den Gen. Kluncker anführen, der vor drei Jahren in die Leitzerstraße verzogen ist. / Da durch die vielen Jahre unsere Fahne sehr *verwittert, verschossen und verschlissen* war, habe ich sie vor einiger Zeit von der Stange entfernt. Wir wollten uns ein neues Fahnentuch kaufen. Aber jedesmal vor einem Feiertag stellten wir selbst *verärgert* fest, daß wir das wieder vergessen haben. Aber gleich nach dem Urlaub dieses Jahres haben wir ein Fahnentuch gekauft und werden jetzt wieder bei *jedem Anlaß flaggen*. Es war eine *Nachlässigkeit oder Vergeßlichkeit* von mir, daß ich das nicht früher getan habe ...« – Und weiter unten in der Antwort des Genossen Pumps auf die Beschwerden des Genossen Teckel: »... Frau Balsam und Frau Teckel sind *sehr intim*. Frau Balsam brachte ein Klavier in Wohnung. Sie klimperte zu jeder beliebigen Stunde Zeit. *Sie hat aber noch nie ein richtiges Lied gelernt* ...« – / / – Genauer ist die DDR und ihre Funktionsweise schwerlich zu dokumentieren als mit diesem Briefwechsel. Ihr werdet zugeben müssen: *Undeutsch* wird man sie *nicht* nennen dürfen ... – / / – PS.: Eingebaut in einen meiner collage-artigen Texte, hat der Vortrag der

Briefe in wohlwollenden Kreisen zwei Reaktionen zur Folge gehabt, die erste: »Mensch, ja, das trifft es, genau!«; die zweite: »Genial!, das hast du wirklich prima geschrieben!« Beides aus dem gleichen Mund. – Das nenne ich mir ein ästhetisches Rezeptionsproblem.

TRAUM-STRASSE // Ich gehe im Traum ganz normal eine ganz normale Straße entlang; alles *normal*, normal, normal ringsher ... Es muß schon Jahrzehnte her sein, daß ich etwas so Normales und Stilles geträumt habe, welches sich mir beim Erwachen sogleich und unvergeßlich als etwas höchst Ungewöhnliches, also eigentlich Unnormales einprägt: Eine Straße, die ich mit anderen entlanggehe – sonst nichts!

SOG // ... und immer wieder zieht es mich, als ginge von seinen Hinterhöfen ein Sog aus, zum Haus Linienstraße 130 – trotz aller Warnungen durch Gerald P. (den ich für einen Stasi-Mann halte, ohne ganz und gar sicher sein zu können), trotz aller Todesdrohung, die in diesen Warnungen versteckt lag, in den Hinweisen auf einen sogenannten GROSSEN RAT, den ein kürzlich »abgehauener« hoher Stasi-Offizier in hektische Wut versetzt haben soll ... »Was hat das denn mit mir zu tun ...?« – »Oh ja, hat schon ...«, murmelt P. vieldeutig und die Stirne runzelnd. (Dieser Gerald P. gibt mir Rätsel auf, solange ich ihn kenne: Will er mir helfen, steht er auf meiner Seite?, oder will er mir lediglich angst machen, um mich auf diese Weise zu bändigen? Ansatzweise hat er das zweifellos geschafft, falls es seine Absicht gewesen ...) Linienstraße 130; und allmählich wandert auch dieser Kiez, die Gegend um das Oranienburger Tor, das früher »Chansonettenviertel« hieß, in meine phantasmagorischen Prosafragmente hinüber, und das arme Haus in der Linienstraße hat seit vorgestern seinen Namen – mit Namensgebungen fängt bei mir vieles an, manches kommt leider kaum weiter –; ich taufe es die EDGAR-ALLAN-POE-GEDÄCHTNISSPALTE, oder soll es nicht doch besser das E.-T.-A.-HOFFMANN-MEMORIAL-LOCH heißen?, dieses Haus mit der biederen Fleischerei vorne und den blind blickenden Hinterhöfen, in denen Marina H. und der Zuhälter Klaus verschwunden sind zu Beginn des Jahres 79, nicht mehr auffindbar in ihrer schwülstig-schwül tapezierten kleinen Wohnung, futschikato, wenigstens für den manisch recherchierenden Lyriker Endler mit seinen offensichtlich zu gut gezielten Fragen, die schließlich ratloser wurden: »Hat keener die Marina jesehen seit der letzten Woche, die kleene Pummlige mit dem Mongolengesicht? Wat, kennt keener hier, die Marina, kennt keener mehr, hat keener jekannt ...?« – Leise, vom Stehbiertisch her: »Mensch, mach' dich nicht unglücklich, Mensch, Mensch!« (So im benachbarten GAMBRINUS, damals! Momente wie in bestimmten amerikanischen Thrillern ...) Und immer wieder tippele ich vom Rosenthaler Platz oder vom Hackeschen Markt her die Auguststraße, die Linienstraße zum Oranienburger Tor hinunter, vorsichtig, vorsichtig, und stehe unvermittelt im zweiten Hinterhof Linienstraße 130 und blicke nach links zum zweiten Stock hinauf, nach wie vor und wie seinerzeit mit Decken verhängt die Fenster, die Scheiben staubgrau inzwischen; einer bastelt im Hof am Motor seines Autos herum, aus einem Fenster ganz weit oben tönt extrem laute Schlagermusik (mh, die Marina vielleicht?), der Automonteur im öligen Blaumann streicht langsam und, wie mir scheint, mit prüfendem Seitenblick an mir vorüber, verschwindet in dem Haus, das ich zu betreten nicht wage, kurz darauf verstummt Tina Turner ... – / / – »Besser für dich, mein Lieber, du meidest die Gegend!« (Gerald P. im frühen und in vieler Beziehung eiskalten Januar 79). Ich habe mich nur für kurze Zeit an den möglicherweise gutgemeinten Ratschlag gehalten – trotz des schockfarbenen

Horrors, welcher mir in diesem Viertel, diesem »Quartier Latin Berlins« (das mit einer seiner Ecken auf die Vertretung der BRD zielt) glücklicher- oder unglücklicherweise zuteil geworden ist; und nicht *nur* bei dem Versuch, in einer Nacht zwischen Weihnachten und Silvester 78 eine Polizeistreife in das zweite Hinterhaus links (zwei Treppen) der Linienstraße 130 zu dirigieren – »Hören Sie, ich glaube, da wird wer ermordet!« –, nachdem ich dem erpresserischen Überfall zweier Zuhälter (?) oder Stasi-Leute (?) auf den »Zureiter«, den Mädchen-Dresseur Klaus beigewohnt hatte: Daß es neben den eigentlichen Zuhältern und ihnen bei- oder untergeordnet die sogenannten »Zureiter« gibt, weiß mein Kindergemüt erst seit jener Zeit und dank der Aufklärung durch den polyglotten Polyhistor Henryk Bereska: »Prost!« Oder hatte der Überfall nicht eigentlich *mir* gegolten?, der ich wenige Stunden vorher in einem Lokal in der Novalisstraße, in einer als Treff der Stasi-Intellektuellen bekannten Stampe per Zufall bzw. dank hammet-artiger Beharrlichkeit die innige Verknüpfung der Nutten- und Zuhältergalaxis mit dem Stasi-Universum, mit ganz bestimmten Repräsentanten dieses Universums entdeckt hatte (was auch den Stasi-Leuten nicht verborgen geblieben sein konnte): Die Linienstraße 130 dann, die zwei Brutalniks dann, und nach jähem Erschrecken meine blitzschnelle Flucht die zwei jammernden Treppen hinunter – einer der beiden Lederjacken-Kerle kam hintergespurtet bis zur Friedrichstraße, ohne mich zu erreichen: »Eh, du hast deine Brille vergessen!« –, am HOTEL SOFIA, dem Haus mit der Wohnung Christa Wolfs, an der »Tränenhalle« vorbei in den Schutz, den erhofften Schutz des belebten S-Bahnhofs. (Ich hatte Brille Brille sein lassen; vermutlich zu meinem Glück.) Und ich hocke erwartungsvoll, nachdem ich die Polizei aktiviert, mit anderen Nachtschwärmern (und Reisenden) auf den Stufen, die hinunterführen zum Bahnhofspissoir, mische mich zwischen das

Volk, um möglichst nicht ohne Skandal »beseitigt« werden zu können ... Die Polizeistreife kehrt nach höchstens zehn Minuten zurück, und ich erfahre von einem spürbar mit mir sympathisierenden Beamten (sinngemäß): »Auf diesem Grundstück dürfen wir nicht eingreifen! Wie sind Sie überhaupt in das Haus hineingekommen?« – Also ein ganz besonderes Haus, dieses Linienstraße 130, eine Tabu-Hütte, Heimstatt Schwarzer Messen vielleicht, und ich hatte es nicht bemerkt: »Na, ganz normal! Durch die Tür ...« (Ach, ja, es ist eine lange und für den Autor wenig schmeichelhafte Story, nämlich die eines törichten Gockels in der Midlife-Crisis o. ä., der herausgeputzt einem blutjungen, doch schon ziemlich pfiffigen jungen Mädchen, einem »Flitscherl«, nachstiefelt – und es sind schöne, nämlich hochhackige Stiefel gewesen –, dabei zunehmend mysteriösere Abenteuer erlebt, sich schließlich in die Rolle eines dauer-alarmierten Privatdetektivs hineinsteigert, Dashiel, oh, Dashiel!: Ein riesiges Spinnennetz aus miteinander verwobenen Notizen ist geblieben, vor dem ich mich fürchte bis heute, auch weil es als Selbst-Porträt erschreckend wirkt nicht zuletzt auf den Porträtisten selber.) –//– Zurück zur nächtlichen Friedrichstraße: Von diesem Moment, spätestens von diesem Moment an hatte ich für mehrere Wochen oder Monate nicht nur *einen* Schatten auf den Fersen, »demonstrative Beschattung« par excellence (und »konspirative« vermutlich kaum minder). – »Mh, wo ist denn Ihr Schutzengel geblieben?« hatte gegen Morgen einer der Bahnhofspolizisten auf die Pissoirtreppe und den permanent kopfschüttelnden Poeten des Grauens herniedergenuschelt: »Scheint Feierabend zu haben!« Wollten die Leute vom Bahnhof Friedrichstraße mich los sein, oder was? Doch als ich zu Fuß nach Weißensee zu meiner Bude zurückgehetzt war – eine ganz hübsche Strecke! –, von einem rasanten Kälteeinbruch immer wieder in den oder jenen schützenden Hauseingang gescheucht, hatte ich es

wieder hinter mir und um mich herum, das her- und widerflitzende, mehrgliedrige Schattenhafte, das sich in der nächsten Zeit gelegentlich bis nah an meine Ohrmuschel zu drängeln verstand: »Mensch, paß jut uff dir uff!«, »Hau ab, verschwinde!«, »Du hast doch noch einiges im Leben vor!« Böses Gezischel, das zweifellos meinem wüsten Versuch galt, die seit jener Nacht spurlos verschwundenen Klaus und Marina irgendwo wiederauszugraben, die von der EDGAR-ALLAN-POE-SPALTE, vom E.-T.-A.-HOFFMANN-MEMORIAL-LOCH in einem Zug heruntergegurgelten, verschluckten; die Wohnung in der Linienstraße 130 hatte von einem Tag zum anderen keine Bewohner mehr ... »Besser für dich, du meidest die Gegend!« hatte Gerald P. mir gesagt und beratend hinzugefügt: »Betrachte das Ganze doch einfach als Phantasmagorie! Du hast es doch mit paranoid Gesponnenem, Eddi!« Habe ich brav genickt zu Ratschlag und Warnung?, wenn auch sicher nur provisorisch? Ich fürchte es, Held Endler, ich fürchte es ...
– / / – Trotzdem finde ich mich in gewissen Abständen vor dem Haus Linienstraße 130 wieder, grübelnd und nachrechnend: Was ist da eigentlich damals genau passiert? Geträumt habe ich es gewiß nicht: Einige Wochen nach dem Knall sitze ich mit Peter Gosse aus Leipzig in der BÄRENSCHENKE (an der Grenze zu dem sozusagen Verbotenen Stadtteil), und ich beginne, um es endlich einmal loszuwerden, ihm zu erzählen von diesem düsteren Dezember, diesem harschen Januar. Während des Gesprächs (wir waren von einer Veranstaltung im »Verband« gekommen) schiebt sich ein älterer Typ zu uns an den Tisch und unterbricht wie abwesend mein um Zeugenschaft werbendes Wort: »Ich warne dich! Halt' den Rüssel! Schluß jetzt ...« Auch Peter Gosse bemerkt, daß irgend etwas schwer Faßbares und Irritierendes vor sich geht ... Ich, Gosse zuflüsternd: »Du wolltest es nicht glauben! Wirklich, die haben mich auf dem Kieker ...« Laut und feige verkünde ich:

»Alles klar!« – Alles klar? Auch drei Jahre später habe ich nicht aufgehört, mich auf Seitenwegen in diesen Kiez und dieses Haus hineinzuschleichen, zuweilen begleitet von J.; als würde ich am Ende vielleicht doch noch eindeutige Auskunft erhalten, nicht zuletzt über die Herkunft bestimmter Eigenarten meines Schwarzen Humors bzw. dessen sprunghafte Verschärfung seit Beginn des neuen Dezenniums. /*

»PRENZLBERCH« / / Wer neckisch und schein-kennerisch vom »Prenzlberg« spricht statt vom »Prenzlauer Berg«, der wird von J. und ihrer Straßen-Kamarilla sofort als zugewanderter »Nordmensch« oder als »eener aus Sachsen« erkannt: »Det is' unjefähr so, als ob eener in San Franzisco von ›Frisco‹ spricht; da weeß jeder echte San-Franziscoer sofort Bescheid, hab' ick jelesen!: Der is' nich' von hier!« – / / – Der Hügel »jenseits« des Senefelder gewidmeten Denkmals (nicht weit vom Luxemburgplatz), wo jetzt die Kommunale Wohnungsverwaltung residiert, wird übrigens nach wie vor »Pfefferberg« *geschimpft*; wenn einer zur KWV bestellt ist, sagt er nur: »Ick muß *unten uffn* Pfefferberch ...« (Dagegen nennt man den gleichfalls hügeligen Komplex des zwischen Schönhauser und Prenzlauer dampfenden VEB BAKO wohl erst seit dem Nachkrieg das »Schrippengebirge«, in meiner exzessuöseren Prosa wird es sich voraussichtlich demnächst zum »Brezel-Himalaya« aufsteilen.) – / / – »Aber *Prenzlberg*, Mensch; da looft et een' ja kalt den Rücken 'runter!«

VOODOO-ARENDT / / Lesung mit Erich Arendt, der jetzt achtundsiebzig Jahre alt ist und rätselhaft wie eh und je: Es leuchtet durchaus ein – obwohl es das Werk Arendts nur partiell trifft –, wenn ein junger nach Haschisch gierender Punk-Poet entzückt, ja, emphatisch ausruft: »Ein ganzer *Opium-Laden*, dieser Arendt!« (Hoffentlich will der Rabiatnik nicht der Vermutung Ausdruck geben, daß Erich Arendts, des sparsamen Wein- und Teetrinkers, späte Poesien der Einnahme bewußtseinserweiternder oder sonstwie aktivierender Drogen zu danken sind, wie sie allerdings manche der von Arendt bevorzugten Künstler und Poeten nicht gerade verschmäht haben, z. B. Henri Michaux.) Unser Punker und Underground-Poet will vermutlich sagen, daß der suggestive Vortrag des kaum merklich vor- und zurückschwingenden Greises ihn unerwarteterweise in einen hypnose-ähnlichen Zustand versetzt hat: »Es kränzt uns ein, / und / wo wir ich – / los werden, ein / spurenloser / Ernst ...«; um aus »Zeitsaum« zu zitieren. – Hölderlin und Voodoo? – Ich will gern gestehen, und andere haben mir beigepflichtet, daß auch ich mich bei Arendt-Lesungen nicht selten als williges Opfer mysteriöser Beschwörungsrituale empfunden habe – bis ins letzte »verstanden« hat die Texte aus Arendts letzten vier oder fünf Büchern zumindest als Zuhörer bei den Lesungen des alten Schamanen mit Sicherheit keiner, wie fasziniert man auch immer gewesen sein mag –; poetischer Voodoo-Zauber, um den Gedanken auf die Spitze zu treiben, der einen von Minute zu Minute wirksamer die Farbe bzw. Nicht-Farbe »Weiß« assoziieren läßt, das poesche »Weiß«, das Tekelili-Weiß, erinnern Sie sich? Eigensinn und Sarkasmus Elke Erbs werden voraussichtlich einwerfen wollen: »Rosa ist es gewesen, gelegentlich beige ... Adolf, du spinnst wieder 'mal!« – Gut, akzeptiert und geschluckt!, wie so manches, so manches ... Neulich hat mich einer in diesem Zusammenhang in gehässiger Absicht gefragt: »Wie kommt es eigentlich, daß Erich Arendt nie etwas mit den Surrealisten am Hut gehabt hat?« Aber er hat, er hat! Im Mai 76 hat er Gregor Laschen gegenüber erklärt: »Der französische Surrealismus mit seinem automatischen Sprechen, dem Simultanschreiben aus unterschiedlichsten Bereichen heraus, wurde in der Zeit, als ich die ›Flugoden‹ verfaßte, wichtig, ebenso Ezra Pound. Nie selbst automatisches Sprechen benutzend, wurde doch beider unmittelbares Zusammenfassen verschiedenster Weltbezüge auch ein Element des Gestaltens ...« (Ein einigermaßen singulärer Fall in der sogenannten »DDR-Poesie«, und von unserem berauschten Punker offenkundig als etwas höchst Extremes erkannt; allerdings besteht die nennenswerte »DDR-Poesie« fast ausschließlich aus remarkablen Merkwürdigkeiten, will mich mehr und mehr bedünken.) – Also nicht nur August Stramm, der das Frühwerk beeinflußte; nicht nur Klopstock, Hölderlin, Pablo Neruda, sondern auch die französischen Surrealisten sowie die surrealismusnahen Poeten spanischer Zunge, denen er als Nachdichter gedient hat. Aber Voodoo?, das denkst du dir doch wieder 'mal nur so zurecht! Tatsächlich kennt sich Arendt auch ganz gut aus in den Fibeln der Voodoo-Poesie und ihrer magischen Beschwörungssprüche – seltsam, daß es fast vergessen ist! –, nämlich als Übersetzer der Gedichte z. B. des Kubaners Nicolás Guillén, etwa der »Ballade vom Schwarzwasser-Kobold« und des »Gesangs, um eine Schlange zu töten«, 1952 in einem Guillén-Band des Verlags Volk und Welt erschienen: »Mayómbe-bombe-mayombé! / Mayómbe-bombe-mayombé!«; und so immer wieder, bis Sensemayá, die Schlange, dahin ist. (In der fast gleichzeitig entstandenen Nachdichtung Janheinz Jahns liegt die Betonung ein wenig anders – »Mayómbe-bombe-mayómbe« –, wodurch der Spruch nicht gar so tödlich-messerhaft klingt ...) Erich Arendt, wie in leichtem, dennoch zwingendem Wind vor- und zurückschwingend, vor und zurück: »Mayómbe-bombe-mayombé! / Sensemayá ist tot!« Erich Arendt, die Wörter, die Wortsplitter, die Wortkombinationen in den Raum werfend wie ein Jongleur seine irritierend schwirrenden Bällchen: »Glas-stumm / das Auge, lebt / der Mensch, doch, / einen Tag ...«; der Schluß von »Kakteenland«, dem Franz Fühmann gewidmeten Gedicht. – / / –

Eine Notiz, in der vorigen Woche stenographiert, einseitig genug, um alsbald wieder zerrissen zu werden?

ZUFALLSBEGEGNUNG / / Au, Mamma Leone, au, Leopold Bloom, wie bin ich nur wieder in diese schlimme Kneipe im Scheunenviertel, wie bin ich überhaupt in diese Antarktis geraten? Es muß gegen Mitternacht gewesen sein, als ich die drei hohen Stufen des Etablissements hinaus- und hinuntergetaumelt bin – und eine mir stufen-aufwärts entgegentaumelnde freche Blondine glaubte bemerken zu dürfen: »*Mensch, fall' mir nich' in die Schuhe!*« – Eckermann, notieren!!!

JUGENDTOURIST / / Maria Kähler, im großen und ganzen »unbescholtene« Kinderheim-Angestellte, versucht frischerdings, da von Skandinavischem fasziniert, von JUGENDTOURIST, dem »Reisebüro der FDJ«, eine *Finnland-Reise zu bekommen* (zweitausend »Reisen« nach Finnland sollen nach einer fröhlichen Verlautbarung vorgesehen sein; *Kontingent* nennt man das …) Im Büro von JUGENDTOURIST lautet die erste (und letzte) Frage an M. K.: »Mh, sind Sie Genossin?« – »?« – »!« – »Nee! Weshalb?« – »*Solche Reisen gibt es nur für jemanden, der in der Partei ist!*« – Ende des Gesprächs!, schon im allerersten Sieb hängengeblieben der Wunsch Marias … (Und S. hält mir kritisch vor, ich hätte Uwe Greßmann in meinen essayistischen Notizen »unterprivilegiert« genannt; das gäbe es *so* »in unserer Gesellschaft« nicht.) Natürlich heißt das nicht, daß nun alle Parteimitglieder nach Finnland fahren dürfen; keine Red' davon! – / / – Maria K. kommentiert ihr Erlebnis höhnisch mit der ersten Zeile eines, wie es scheint, in der FDJ immer noch gesungenen Liedes: »Wir sind jung, die Welt ist offen«, dann bitter und wegwerfend, wiewohl im eigentlichen Sinn kaum »oppositionell« eingestellt: »Na, so'n Staat, *den lege ich doch auf's Kreuz*, wo immer ich es nur kann!« Und damit dürfte sie der vorherrschenden Meinung Ausdruck gegeben haben, wenn diese sich auch vielleicht nicht immer des barocken Bildes von dem »auf's Kreuz gelegten Staat« bedient. Wie nennt man so etwas, in das sich Maria K. mit ihrem Ansinnen hineinbegeben hat?, »Lernprozesse«? – / / – Stutzig bzw. neugierig macht mich Marias Zitat »Wir sind jung, die Welt ist offen«; und ich schlage in einem nach dem Krieg erschienenen Liederbuch (»Unser Lied, unser Leben«) die Seite 101 auf. Naja, in der ersten Strophe geht es zunächst lediglich »hinaus in Wald und Feld«; die zweite Strophe aber lautet folgendermaßen: »Liegt dort hinter jenem Walde / nicht ein *fernes fremdes Land*? / Blüht auf grüner Bergeshalde / nicht das *Blümlein Unbekannt*? / Laßt uns schweifen ins Gelände, / über Täler, über Höhn! / *Wo sich auch der Weg hinwende*, / wir sind jung, und das ist schön!« Das wird wirklich von der FDJ gesungen? Vielleicht wird diese Strophe nur gesummt wie der Text unserer Nationalhymne? Ich muß die Maria doch noch 'mal fragen gehen ...

JANUAR 82

»FEUCHTE ECKE« / / Die anrüchige Kneipe, von gewissen Helden wohl nicht nur wegen der zwei Stehbiertische »Unser Stützpunkt« genannt; »Prost Neujahr!«, ich betrete sie munteren und herausfordernden Schritts, im Einkaufsbeutel eine schwere und riesige Türklinke (ohne die ich z. Z. nicht hineinkomme in meine Wohnung), und es scheppert gewaltig, da ich den Beutel vor mir auf den Tisch knalle. – T. schiebt sich zu mir herüber, verdreht den Kopf und versucht, den Inhalt des Beutels zu eruieren ... »'ne Türklinke!«, komme ich dem Neugierigen zu Hilfe, »nee, 'n Revolver isset nicht! 'ne Türklinke nur!« Unausgesprochener Gedanke, der in der verräucherten Luft hängt und aus den mißtrauischen Blicken der »assistenten«-haften Gäste winkt: Dem Endler ist alles zuzutrauen ..., wenn der erst 'mal so richtig auf Tour geht, wenn der erst 'mal 'ne Wut hat!

ZETTEL AN DER WOHNUNGSTÜR / / Jetzt also auch in der Dunckerstraße 18: »ADOLF ENDLER, MITGLIED DES INTERNATIONAL P.E.N., A WORLD ASSOCIATION OF WRITERS, P.E.N.-ZENTRUM DER DDR, 1080 BERLIN, FRIEDRICHSTRASSE 194–199. – Zum ersten Mal wird es Mitte 1980 gewesen sein und in der Lychener 22, daß ich es unser bröckelndes Treppenhaus und die unterschiedlichsten Besucher wissen ließ (auf einem hellgrünen und genügend verschmutzten Zettelchen übrigens): Dieser Herr ist Mitglied des PEN-Clubs, der WORLD ASSOCIATION OF WRITERS. Einer Gaunerzinke nicht unähnlich, Droh- und Warnformel gleichermaßen, ist es indessen nicht dem geistesverwandten Kriminellen oder Vagabunden entgegengesträubt, sondern etwelchen neugierigen Polizisten-Schnurrbärtchen, ob geheimen oder nicht geheimen ...

/ 59

– / / – Ach, »damals war's«!: Die Umfragen der aus der DDR-Fernsehserie POLIZEIRUF NUMERO SOWIESO dem Publikum vertraut gewordenen und auch von Hermann Kant gelegentlich gefeierten »Kriminal-Beamten« (nicht etwa der Staatssicherheit) hatten Ende 79, Anfang 80 an Zahl und Schärfe erheblich zugenommen rings in den Hinterhöfen, wie sie ein lichtscheues Element gleich mir als Wohnstatt bzw. Versteck selbstverständlich »bevorzugt«, Recherchen zumal bezüglich des undurchsichtigen und aus dem Schriftstellerverband ausgeschlossenen sogenannten »Dichters« Endler; jedenfalls hatte die »fragliche Person«, zu der ich geworden war, immer ausgeprägter das Gefühl, in einem Psycho-Thriller mitzuwirken, und zwar in der Hauptrolle, als Objekt, als Fliege im Spinnennetz. In vielleicht genau berechneten längeren und kürzeren Intervallen ist damals das fußes-muntere Jungvolk der »Kriminalpolizei« ausgeschwärmt – ein sogenannter »Dauerauftrag« eventuell? –, um die Nachbarn des problematischen Autors, um zittrige Rentnerinnen und Rentner, um junge Bauarbeiter, Kindergärtnerinnen, Kellner und Kohlenträger etc. immer dringlicher und drohender zu »löchern«: »Bekommt der Bürger Endler oft Besuch?, verreist er gelegentlich?, haben Sie beobachtet, ob in seiner Wohnung Zusammenkünfte stattfinden oder Geburtstagsfeiern?, wie würden Sie den Bürger einschätzen moralisch und politisch?« Und immer wieder war es der Ausweis des »Kriminalisten«, der als Schlüssel zum Herzen der Befragten gezückt wurde; und jedes Mal (?) sind die fleißigen »Informanten« eine halbe Stunde später die Treppe zu mir herauf- oder heruntergestolpert gekommen, um Alarm zu klingeln: »Hören Sie, vor 'nem Moment is' die Stasi wieder 'mal da jewesen! Passen Se man jut uff sich uff! Übrijens habe ick denen klarjemacht, wat Sie für'n stiller und seriöser Typ sind, nicht dran zu tippen, nicht im jeringsten auffällig oder sonstwie jemein, manchmal sojar richtich hilfsbereit – im *sozia-*

listischen Sinne ...« (Prenzlauer Berg!, Prenzlauer Berg!) – »Dankeschön, Dankeschön!« Und ich ließ (und lasse) meinen Blick über den Manuskriptdschungel in meiner Bude wandern: Wie würden *die* sich nur zurechtfinden bei einer Haussuchung in diesem Tohuwabohu? Ich fand (und finde) mich ja selber in ihm nicht zurecht. – / / – So oder ähnlich erleben es vermutlich viele Insassen und Insassinnen der DDR (wenn ihnen nicht Schlimmeres widerfährt), Zehntausende vielleicht; und paradoxerweise nicht so sehr in der allerdings mordgierigeren frühen, der »hochstalinistischen« Phase, sondern vor allem in den »liberaleren« Siebzigern und Achtzigern. Natürlich stellt man sich hin und wieder die bohrende Frage, ob die in der Regel prompte Weitergabe der Stasi-Erkundigungen von den Rechercheuren einkalkuliert wird, also eine Variante der »demonstrativen Beschattung« darstellt, bestens geeignet, den verdächtigen oder unliebsamen Zeitgenossen zu verunsichern und zu ängstigen; meiner Wertschätzung der Solidarität unter den Hinterhausbewohnern tun derlei Überlegungen kaum Abbruch: Man fühlt sich bei den »besseren Menschen« des Ländchens gelandet! (Eine Empfindung, die mich weder bei meinen seltenen Besuchen im Schriftstellerverband noch bei den wenigen im PEN-CLUB je übermannt hat.) Sicher, es gab nicht nur jene quirlige Uhrmacherin, die mir eines Tages leicht angesäuselt hinterherrief: »Hallo, hallo, Herr Endler! Ick habe jehört: Sie sind SYSTEMKRITIKER! Jratuliere, jratuliere ...« Es gibt auch die Krückstock-Greisin in der Wohnung unter der meinen, die von Mal zu Mal böser schielt, wenn ich in meiner stillen und seriösen Art an ihr vorüberschreite; was sie wohl denken mag?: Ein Triebtäter bzw. Kinderschänder dieser Endler?, ein Einbruchsspezialist? – / / – Nicht nur das, aber das vor allem hat mich dann eines Tages auf den Gedanken gebracht, unter meinem Namensschild in der Lychener Straße (und jetzt in der Duncker) die Zusatzinformation zu geben: »Mitglied des P.E.N.-Zentrums Deutsche Demokratische Republik ...« Ausreichend konnte das schwerlich sein, wie meiner Frau und mir klar war: Welcher Behördenhengst, welcher Bulle weiß schon von einer Sippschaft, die P.E.N.-Club heißt? Würde man z.B. bei einem Verhör auf solche »Mitgliedschaft« pochen, dann würde einem wahrscheinlich zur Antwort gegeben: »Aha, beim PENN-Klub sind Sie? Naja, so sehen Sie auch aus!« Folgerichtig mußte für ernstliche Interessenten die Adresse hinzugefügt werden: »1080 Berlin, Friedrichstraße 194/199«. (Falls sich inzwischen wirklich irgendwer im Sekretariat erkundigt hat, dann werden wir es nie erfahren; Truppe schießt nicht auf Truppe ...) Das Wichtigste ist aber mit hundertprozentiger Sicherheit das in Versalien gehaltene WORLD ASSOCIATION OF WRITERS; yeah, wie der Katholik dem Teufel das Kreuz und vielleicht noch seinen Rosenkranz bannend entgegenhält, so halte ich (man muß sich das 'mal vorstellen) »unserer« Volkspolizei u.ä. mein großmächtiges und abschmetterndes WORLD ASSOCIATION OF WRITERS entgegen – die unausgesprochene Drohung mit einem möglichen INTERNATIONALEN SKANDAL, das einzige Machtmittel, das unsereinem in halbwegs ruhigen Zeiten zur Verfügung steht, falls man ein kleines bißchen bekannt ist oder zumindest Freunde besitzt oder zu besitzen scheint unter den VERY IMPORTANT PERSONS des Universums ... Die picklige Schlampe DDR – »außen hui!, innen pfui!« – will ja auf dem internationalen diplomatischen Parkett als wohlerzogene Lady gelten, als »eine aus den besten Kreisen« gewissermaßen. – / / – Diese Darlegung widme ich Erich Arendt, der sich über das schmutzig-grüne Schildchen an meiner Wohnungstür mehr als einmal sarkastisch ausgelassen hat, nachdem er es bei einem Besuch verwundert wahrgenommen: »Und weshalb teilen Sie uns nicht schon an der Wohnungstür Ihren *Doktortitel* mit, Eddi?« –

»Hätte nicht im geringsten die gleiche Wirkung, Herr Arendt!«

VERSUCH / / Heute morgen, im Halbschlaf, habe ich es mit (oder in) einem Land versucht, das *Dwasselei* hieß. – Dwa: Zwei ...?

CHILE / / Gibt es einen halbwegs aufgeweckten Menschen im Ländchen, der die folgenden Bemerkungen über Chile (SONNTAG 1/82) nicht augenblicklich auf die DDR überträgt?: »Doch kann das Regime verhindern, daß sich im Bewußtsein der Leute bestimmte ›Kodierungen‹, bestimmte Bezeichnungen, daß sich Netze ›kodierter Kommunikationen‹ im ganzen Land entwickeln? Das Beherrschen dieser Kodierungen ist eine sehr genau berechnete Kunst: *Etwas in Chile gesagt zu haben, ohne etwas gesagt zu haben* ...« (Schwer zu denken, daß der Verfasser Horst H. Meyer nicht gewußt hat, daß der Leser sich vermutlich sagt: Polizeistaat ist eben Polizeistaat!) Im gleichen Aufsätzchen (Überschrift: »Lassen sich das Wort nicht nehmen ...«) die erstaunliche Passage: »Politische Möglichkeiten dieser Kunstform Theater werden sogar in Pinochets Konzentrationslagern gefunden ... Gefangene entwickelten sich zu Schauspielern. Indem sie sich und ihr Leben spielten, spielten und lernten sie die Geschichte des chilenischen Volkes. Siebenmal brachten sie ein Stück auf die ›Bühne‹ – bis die Wachmannschaften zuschlugen ... Mit Terror wollten sie die Gefangenen schrecken. *Die Gefangenen antworteten mit Parodien aus dem Lagerleben.*« In diesem Fall wird sich natürlich jeder DDR-Bürger, ob er so oder so denkt, im Augenblick sagen müssen: So etwas wäre in unseren Gefängnissen kaum möglich; sich mit *Parodien* o. ä. zu wehren, das fällt wohl niemandem ein in Bautzen, in Torgau, in Schwedt ... – / / – Seit einiger Zeit sammle ich solche und ähnliche Meldungen über Chile, wie sie in der Regel den Vergleich mit der DDR geradezu herausfordern müssen, und die DDR kommt bei dem Vergleich nur selten gut weg. Ein einziges Beispiel, eine Meldung im NEUEN DEUTSCHLAND vom 30. 7. 81: »Santiago. Das faschistische Regime in Chile hat ein weiteres Unterdrückungsgesetz verabschiedet, das die Rechte und Freiheiten des chilenischen Volkes weiter einschränkt. Danach kann der Geheimdienst CNI jeden Bürger verhaften, der an ›nichtautorisierten‹ Versammlungen teilnimmt, die Pinochet-Diktatur *öffentlich kritisiert* oder *ohne Erlaubnis des Regimes in das Land zurückkehrt*. Den Patrioten drohen Haftstrafen bis zu *540 Tagen*.« – *540 Tage*, nicht einmal anderthalb Jahre für solche ungeheuerlichen Vergehen!, ruft man erstaunt als DDR-Bürger aus, »is' doch 'n Klacks!«

DIE ZOTE / / Ich höre von einem Mädchen (ist es nicht die Tochter der Literaturwissenschaftlerin Heukenkamp?), das *geext* worden ist oder geext werden sollte von ihrer EOS, ihrer ERWEITERTEN OBERSCHULE, »weil es *vorhatte*, zu einer Heym-Lesung zu gehen ...«; vorhatte!

WA! / / »Der einzelne hat zwei Augen, / Die Partei hat tausend Augen. / Die Partei sieht sieben Staaten, / Der einzelne sieht eine Stadt ...«; vor allem aber so etwas wie »Der einzelne kann vernichtet werden, / Aber die Partei kann nicht vernichtet werden.« Brechts LOB DER PARTEI; und nun hängt es wie manches andere dieser Art von Brecht (oder auch von der Gelbjacke Majakowski) im trostlos normierten Rähmchen über dem Haupt etwelcher subalterner Bürokraten, Ausdruck ihrer Poesiefreundlichkeit: »Die Partei hat tausend Augen«; hüte dich also! Man könnte sich mit größerem Recht für die sommersprossig-gesunden GESÄNGE DER MENSCHENFRESSER KWAKIUTL (NORDWESTAMERIKA) begeistern, wie sie mir neulich begegnet sind, wahrlich bewegender und stärker als das LOB DER

PARTEI (ja, wenn man die »Partei« als steinzeitlichen Gott besingen könnte!): »wa! angst haben wir vor dem wintergesicht / menschenfressergeist vom norden / wa! furcht haben wir vor dem menschenfresser / maske des raben unsere herzen klopfen / vor dem hackenschnabelgesicht / vor dem vogelantlitz ...« – Erleben wir denn zur Zeit nicht die in vergangene Jahrhunderte zurückwandernde Folklore-Bewegung; weshalb nicht die Kwakiutl-Folklore ins CAFÉ MOSAIK hineinschmettern?: »menschenfressergeist vom norden du bist es / mahamai hama hamamai yi hama ma mai hama / auf den bist du zugegangen / der einen leichnam auf dem rechten arm / und einen auf dem linken dir anbot ...« (Statt des sonstigen mit der Handfläche oder dem Fußknöchel auf den Tisch gehämmerten Beifalls –: Lautstarkes rhythmisches Schmatzen des hingerissenen Publikums.) Ja, selbst die Menschenfresser hatten ihre Lyriker, liebste G.! Und es will mich bedünken, daß dieses Kannibalische uns im letzten Berichtszeitraum wieder ganz schön nahegerückt ist ... Wir im dritten und vierten Hinterhof, wir wissen Bescheid! – / / – Daß die FDJ-Singebewegung in dieser Beziehung nicht ohne Verdienst geblieben ist, will ich nicht bestreiten. – »Sag' mir, wo du stehst ...« – oder du wirst tranchühürt / oder zum Zombi gekürt!

WANDERDÜNE PRENZLAUER BERG / / Nun darf auch der blonde Herr Doktor im ersten Stock das Land verlassen; zuletzt arbeitete er wie so viele mürrisch-widerständlerischen Intellektuelle auf dem Friedhof als Grabes-Schaufler, da jede andere Arbeitsstätte sich seinen Bitten um »Anstellung« verschlossen hatte. (Stückentwurf eines benachbarten jungen Poeten mit ähnlichen Erfahrungen: DDR-philosophische Streitgespräche, ausgehend von der Totengräberszene im Hamlet, und zwar bei der so sinnbildträchtigen Leichenumbettung.) Es begann vor Jahren mit einem, wie es heißt, gloriosen Philosophie-Studium; am Ende schlossen sich sogar die Berufe der männlichen »Klo-Frau« oder des Zeitungsbuden-Onkels als zu delikate »Vertrauensposten« für ihn aus. Der Hegel- und Hamann-Spezialist heute morgen in seiner Bude herumwirtschaftend und hoffnungsfroh: »Ich übernehme einen *Fahrradverleih auf Ceylon*« – könnte das Friedhofsdrama von T. nicht mit dieser Pointe enden?, und dann: Vorhang!? –, »ist alles *abgesichert*! Wenn du irgendwann nach Colombo kommst, frag' einfach nach DR. LUKASCHEKS BYCICLE-SERVICE!« Auffallend, daß er altertümelnd von »Ceylon« spricht und die staats-offizielle Bezeichnung »Sri Lanka« vermeidet. – Einer, der unter anderem bei Wolfgang Heise studiert haben soll ...

»INNERER RING« / / Was mich im Gespräch auch mit alten Freunden immer wieder wütend macht, was mich oft zu raschem Abschied und zu noch konsequenterem Rückzug in meine »Sonderwelt« drängt: Die anbefohlene Geheimnistuerei der sogenannten »Parteigruppenmitglieder« im PEN oder sonstwo, wenn sie in »kritischen Situationen« gelegentlich zusammengerufen, »in den Nebenraum zu kommen« aufgefordert werden, um sich darüber belehren zu lassen, wie sie sich in der oder jener Angelegenheit zu verhalten haben, bei Sitzungen z. B., bei denen auch parteilose »Kollegen« mitreden wollen ... Ach, die »Parteidisziplin«; die sekundärste aller Sekundärtugenden! Und dann kugeln oder kreisen diese Leute, denen man seit zwanzig oder noch mehr Jahren begegnet ist, »aus dem Nebenraum« wieder herein mit zugeschlossenem Gesicht und ineinandergefalteten Händen und reduziert und stumm. »Na, was habt ihr denn drüben so Wichtiges besprochen, Paul?« Und wenn es sich um Freunde gehandelt hat, sind es Freunde *gewesen*; Freundschaft ohne »Offenheit«, ist sie denn denkbar? (Natürlich gibt es Ausnahmen – nicht zu viele! –, Herrschaften, denen das Verschwiegenheitsgebot der »Partei« vollkommen schnurz ist: »Für diese Windeier kratz' ich mich nicht 'mal am Hintern!«) Als wären sie soeben konfirmiert worden: Es wird auf knäbische oder chefsekretärinnenhafte Weise ein »Auserwähltsein« zelebriert, welches den Freund, die Freundin, den ganzen parteilosen Bekanntenkreis, ob man es will oder nicht, herabsetzen und beleidigen muß, ein »Auserwähltsein«, das erfahrungsgemäß auf einem Nichts an zusätzlichem Wissen beruht und das trotzdem in manchen Fällen Eitelkeit, Ehrgeiz, »Stolz« nährt. »Sag' 'mal, Peter, wozu habt ihr Genossen euch denn entschieden?« Ich weiß einige Leute (Freunde?), die mir weniger durch ihre Handlungen oder Äußerungen in Erinnerung sind als durch das *naseweise Verstummen* in bestimmten Situationen, eine Art psychischer Implosion. (Ein einziges Mal habe ich erlebt – und zwar als Slapstick-Komödie –, wie das alles vollkommen außer Betrieb gesetzt war, nämlich in den Tagen der Biermann-Affäre: Jeder platzte mit den größten »Geheimnissen« heraus, von Honecker bis zu Elise Hampel, um seine Unschuld an dem Desaster darzulegen.) Habe ich eben von »naseweisem Verstummen« gesprochen? Zweifellos, das trifft es ziemlich genau! Wer es einem zu häufig zumutet, darf sich nicht wundern, wenn die Gespräche mit ihm irgendwann enden: Es war einmal ein Freund ... »Lebt eigentlich der Peter, lebt der Paul noch?«

FÖRDERUNG / / Jene Dame M. neulich, welche (von Eckart Krumbholz vermittelt) mit ihrem Gedichthaufen zu mir heraufkam, damit ich ihr (wörtlich:) »ein paar Raffinessen« demonstriere, dank derer ihre Gedichte »besser verkäuflich« würden – bei der »ndl«, bei der »Sibylle«, bei den Lektoren des »Poesiealbums«. Weshalb habe ich mich darauf eingelassen?, bin ich denn noch zu retten? Vermutlich ist es wieder einmal der Blick auf ein verführerisches feistes Knie gewesen, der mich bestimmt hat, mich milden Idioten, der Jungen Autorin wirklich die eine oder andere »Raffinesse« zu zeigen (d. h. ihre Verse hier und da zu verbessern). Aber zu seinem Pech hat das quicke Mädchen sich dann beim Verlag Neues Leben etc. auf *mich*, auf den Kollegen Adolf Endler, als seinen »Förderer«, seinen Mentor berufen ... Nee, im Ernst, die Raffinessen sind schon janz jut jewesen!

JANDL IM LANDL / / Es wirkt wie blanker Hohn und ist nicht leicht erträglich, wenn Ernst Jandl vor ausgesuchtem Publikum im TIP, im Theater im Palast der Republik, seine quirligen Texte vortragen darf – ein Beweis dafür, wie »liberal« die DDR ist –, die ihm geistesverwandten jüngeren Autoren im Landl jedoch mit striktem Auftrittsverbot geschlagen sind, von der Drucklegung ihrer Werke ganz zu schweigen: Nach innen dumpfer und höhnischer Terror, da man gleichzeitig dem Österreicher und anderen gegenüber demonstriert, wie »großzügig« man in »ästhetischer Hinsicht« zu denken gelernt hat, wenigstens solange die »Protokollveranstaltung« dauert. Glücklicherweise gelingt es, Ernst Jandl mit List und Tücke in den Prenzlauer Berg zu entführen, nämlich in die Wohnung unserer Freundin Helga Paris, der Fotografin, wo Jandl in eine der typischen »Wohnungslesungen« integriert wird; neben Jandl, der sehr viel bodenständiger wirkt als erwartet, lesen unter anderem Papenfuß, Döring, Faktor, die »Jandlianer« der DDR, um es vereinfachend zu sagen. Kein Zweifel, daß es demnächst wieder eine besorgte »Sitzung« der offiziell-literarischen Führungs- und Leithammel geben wird (erfahren werden sie von dem Treffen mit Sicherheit, z. B. durch den Protestmenschen Jandl), zumal der Gast aus Wien auch über die Mißlichkeiten informiert wird, denen wir »Asoziale« ausgesetzt sind; ungläubig lauscht er dem Bericht über die Drohung mit jenem sagenhaften »Gesetz zum Schutz der Berufsbezeichnung Schriftsteller«, das sich in Vorbereitung befinden soll, ein Gesetz zum Schutz der Pfuscher und Trivialliteraten letztendlich, da der Beruf des Schriftstellers, falls er nicht vom Verband »zugeteilt« ist, aufgrund der Höhe des Einkommens definiert werden soll ... »Sie wollen es nicht glauben, Herr Jandl? So ist die DDR, genau so!« Natürlich hoffen wir, daß der Meister überall Krach schlägt. – Jedenfalls hat die »Szene« in ihm, dem schwer beeindruckten, einen neuen Propagandisten gefunden, welcher verspricht, in Österreich dies und das in die Wege zu leiten für Papenfuß, Döring, Faktor.

DER UNHOLD / / Nach der Begegnung mit dem dadaistischen Wien zurück, mit drei Purzelbäumen zurück zum Spezial-Duft im Prenzlauer Berg sowie zu dem beruhigenden Apropos: Als der lange gesuchte, vielleicht sogar bis heute nicht gefundene PRENZLAUER-BERG-RIPPER, dem von der BERLINER ZEITUNG selbstverständlich unterschlagenen, als dieser grause Unhold, wie er im Kiez sein Unwesen treibt, eine Frauenleiche nach der anderen parat legend – ja, auch in der Dunckerstraße 18, im zweiten Hinterhaus rechts, meiner Wohnstatt seit kurzem! –, als dieser andere Peter Kürten oder Haarmann bin ich erstaunlicherweise bislang nicht in Betracht gekomen. Ich weiß es genau; denn da die Stammgäste der Gaststätte KEGLERHEIM und anderer Kneipen, in denen die Opfer zum letzten Mal gesichtet worden waren, einer nach dem anderen zur Mordkommission geladen wurden und Auskunft geben sollten über ihren Bekanntenkreis, hat der kiezbekannte Architekt Kurt Mühle neben vielen anderen auch meinen Namen genannt; die Antwort des Herrn Kriminalkommissars: »Endler ..., Endler? Nee, Herr Mühle, für Endler ist eine andere Abteilung zuständig, nicht unsere!« – Seit ich von dieser Auskunft gehört habe, geht mir eine Detektivgeschichte durch den Sinn, die den um den Londoner Ripper »herumgeschriebenen« in vielem recht nahe kommt; ihr Hauptheld ist ein etwa fünfzigjähriger Lyriker (!), welcher sich mit dem Türschildchen MITGLIED DES P. E. N-CLUBS (WORLD ASSOCIATION OF WRITERS) gegen Nachforschungen abschirmt; sie endet mit dem »Ausschluß« des Kerls aus dem P. E. N.-Club, falls nicht sogar in diesem extremen Fall die internationalen P. E. N.-Regeln den »Ausschluß« verbieten; denn im Grunde kann man nur »aus*treten*«, so ist es vorgeschrieben! Ach, wie haben so manche Kollegen darunter gelitten (bei den Sitzungen wurde mehrmals auf dieses Problem eingegangen), daß unsereins nicht auf ähnlich rasante Weise aus dem Club »ausgeschlossen« werden konnte wie aus dem Schriftstellerverband der DDR. Einige dieser »Kollegen« würden sich begeistert die Hände reiben, wenn ich entdeckt würde als der RIPPER VOM PRENZLAUER BERG, der ich übrigens wirklich nicht bin, obwohl so manches in meinen Werken ... nun ja!

KARTOFFELN / / J. hört beim Gemüsehändler den Ausdruck »Wie im tiefsten Frieden ...« und wundert sich über ihn, den sie bis jetzt, bis zu ihrem fünfundzwanzigsten Lebensjahr, noch niemals vernommen. Es ist übrigens ein Kommentar zu den niedrigen Kartoffelpreisen: Wie im *tiefsten* Frieden deep in the heart of Texas ...

FEBRUAR 82

WITZE / / Micky, die mich gerne mit neuem »Material« beglücken möchte (die Sechzehnjährige hat erlebt, wie viele das tun); sie macht mich mit »politischen Witzen« bekannt: »Nee, noch nich' uffschreib'n, Eddi! Erst errssähl'n lass'n! ... Also, kennste den mit den Stecknadeln? Nee? Also – zwee Stecknadeln loofen über 'ne Brücke. ›Soll ick dir mal 'n politischen Witz erssähl'n?‹ – Sacht die andere: ›Paß uff! Hinter uns looft 'ne Sicherheitsnadel!‹ Haha, jut, wat?« – Oder so (und auf unsere tollen Denkmäler sich beziehend): Lenin, mit der Hand in die Ferne und Zukunft weisend: »Da sind die Intershops!« Thälmann, die linke Faust ballend: »Harte Währung!« Und Marx, die Denkerstirne in die Hand gelegt: »Wo krieje ick nur Westjeld her?« (Alle Heroen des linken Geistes und der linken Tat haben bekanntlich Prenzlauer-Bergisch gesprochen; wie denn anders?) – / / – »Dritter Witz: Also, et jibt doch Liebe zwischen Männern! Dann jibt et ooch Liebe zwischen Frauen! Und außerdem jibt et Liebe zwischen Mann und Frau! Wat is' nun die jrößte Liebe? ... Weeßte et schon? ... Is' doch klar: *Det is' die Liebe zur Sowjetunion* ...« (Vorhang!) »So, jetzt kannste uffschreib'n, wenn de willst!«

ERSTAUNTER BILDHAUER / / Besuch aus dem Saarland; ein Bildhauer, der verblüfft ist über die Plattenbausiedlungen rings um den Alex: »Merkwürdig, höchst merkwürdig, diese *Satelliten-Stadt* mitten im Zentrum ...« Das hatte auch schon meine Mutter so empfunden bei ihrer Visite vor wenigen Monaten. – Wenn ich bedenke, wer in der Regel in diesen vermeintlich so großartigen Häusern wohnt, gewinnt der Begriff »Satelliten-Stadt« allerdings noch eine zweite, recht andere Bedeutung.

KIM IR SEN / / ... und noch niemals in meinem ganzen Leben habe ich einen Satz auf so rätselhaft wundervollem Papier gedruckt gefunden wie den folgenden aus der Feder von Kim Ir Sen – und es muß wirklich eine echte Feder gewesen sein –, die quasi goldene Frage: »Welchen Sinn hat es zu leben, wenn ein Mensch nicht an den Parteiversammlungen und dem Parteileben teilnimmt, sondern nur lebt, um zu essen?« (Allein schon des nordkoreanischen Papiers wegen müßte so etwas wie ein FÖRDERKREIS KIM IR SEN gegründet werden; Ehrenpräsident: Günter Görlich.) – / / – Ein anderer Satz, der uns hilft, Welt und Leben besser zu verstehen: »Betrifft es eine Melone, dann muß man sie aufschneiden, um zu wissen, ob ihr Inneres rot oder weiß, ob ihre Samen schwarz oder weiß sind, und man muß sie auch kosten, um genau festzustellen, ob sie süß oder bitter ist ...« (15 wunderbare Bändchen Kim Ir Sen; ein diabolisches Geschenk Norbert Randows, zu seiner »Entlastung«, wie er mir bedeutet hat, nicht ohne gespielte Feierlichkeit übergeben.) – / / – Einmal spricht Kim Ir Sen irritierend von einem »wie man sagt, *im Vorübergehen gebrannten Menschen* ...« (und er könnte Randow gemeint haben, nicht?); ein Bild, das einen abends schwer einschlafen läßt. Soll es bedeuten: Da ist einer nicht voll in die Scheiße getappt, sondern hat sie nur an der Peripherie gestreift?, ist also nicht allzu streng zu beurteilen? Die Titel der Bändchen in Gold, das Papier fast wie Seide; aber etwas eindeutiger könnte Meister Kim Ir Sen schon übersetzt sein; vermutlich hat wieder einmal ein im *Vorübergehen gebrannter Mensch* die zitternde Hand am Griffel gehabt ... – / / – Ganz nach dem Herzen unserer Kulturpolitiker dann Kim Ir Sens Feststellung: »Es gibt auch zuviel Kunstschaffende und Sportler.« (Nun gut, Sportler kann es eigentlich nie zu viele geben.) Und, noch tiefer in die Melone bohrend: »Es ist nicht *notwendig*, übermäßig viele Kunstschaffende und Sportler zu haben ...« Und Kim

Ir Sen, das Innerste, das Allerheiligste der Melone aufschließend: »Es ist *überflüssig*, zuviel Berufskünstler und Sportler zu haben ...« – Die Schöpfer des geplanten GESETZES ZUM SCHUTZ DER BERUFSBEZEICHNUNG SCHRIFTSTELLER können sich auf Kim Ir Sen als ihren Schutzheiligen berufen.

STASI-SCHRIPPEN / / Die brave Bäckerei hier unten rechts in der Dunckerstraße – ist es vielleicht die gleiche wie in Hermann Kants verlogener Humoreske »Der dritte Nagel«? – wird im Kiez nur »Der Stasi-Bäcker« genannt, und zwar, weil die Sekretärinnen u. ä. aus dem Stasi-Quartier an der Prenzlauer morgens die Schrippen und nachmittags größere Kollektionen Kuchen und Torte abzuholen pflegen in diesem Laden: Es scheint recht gemütlich zuzugehen hinter den Sichtblenden der in vieler Beziehung undurchsichtigen Anstalt an der Prenzlauer Allee ... Da die Stasi diesem Bäcker so großes Vertrauen schenkt, vermutet man natürlich, daß auch dieser Bäcker ... mhmh!, und die von ihm gebackenen Brötchen werden selbstverständlich von allen als »Stasi-Schrippen« in den Mund genommen. Frühmorgens heißt es also immer einmal wieder: »Kannste nich 'mal eben 'n paar frische *Stasi-Schrippen* holen jehn, Eddi!« Und wenn nachmittags irgendwer zu Besuch bei uns ist, wird in der Regel alsbald nach »Stasi-Torte« oder gar nach »Stasi-Schnecken« gerufen ...

»SCHNÄCKE« / / Aus einem Brief an Paul Wiens, Chefredakteur von SINN UND FORM, geschrieben am 12. 2. 82, aber dann nicht abgesandt, sowenig wie die in diesem Brief quasi »theoretisch« umspielten Prosastücke: »Lieber Paul, hier nun wirklich einmal das der Redaktion schon seit einem halben Menschenalter versprochene Etwas aus meinem sogenannten ›Roman‹, einer Dauerwurst des Schöpfertums sozusagen, und ich gebe es eigentlich immer noch gegen erheblichen inneren Widerstand in eine Redaktionsmühle, obschon ich die Stücke (2) – Fragmente: Intermedien – mit Sicherheit zu den Seiten rechnen kann, die ich in die dünne Mappe ENDFASSUNG legen möchte. Du wirst sehen, daß dieser Prosa (wie mir) eigentlich die große klassische satirische Zeitschrift fehlt, in der sie mit einiger Regelmäßigkeit erscheinen müßte; so helfe ich mir vorläufig mit zwei oder drei gravierenden ›Lesungen‹ im Jahr, privat natürlich, und es gibt tatsächlich inzwischen einen gar nicht mehr so kleinen und rasch wachsenden Leser/Hörerkreis, der der jeweils nächsten Nummer fast schon entgegenfiebert; man könnte es den BUBI-BLAZEZAK-FAN-CLUB nennen – nach dem Namen des fragwürdigen Haupt-›Helden‹ Bubi Blazezak. (Ich teile dieses auch für mich immer wieder erstaunliche Faktum deshalb mit, um einen ersten Schock, der regelmäßig zu beobachten ist, rascher überwinden zu helfen: Im allgemeinen löst sich die Erstarrung bald und macht einer gelächternden Übereinstimmung mit der Arbeit dieser Prosa-Maschine Platz, einer Zustimmung, wie man sie heute in dieser ungezwungen-freien Art vermutlich nicht oft findet; aber es wäre ein Wunder, wenn Du von diesem ›Wunder‹ nicht irgendwann schon einmal gehört hättest ...) Das alles legitimiert natürlich noch keineswegs einen Abdruck in einer Zeitschrift wie ›Sinn und Form‹, die literarische Qualität allein wahrscheinlich auch nicht, wenn es ›Sinn und Form‹ nicht gelingt, mit der Zeit die Aura einer gewissen erhabenen Steifbeinigkeit abzustreifen – was charakteristischerweise vor allem im Hinblick auf die deutschsprachigen Beiträge zu sagen ist (die aus anderen Literaturen bewegen sich schon seit längerem erheblich munterer und folglich auch kühner) ... Also, *ich* würd' es auf jeden Fall machen!, auch wenn der eine oder andere Leser vielleicht zunächst einen empörten Brief schreibt. – Drei bis zehn Sätze noch zu der Eigenart der beiden beigegebenen collagen-artigen Texte; sie repräsentieren auch im Hinblick auf die Machart durchaus das Ganze, das selbstverständlich nicht mehr das geringste zu tun hat mit einem ›Roman‹: Eine Erzählung, einen Handlungsfaden enthält das Werk bestenfalls in Gestalt von zerwürgten Bruchstücken, und zwar in sehr viel radikalerer Weise kaputtgemacht, als es auch bei unseren ›modernsten‹ Prosa-Autoren der Fall ist (eine gewisse Parallele sehe ich zu den schrofferen Stücken Heiner Müllers, auch zu einigen der jüngeren dramatischen Versuche Volker Brauns eventuell). Dabei kommen die Texte auf den ersten Blick relativ bieder und altväterisch-essayistisch daher; Du wirst jedoch leicht erkennen, daß durch die u. U. konventionell bedünkende ›Oberfläche‹ etwas anderes hindurchschimmert, etwas, das man vielleicht als ein *kaleidoskopartiges Mosaik* aus Zitaten, Aussprüchen, Alltagsfloskeln undsoweiter bezeichnen könnte, die Partikel des Gebildes entnommen einer in der Regel verkommenen und über das akzeptable Maß hinaus maskenhaften Sprache; das hat anhand einiger Prosaseiten von mir bis jetzt der Heißenbüttel am schärfsten gesehen, der zunächst – in der ›Süddeutschen Zeitung‹ vor einiger Zeit – von ›Schnäcken‹ spricht (abgeleitet vom norddeutschen ›Schnack‹), um dann das Material der Collage umfassender zu charakterisieren: ›Dies ist das Redegeröll der zweiten Hälfte des 20. Jahrhunderts ...‹ – Ich sehe das auch so, würde es aber noch ein bißchen genauer sagen wollen: Es ist das ins Rutschen gebrachte Redegeröll – mittels absurd-satirischer Hebel umklammert, gelockert, ins Rutschen gebracht ...«

WORTGEWALT / / ... und die schöne schmale Dame am Nebentisch im HACKEPETER spannt Daumen und Zeigefinger der Rechten zueinander, zu Demonstrationszwekken, wie ich annehmen muß: »Sooo kleen – mit Hut! Nicht zu vergleichen mit dem Ding von Maxe! Da kannste drei

Streichhölzchen aneinanderbinden, unjefähr so ...« – Eckermann!, Eckermann!

WELLE / / »Frieden schaffen ohne Waffen« – außerhalb der »erlaubten«, staatlich gelenkten »Friedensbewegung« und auch gegen sie hoch-schwappende Woge, vielleicht nicht zu mächtig, dennoch spürbar: Heute morgen *mußte*, wie man mir mitteilt, an der S-Bahn-Strecke Richtung Ostkreuz der obige Slogan, in riesigen Buchstaben dargeboten, von einer polizeilich dirigierten Maler-Kolonne überpinselt werden; ist indessen auch nach der Überpinselung kurioserweise noch lesbar geblieben ... Was aus der Sache wird, scheint noch nicht ganz klar, vor allem wegen der geringen Präzisierung der Absichten, hauptsächlich pazifistischen, muß man vermuten. Jedenfalls wird uns von hier und da zugeflüstert: »Bei B. liegt die Liste ...«, d. h. die Unterschriftenliste, in die sich einzutragen alle Welt aufgefordert ist. Da meine Unterschrift inzwischen zwei Dutzend solcher Dokumente oder »Offenen Briefe« ziert, beschließe ich, dieses Mal einen Bogen um den Hort der »Liste« zu schlagen: Macht man sich nicht allmählich lächerlich, wenn man *alles* unterschreibt, was auch nur annähernd nach Trotz und Renitenz riecht? (Ein ähnliches Problem wie schon in der ersten Hälfte der Fünfziger in Düsseldorf im Zusammenhang mit der damaligen »kommunistisch gelenkten« Friedensbewegung, in deren Dienst ich gestanden: »Mensch, ihr müßt auch 'mal ein paar andere ›Unterschriftler‹ aufgabeln; immer die gleichen, das zieht am Ende nicht mehr.« Ach, ja, unsere liebe alte »Friedensbewegung« von 53/54, die Propaganda für die »Weltfestspiele der Jugend« einschließend – und ich hatte dann zwei Verfahren wegen »Staatsgefährdung« am Hals in sweet Düsseldorf! –, als deren Fortsetzung sich die heutige offizielle in der DDR ausstellt, sicher nicht zu Unrecht! Ich allerdings bin ein anderer geworden – bis auf das eine offenbar: Wo ich auch hinkomme, kann ich alsbald im Kreis der »Staatsgefährder« besichtigt werden, so auch jetzt.) – »Frieden schaffen ohne Waffen«; ich habe nichts gegen diese Welle, ja, ich blase sie hoch, wenn sich die Gelegenheit bietet. Trotzdem beschließe ich, und zwar aufgrund wahrlich uralter Erfahrungen, meiner Unterschrift wieder etwas mehr Gewicht zu geben, indem ich sie sparsamer und weniger inflationär verteile, indem ich sie z. B. dieses Mal vor den unerbittlichen Unterschriftensammlern und -jägern verstecke ... – Große Enttäuschung bei Gerd Poppe und der böse Vorwurf aus seinem Mund, ich wolle mich wohl »zurückziehen«, ich habe wohl »Bammel gekriegt«. Quatsch!; und jetzt unterschreibe ich natürlich erst recht nicht.

BRIEFMARKEN IM BIER / / Der Tiefbau-Ingenieur und Philatelist in der Kneipe RaumerEckeSenefelder, in welcher ich gelegentlich zu Mittag esse und mich mit dem Grafiker und Bildhauer S. zu gemeinsamen Läster-Exzessen treffe. Das »Publikum« hier: Handwerker, Korbflechter, Bauarbeiter, »kleine Angestellte«, Verkehrspolizisten. Dieses Mal haben wir den Tiefbau-Freak als Opfer unserer »staatsfeindlichen Hetze« auserkoren, einen ungefähr fünfunddreißigjährigen nordbezirks-blonden und wie nach den Mustern des »Konsument«-Katalogs gekleideten »Schlipsträger«, der immer unsicherer wird und wiederholt auf sein Lieblingsthema »Briefmarken« abzulenken versucht: Linst er nicht wie ein Ertrinkender, wenn auch betont optimistisch, zu dem durchsichtigen und schillernden Briefmarkentütchen neben dem Bierglas?, wie ein betont optimistischer Ertrinkender?, ein betont ertrinkender Optimist? (Ach, weshalb gelingt es mir nicht, derlei fragwürdige und sprachspielerische Erwägungen zu unterdrükken!?) – Gut, prost!, also Briefmarken! Und wir erfahren neben anderem, daß sich der Mann auf Sportmotiv-Marken spezialisiert hat (die lebenszugewandten Sportmotive!): »Ohne Spezialisierung braucht man als Philatelist erst gar nicht anfangen, wenn man die Sammelei *ernsthaft* betreiben will ...«; wir erfahren zudem, daß er schon als Student zu sammeln begonnen hat, und zwar im Hinblick – was uns nun doch für einen Augenblick erstarren läßt – auf die schon damals ins Auge gefaßte Zeit nach seinem fünfundsechzigsten Lebensjahr, »wenn ich in Rente geh' ...«, und zwar, um seinem Renten-Alter »einen gewissen Inhalt zu geben ...« (Nach einem komplizierten Verfahren und mit Hilfe nicht weniger Tabellen rechnet er, wie er uns munter darlegt, in kürzeren oder längeren Abständen die Höhe der Rente aus, die er in etwa dreißig Jahren von einem Staat ausbezahlt bekommen würde, welcher sich vermutlich *hundertprozentig* auf solche Typen verlassen kann ...) Mensch, ist das eigentlich »normal«?, ist es vielleicht das »Normale« schlechthin? Jedenfalls eine *rückhaltlos zukunftszugewandte* »Sammlernatur«, eine Herausforderung für das Lästermaul, den prononcierten Nicht- bzw. Antisammler S., der sogleich sein allerschärfstes Geschütz auffährt: »Und wenn ein Atomkrieg kommt, ist die ganze schöne Sammlung im Eimer!« Die Herablassung, mit welcher der Tiefbauler die Antwort und das »Gegenargument« schuldig blieb, seine »Verachtung« schien ausdrücken zu wollen, wir hätten wohl noch nie etwas von der »bewährten Friedenspolitik unserer Regierung« gehört, wie sie doch jedem Zeitungsleser vertraut ist. (Vom »Gleichgewicht des Schreckens« spricht bekanntlich nur der Feind.) Der Tiefbau-Ingenieur, während er seine Briefmarken einsammelte und in die Aktentasche versinken ließ: »Ich lass' mich doch von euch Säcken nicht provozieren: *Ich stehe im Fernstudium!*« (Was dieser Satz an dieser Stelle wollte, oh Samuel Beckett, blieb so unaufgeklärt wie unvergeßlich.) Ehrlich gesagt, auch für meinen Geschmack schien S. dieses Mal um Meilen zu weit gegangen zu sein; ich versuchte ihn zu korrigieren und sagte (sinngemäß):

»Naja, ein kleiner Zimmerbrand würde es auch schon tun!« S.: »Jajajaja, ein Zimmerbrand, ein kleiner Zimmerbrand ...« Und jetzt endlich fällt dem Ingenieur das Argument ein, das uns zum Schweigen bringt, ein höhnisches Jubilate: »Ich bin doch versichert, ihr Idioten!« – Oder sind es doch die Kohlrouladen gewesen, in diesem Moment von der Wirtin auf unseren Tisch gestellt, die uns das »Streitgespräch« abbrechen ließen?

AUSDRUCK / / »Ein Haus, das auf Abbruch steht ...« – Auf eine Greisin bezogen: »Minna, die gilbe Ruine, die auf Abbruch steht ...«

ZUCHTHAUS / / ... und tatsächlich hat es (wie mir Heinz Czechowski erzählt) vor nicht allzu langer Zeit Versuche gegeben, »verläßlichen« Autoren Einblick zu gewähren in die Verhältnisse in den Gefängnissen in der DDR. Auf ähnliche Weise, wie Betriebsbesichtigungen organisiert worden sind, hat der Mitteldeutsche Verlag für seine Autoren eine »Zuchthausbesichtigung« in die Wege geleitet, um seine sozialistischen Realisten vertraut zu machen mit der Terra incognita des Strafvollzugs, »der letztendlich auch zu unserem Leben gehört ...« – Weshalb, frage ich mich, hat dieser Irrwitz noch keinen Niederschlag in etwelchen »Stories« gefunden? – Czecho erzählt, daß die Sache wohl schwerlich wiederholt werden würde. Die Zuchthausleitung habe ihnen die Zellen von »Lebenslänglichen« vorgeführt, die per Tunnel verbunden waren mit der »Arbeitsstätte« der Eingesperrten; besorgte Fragen der Schriftsteller nach einer eventuellen »Humanisierung« der Haftbedingungen hätten den Zuchthausdirektor so sehr in Rage gebracht, daß er zum Schluß nur noch gebrüllt habe: »Nee, das schwedische System kommt für uns nicht in Frage ... Strafe muß Strafe bleiben!« Eine hochschwangere sozialistische Realistin sei ohnmächtig geworden und zusammengebrochen ... Ich stelle mir das resümierende Telefongespräch zwischen Eberhard Günther, dem Direktor des Mitteldeutschen Verlags, mit dem Zuchthausdirektor vor (die »Auswertung« sozusagen): »Das mit den Schriftsteller-Delegationen lassen wir in Zukunft besser bleiben, nicht wahr, Dr. Günther?« – Aber weshalb, wiederhole ich meine Frage, wird keine blutige Satire geschrieben über solchen »Besuch im Zuchthause«?

MUSEUM DER DROHGEBÄRDEN / / Zum Beispiel 1979: »Ältere wie jüngere Schriftsteller der DDR haben es in ihrer *großen Mehrheit* nie als ›bedenkliche Schwäche‹, sondern stets als *bedenkenswerte Stärke* der *künstlerischen Freiheit* im Sozialismus empfunden, daß dem Infragestellen des Sozialismus als Gesellschaftssystem *kein Raum gegeben wird* ...« (DIE WELTBÜHNE vom 7. 8. 79.) Oder zum Beispiel 1980: »Meinungsstreit .... ist unerläßlich für den Fortschritt in Wissenschaft, Kunst und Gesellschaft. Dies alles muß man sehr sorgfältig von jenen *seltenen* Fällen unterscheiden, in denen *einzelne* mit der sozialistischen Macht brechen, zu antisozialistischen Positionen übergehen oder *sogar das geltende Recht brechen* ..... Wer mit Vorsatz das Recht der DDR verletzt, muß gewärtigen, daß die *rechtlich vorgesehenen Folgen eintreten*, daß er sich verantworten muß – aber nicht, weil er politisch anders denkt, sondern weil seine Handlungen *vom Gesetz genau umschriebene Tatbestände* erfüllen ...« (SONNTAG 11/1980) – / / – Dementsprechend hieß es, als Hans Joachim Schädlich wegen seines ersten Buches attackiert wurde, in den Räumen des Schriftstellerverbands: »Daß der noch nicht hinter Gittern sitzt, zeigt doch unsere sagenhafte Großzügigkeit.« – / / – 1981 dann die Äußerungen junger Poeten, die am Schweriner Poetenseminar teilgenommen hatten: 1. »Kein Schreibender, ob Anfänger oder profilierter Autor, *hat das Recht*, in dieser Zeit sein Talent an die

Gestaltung von Belanglosigkeiten zu verschwenden ...«;
2. »*Ästhetische Schnörkel jeglicher Art sind heute ein Luxus*, ebenso eine vermeintlich ›unberührbare‹ *Innerlichkeit und Verklärtheit*. Unsere ..... *Gegenwart bietet weder den Elfenbeintürmen* der ›reinen‹ Wissenschaft *noch der Schöngeisterei einen Platz* ...« (Äußerungen, die sich dem SONNTAG 35/81 zufolge »gegen den von den USA initiierten Rüstungswahnsinn« richten; gegen wen sonst noch?) – Dutzende, Hunderte solcher verbalen Drohgebärden, die ich mir in den letzten Jahren aufgeschrieben habe für ein imaginäres MUSEUM DER DROHGEBÄRDEN; zuweilen etwas dichter, zuweilen etwas lockerer gestreut, scheinen sich vor allem in den letzten Monaten diese Artikulationen so zu verschärfen, als ginge es nunmehr um »das letzte Gefecht«, Irrsinnspurzelbäume gelegentlich, die einen direkt im »klassischen« stalinistischen »Ästhetik«-Sumpf landen lassen: »Wer aber mit dem Gedanken an den *Einsatz von Neutronenwaffen* spielt, dem ist ..... es selbstredend *angenehmer*, wenn die Musikphilosophie der *Oper* das Ende nicht nur prophezeit, sondern bereitet, und wenn sich *die Tonschöpfer materialimmanent verhalten* ... *Natürlich* sind den *Hintermännern der Mörder*« – Martin Luther Kings, García Lorcas, Victor Jarras; A. E. – »... materialimmanente Konzeptionen und das Ende der Sinfonie lieber.« (SONNTAG 7/82; was die staatliche »Friedensbewegung« recht eigentlich will: Vokalmusik!, Opern!, Sinfonien!; materialimmanent orientierte »Komponisten« am besten auf der Stelle erschießen ...) – Undsoweiter; und von Karl Eduard von Schnitzler, dem Bibelforscher, in der Illustrierten FREIE WELT (9/82) mit dem Hinweis auf Vers 13 des Römerbriefs ins rechte Licht gerückt all diese Winke mit dem Zaunpfahl: »Die Obrigkeit hat das Schwert nicht umsonst zu tragen, sondern zum Schrecken der Ungerechten ...«; und Schnitzler glossiert das Zitat: »Fürwahr, ein kämpferischer, realistischer Auftrag.«

NIX DEITSCH / / Meine Eltern sprachen flämisch oder nordböhmisch eingefärbtes Deutsch miteinander – allzu oft war es ein verzweifeltes Gekeif –; und wenn mir die deutschen Verhältnisse zu widerwärtig erscheinen, dann sage ich mir: Eigentlich gehörst du ja gar nicht dazu, deine Mutter stammt aus dem ländlichen Flandern, aus der Ebene um Kortrijk, dein Vater ist hinter den böhmischen Wäldern hervorgekommen, Sohn eines lungenkranken Webers, gebunden an eine der dörflichen Webereien rings der Kreisstadt Rumburk/Rumburg. – »Rumburg«, »Kortrijk«; zwei Zauberworte meiner frühen Kindheit, rettende Fluchtpunkte bezeichnend. – Ich selber aber habe das süddüsseldorferische Rheinisch gesprochen (einer »Sprachmelodie« nahe, die ich auch in Heines Prosa zu hören glaube); gelernt habe ich es von den Kindern, mit denen ich in den sumpfigen Weidendickichten hinter dem Rhein-Deich umhergestreunt bin: Ein bißchen davon hat sich erhalten bis heute, was mir jedoch nur dann auffällt, wenn ich mich im Rundfunk sprechen höre oder vom Tonband. Ich habe es gelernt in den Rhabarber-Feldern hinter den Häusern der »Kappesbauern« des Dörfchens Itter, eingemeindet der großen Stadt Düsseldorf, in Düsseldorf-Itter also. (Nach meinem fünften Lebensjahr sind wir nach Düsseldorf-Holthausen umgezogen.) »Allein« scheine ich jedoch auch damals schon gewesen zu sein, konspirierend mit dem einzigen wirklichen »Riesen«, dem ich in meinem Leben begegnet bin (es hätte auch ein Ufo sein können): Ich sitze mit baumelnden Beinen auf dem sonnenwarmen Mäuerchen über dem Brikett-Verschlag des Kohlenhändlers von Itter, vier oder fünf Jahre alt bin ich, als dieser Riese plötzlich über den Dachfirst des Hauses auf mich herabblickt, ein Verwandter des Riesen in Goyas »Krieg«, der einzige Riese, ich wiederhole es, den ich in meinem Leben gesehen habe, und wir blicken uns an, und blicken uns an, blicken uns an – unvergeßlich!, prägend!, immer wieder umrätselt von mir dieses Rendezvous mit dem »Anderen«, das ich bis vor kurzem selbst meiner Mutter verschwiegen habe ... Meine Mutter: »Es wird der Schornsteinfeger gewesen sein.« – Vielleicht wäre es besser gewesen, das Schweige-Gebot, das ich empfand und das über vierzig Jahre lang nachwirkte, einzuhalten bis ans Ende; vielleicht, spinne ich den Gedanken weiter, wäre ich dann dem Riesen noch einmal wiederbegegnet, vielleicht wäre ich besser Hans Christian Andersen geworden, vielleicht ... Gesprochen hat der Riese übrigens kein Wort; ich nehme an, daß keinesfalls Deutsch erklungen wäre, wenn er die Lippen geöffnet hätte. Mag sein, daß es sich um den »großen Derdiedas« von Hans Arp gehandelt hat, auch so einer rheinischen »Frohnatur«; ach, hör' auf!, jetzt fängst du an zu blödeln.

AUF GUTE ZUSAMMENARBEIT / / Die Verlage in der DDR sind ebenso als Staat und Stasi zu betrachten wie die sogenannte »Volkspolizei«; das bestreitet vermutlich nur das Verlagsleiter-Konsortium, unterstellt dem Ministerium für Kultur. – Auf solche »Gespräche« lasse ich mich prinzipiell nicht mehr ein. – Wie eng die Kooperation in Wahrheit ist, davon hat mir der wütende Klaus Schlesinger berichtet (und es war auch für mich neu): So werden manche Manuskripte von den Verlagen der Staatssicherheit zur Einsicht und Überprüfung gegeben – wer sind die »Gutachter«, bitte? –, noch ehe sie den üblichen und auch nicht dornenlosen Weg durch die Zensurinstanzen antreten; und das betrifft selbst solche als »relativ liberal« geltenden Verlage wie Hinstorff in Rostock, Schlesingers Verlag. – Schlesingers Erfahrungen mit seinem bisher stärksten Buch, dem BERLINER TRAUM, seinem stärksten, folglich kaum noch oder überhaupt nicht mehr druckbaren Buch.

MÄRZ 82

WIDMUNG / / Erich Arendts letzter Gedichtband »entgrenzen«; die handschriftliche Widmung für Elke Erb, im »November 1981« zu Papier gegeben: »... antraf ein Singender / – – – – – – – – – – – – – – – – – – – / die große Leere Gott«; ein »paar frag-würdige Worte«, wie Erich Arendt erklärend hinzufügt. – Das ist der Lyriker, der in den Schullesebüchern, wenn überhaupt, bis heute als »volkstümlicher« und »sozialistischer« Reimeschmied präsentiert wird: Die armen Schüler ... – / / – Nur wenige Zeit nach der Widmung für Elke, mit vollkommen sicherer, der alt-vertrauten Handschrift ausgeführt, der jähe körperliche und intellektuelle Zusammenbruch Arendts; ein »Schlaganfall« im Februar.

MAJAKS ERBEN / / Majakowski an unseren Schulen – und J. erinnert sich, wie ihr Lehrer mit Hilfe von Majakowski-Versen gegen die Übernahme etwelcher »West-Moden« durch die SchülerInnen geeifert hat, Majaks Spott über jene NÖP-Jünglinge bemühend, welche – nach Hugo Hupperts Übersetzung – »glockenhosig am Rummelplatz bimmeln«; ein pädagogisches Problem ist es zweifellos gewesen, die rustikale Schlichtheit der Jeans als die zeitgenössische Modifikation der »Glockenhosigkeit« deutlich zu machen. Naja, das hätte sich Majakowski, obwohl er später wirklich mancherlei Blödsinn verzapft, in seinen schwärzesten Träumen nicht denken können, daß er fünfzig Jahre nach seinem Selbstmord in deutschen Schulen als eine sowjetische Ausgabe des »Struwwelpeter«-Hoffmann präsentiert werden würde. Oder hat er es doch kommen sehen?, und deshalb: Kugel in'n Kopp?

HWG / / Mädchen, Frauen, welche an der Peripherie des »Festivals des politischen Liedes« – nicht unbeträchtliche internationale Beteiligung – einigermaßen wahllos von der

Polizei »aufgegriffen« und dann auf der »Wache« mit dem sogenannten »HWG«-Stempel beschenkt werden, der von nun an ihren Personalausweis ziert und jedem wissenden Kontrolleur bedeutet: Dies ist eine Dame mit »häufig wechselndem Geschlechtsverkehr« ... Proteste der Betroffenen scheinen sinnlos zu sein, wenn erst einmal irgendein stinkender Bulle festgestellt hat: Häufig Wechselnder Geschlechtsverkehr. Möglicherweise steckt hinter dem Vorgang die Befürchtung, die eine oder andere Dame könnte ein »Verhältnis« mit einem der angereisten ausländischen Interpreten des »politischen Liedes« beginnen, um auf diese Weise später die DDR verlassen zu können. – / / – Wie Conny mir erzählt, gibt es auch noch andersartige Markierungen, Sondermarkierungen in manchem Ausweis; in *ihrem* findet sich z. B. ein Zeichen, das sie als »Hysterikerin« preisgibt – »für den Fall, daß ich 'mal mit der Polizei zusammenstoße ...« –; also, solch einen Stempel hätte ich auch recht gerne in meinem »Personaldokument«. Ich brülle Oberwachtmeister X. oder Hauptmann Y. mit aller mir zur Verfügung stehenden Lautstärke an – und hinterher zücke ich meinen Ausweis: Neese; ick bün ja Hysteriker! Aber wahrscheinlich ist in unserer Maskulin-Welt der »H«-Eintrag ebenso der Damenwelt vorbehalten wie der »HWG«-Stempel.

REISEBERICHT / / Es sagt vielleicht etwas über Deutschland und nicht allein über die DDR, wenn dem müden Autofahrer vom Brückengitter der Autobahnbrücke in großen Blockbuchstaben zugeredet wird, er möge 1. »vorsichtig« fahren, 2. »rücksichtsvoll«, und 3. – »diszipliniert«, ja, diszipliniert! Ohne schnarrenden Befehlston geht es eben nicht!, sogar die Autobahnbrücke schnauzt einen unteroffiziershaft an! Daß das »rücksichtsvolle« Verhalten und das »disziplinierte« sich unter Umständen gegenseitig ausschließen, erkennt das nur der Karl-Kraus-Fan? Der Versuch, zugleich »diszipliniert« und »rücksichtsvoll« sein Auto zu lenken, würde zumindest für den sprachbewußten Fahrer die Unfallgefahr erheblich vergrößern. Meine Bösartigkeit läßt mich an einen anderen Slogan denken: »Zivilcourage auch im Straßenverkehr!«

VICTORY IS POSSIBLE / / Der Schriftsteller Horst Bastian anläßlich der Veranstaltungsreihe SCHRIFTSTELLER FÜR DEN FRIEDEN in einer Reihe von Berliner Großbetrieben (NEUE BERLINER ILLUSTRIERTE 9/82): »Ich bin beunruhigt, weit beunruhigter, als ich es jemals in den vergangenen 37 Jahren gewesen bin. Ich möchte weiterhin Romane schreiben und *Filme, die amüsieren*, unterhalten, die dem Leser vielleicht *ein wenig Mut* machen können, indem sie ihm zeigen, daß wir Menschen *stark sein können*. Ich möchte auf keinen Fall eines Tages über ein *mobiles militärisches Nachrichtengerät* durchgeben müssen, daß unsere Welt zwar *nicht zu besiegen* ist, aber daß wir *viele*« – Viele!!!; A. E. – »von *diesen Menschen an unserer Seite*, die stark sind und gut, *nicht mehr zu den Lebenden zählen*. Ich möchte es nicht. Leisten wir alle unseren Beitrag, in Tat und Wort!« (Zu was denn? Zur Beförderung der Kriegshysterie, zur Beförderung der Wehrbereitschaft? Das von der NBI dargebotene Foto des mit schniekestem Maßanzug und zielsicher geknoteter Krawatte brillierenden Autors trägt die Unterschrift: »Horst Bastian: *Das Geheimnis des Krieges enthüllen*...« Oh der Anmaßung dieses unreifen Knaben!) / / – *Ein* Geheimnis kann jetzt schon gelüftet werden: So gut wie hundertprozentig *abgesichert* ist das Überleben des DDR-Autors Horst Bastian, damit er schlußendlich (nicht etwa schlicht telefonisch, also mittels eines stationären zivilen Nachrichtengeräts, sondern) einleuchtenderweise mit seinem *Walkie-Talkie*, wie der Kleine Mann auf der Straße es unwissenschaftlich zu nennen beliebt, vermutlich dem Vorstand des Schrift-

stellerverbandes *durchgeben* kann (dem Kollegen Görlich, der Kollegin Steineckert, dem Kollegen Neutsch?):
»..«
Anschließend, darf man sich weiter ausmalen, steigt der – nach den fast alljährlichen Fotos im Literaturkalender des Aufbau-Verlags zu schließen – eleganteste und meist-fotografierte Romancier des Landes, Gorki-Schnauzbart und EXQUISIT-Schuhe vor jedem Staubfädchen oder Ölfleck behütend »wie den eigenen Augapfel«, in den startbereiten VOLVO (o.ä.), wie es das Drehbuch wohl vorschreibt – und brauset davon in Richtung Komfort-Wohnung, um dort den Fernseher anzuknipsen und die TAGESSCHAU aus Hamburg; gleichfalls übriggeblieben, wollen wir hoffen, der Tagesschausprecher, weshalb denn auch nicht!?: Es ist ja all das bloß Kino ... Ihr könnt wieder aufsteh'n, ihr Leichen-Darsteller, ihr Guten und Starken an Bastians Seite!; 'ne Runde Skat? ... – // – »Frieden schaffen ohne Waffen« (und ohne mobiles militärisches Nachrichtengerät) – ich werde wohl doch meine Unterschrift unter dieses Dokument der »anderen Seite« dem Poppe nicht länger vorenthalten können, da solche »Victory-is-possible«-Helden wie dieser Bastian die Landschaft zu verpesten beginnen ...

KA UND NICHT-KA // Judith und ihre Freundin Marina legen mir dar (was mir in dieser Schroffheit noch nicht bewußt gewesen ist): Schon während des Studiums werden die »Intelligenzler« des Landes eingeteilt in Kader, die später ins »kapitalistische Ausland« reisen dürfen, und andere, die aus dem oder jenem Grund für solche Reisen nicht vorgesehen sind; ein ganz schön herbes Disziplinierungs- und Erpressungsmittel ... »Ich bin KA«, »Ich bin Nicht-KA« – die Studenten wissen es schließlich selber und hänseln sich gegenseitig unter diesen Vorzeichen; Peter Krone z.B. hat inzwischen verinnerlicht, daß er »Nicht-KA« geblieben, während jener mit dem Spitznamen »Lao-Li« sich als »KA« fühlen darf. Und die Professoren spielen dieses Scheißspiel mit, das jeder pädagogischen Seriosität widerspricht? Man kann kaum daran zweifeln. Oh, der vielen Selbstmorde bei den Leuten zwischen zwanzig und dreißig, von denen man hört!; programmiert gewissermaßen? – Was die Dichter betrifft, dürfen in der Regel vor allem zwei Gruppen ins Kapitalistische Ausland fahren, einmal die »Hundertprozentigen«, zum zweiten die hervorstechend renitenten seltsamerweise, diese vielleicht, weil man hofft, daß sie »drüben« bleiben. Also, lieber Peter Krone, hier könnte sich u. U. doch noch ein Weg auftun auch für dich; du schreibst doch Gedichte!

WANZEN (II) / / Aber nicht nur Post-Träume, Träume von verschwundener oder vernichteter Post; auch *Wanzen*-Träume die Fülle, auch *Dokumenten*-Träume (Versicherungsausweis verloren, Paß versiebt!, und das in vielen Nuancen und Varianten …), *Such*-Träume folglich, und – was eigentlich kaum noch gesagt werden muß – *Flucht*-Träume noch und noch, Träume vom Verfolgtsein in allen erdenklichen Grau- und Schrilltönen. – Indessen, die Wanzen-Träume gehören sicherlich zu den makabersten, oft ausgelöst freilich von einem Fast-Nichts. Beispiel: Besuch eines schlichten Elektrikergesellen im viel zu weiten um die Beine flatternden Blaumann; der unförmige Werkzeugkasten mit vollkommen unbegreiflichem, quasi undurchschaubarem Werkzeuge-Sortiment … Ist das hier ein Hörrohr oder ein Klistier? – Der Elektriker entpuppt sich als ein höflicher und zudem redseliger Mann, welcher einen beiläufig bei der Installation einer neuen Steckdose bzw. der Reparatur der alten zu fragen gelaunt ist – Hut ab vor dem Informationsstand *unserer* Elektrofachleute! –: »Interessant, was, so'n Beruf Schriftsteller, wie? Sie veröffentlichen im ROWOHLT-VERLAG, hab' ick jehört? Springt denn 'was 'raus dabei?« Mein Freund Lachmund würde mich kopfschüttelnd zu beruhigen suchen: Na, Mensch, eine völlig harmlose Frage aus dem Mund eines etwa fünfunddreißigjährigen Elektrikers im Prenzlauer Berg!, ja, so ist er eben, der Prenzlauer Berg, und so sind seine Elektriker! Trotzdem!, in der nächsten Nacht ist wieder ein Wanzentraum fällig: Der olle Kronleuchter an der Decke mag sich plötzlich in ein ungemein differenziertes Abhörgerät verwandeln, welches sich zudem auf die Dauer nicht zufriedengeben will mit dem rasanten Verzehr der Töne in diesem Raum, der Worte, Gesänge, Flüche, Schnaufer, Liebesschreie, Gedichtrezitationen, sondern danach strebt (wie ich meine Träume im Halbschlaf weiterzuspinnen pflege und in Literatur umzuwandeln versuche), den Bewohner des Raumes *ganz* zu besitzen und »zu sich zu nehmen«, immer wüster saugend an seinem Opfer, es hinansaugend, es in sich hinein saugend, ah, eine Zentrifuge, eine Milchschleuder, wie ich sie als Kind bei meinem Onkel Anton, dem Landwirt, fasziniert beobachtet habe; schon hänge ich drin, schon werde ich umhergewirbelt, der mittels Schwerkraft grausam gefesselte ehemalige Lyriker, schon *fühle* ich mich zum Butterklumpen gedeihen, ja, *bin* bereits ein Butterklumpen, dessen Qualität von der Stimme meines (längst verstorbenen) Onkels Anton begutachtet wird: »Richtige *Friedensbutter*! Alles in Butter, Mariechen!« (Was für Artikulationen zuzeiten in einem hochperlen wollen: Kindheitsmusiken, Vergangenheitsbilder, Ausdrücke »*wie aus der Wurstbäckerei*«!) Und werde, denk' ich mir rücksichtslos aus, gelassen auf eine Malfa-Kraftma-Brotschnitte gebröckelt, geschmiert, meine Lieblingsbrotsorte trotz mancher Bedenken ... Überschrift: DER ELEKTRIKER IST IM HAUS GEWESEN! (Man kann diesen Text, dies nebenher, als einen poetologischen lesen, die Methode exemplifizierend, mit welcher ich mich immer wieder bedrängender Situationen wenigstens literarisch entledige.)

– / / – Andere Leute haben andere Träume, z. B. Henryk Keisch, der PEN-CLUB-Sekretär, welcher, wie er neulich nebenher erzählt hat, regelmäßig den *einen* Angsttraum träumt: Er kommt morgens aus dem Haus – und sein Auto ist weg, ist weg, ist weg!

»GEKLONT« / / Gestern zum ersten Mal einen der viel diskutierten »Geklonten« gesehen, und zwar in der S-Bahn zwischen Schönhauser und Alex: Glasige und frech blickende Augen, Stricher-Augen, ein schwacher Parfümgeruch, vermischt mit verspäteter Alkohol-Ausdünstung ... Aber wenigstens ehrlich, der Knabe; auf seinem Jacken-Aufschlag die ohne Mühe zu entziffernde Plakette: ICH BIN GEKLONT!

DER MANTEL / / Der wagemutige, der risikofreudige »Fokus« Schönewold, immer auf dem Sprung, die Nachfolge des risikofreudigen, des wagemutigen Erich Arendt anzutreten und gegen das eine oder andere Gesetz der DDR zu verstoßen: Ja, auch »Fokus« ist eine gewisse klein-kriminelle Energie schwerlich abzusprechen. Gar nicht lange her – und nun erlebe ich das gleiche bei F. S. –, daß ich den fast achtzigjährigen Altmeister Erich Arendt bei einem unangekündigten Besuch vor seinem großen Spiegel ertappte, vor welchem er sich mit exotisch-tänzerischen Bewegungen um- und umgedreht, ja, geradezu pfauenhaft gespreizt, einen neuen und seltsam weiten Mantel erprobend, über dem Brustkorb des Greises ein wenig gebauscht ... Ist das nicht überhaupt der gleiche Mantel, den »Fokus« in ähnlicher Weise sich selber vorführt (Arendt hat ja seine Sachen hin und wieder verschenkt, seine Ski z. B. an Mickel), ja, in der Tat, es scheint Arendts Groß-Mantel zu sein, der ein wenig unförmige, mit extrem mächtigen Außen- und Innentaschen versehen, ein »Schmuggler-Mantel«, eine Maffia-Mantilla, gut geeignet vor allem für den Büchertransport bei Regen und Schnee; und wirklich schiebt »Fokus« – wie vor zwei, drei Jahren noch Erich Arendt – mit windhundschneller Hand zwei, drei, vier nicht zu schmale Bücher in die Taschen über den beiden Lungenflügeln, holt sie wieder heraus, läßt sie in eleganter Kurve wieder hineinfliegen, und er grinst mir per Spiegel zu: »Ob das so geht?« Und dann erklärend: »Nächste Woche fahr' ich zur Leipziger Buchmesse!« – Messe-Vorbereitungen der arendtschen Art also: Nicht anders als ein professioneller Taschendieb vor dem Spiegel seine Tricks probt F. S. das Bücherklauen, nicht anders als dazumal Erich Arendt vor aufgeregter Schüler-Schar ...˙ – Natürlich gehört der Bücherdiebstahl auf der Leipziger Messe zu den Kavaliersdelikten der allerfeinsten Kategorie; es fragt sich darüber hinaus, ob man nicht sogar moralisch dazu verpflichtet ist, sich selber und das Land mit jener Literatur zu versorgen, z. B. der surrealistischen, die uns immer noch vorenthalten wird. – Gut Klau!, ist man geneigt, dem tapferen Kollegen zuzuwinken; oder sagt man: Gut Griff? – / / – PS.: Wahrscheinlich hätte man Erich Arendt die von ihm ins gierige Auge gefaßten Bücher geschenkt; aber nein, sie mußten gestohlen werden, stilecht gestohlen; anders wäre die Leipziger Messe nicht die richtige Leipziger Messe gewesen.

WÖRTER, WÖRTER / / Einladungs-Grafik, die zu einer »Lesung« mit Jan Faktor und »Liestung« (Leistung?) mit W. E. T. A. Theuer ruft, am »21. *Merz* bei Maaß in der Schönfließer Str. 21 um 20 Uhr« die beiden offenbar unterschiedlichen Kunstbemühungen. Schaustellerhaft prunkt die Einladung mit einer Heerschau der herrlichsten Fremdwörter – solche Wortreihen beginnen in der jungen Poesie des Landes auf provokante Weise zur Mode zu werden –: »Deltoie – Trapezoie – Schizoie – Spermatozoie – *Rapie* – Europie – Torpie – *Stupie* – Arie – Hybrie – Marie – Anhyrie – Negrie – Chlorie – Äthylchlorie – Quecksilberchlorie – Fluorie – Nietrie – Glykosie – Fluie – Liquie – Illiquie – Gravie – Livie – Oxie – *Paranoie*.« – Um das eloquentie Echoie auf die »Manifeste der Trivialpoe*sie*« scheint es sich nicht zu handeln, wie sie ein rätselhafter Anonymus seit geraumer Zeit uns in den Briefkasten wirft (die Stilanalyse deutet auf Jan Faktor als Verfasser), zumal sie jüngst mit einer zerschmetternden Abfuhr (»Gegen die Manifeste der Trivialpoesie« o. ä.) bedacht worden sind, ebenfalls heimlich von einem scheuen Namenlosen in die Briefkästen des Kiezes gesteckt: Die Stilanalyse deutet auf Jan Faktor als den Verfasser.

DAS EWIGE ›LOOCH‹ / / Wenn mein Bruder aus dem Rheinland zu Besuch bei »Kommunistens« kommt, worüber debattieren wir? Natürlich, über das eingebildete »Looch« im realen Kiefer meiner böhmisch-bäurischen Tante Marie (Akzent auf dem »a«), das schon zu Kriegszeiten immer größer und im doppelten Sinn abgründiger, niemals aber von einem der zahlreichen hektisch konsultierten Ärzte entdeckt wurde. Krieg, Nachkrieg, zwei deutsche Staaten, Mauer – das nicht-existente »Looch« der Tante Marie ist niemals ganz vergessen worden! In den Jahren 1940 bis 1950 war es das familiäre Hauptereignis, alle historischen Ereignisse relativierend – ... Mitte der Fünfziger (vielleicht ist hier der tiefere Grund für meine damalige »Übersiedelung« in die DDR zu suchen) ist es für eine Weile fast nur noch um dieses unauffindbare »Looch« gegangen; erst der Tod der lieben dicken Tante Marie, der nach Düsseldorf verschlagenen Bäuerin aus der Gegend bei Rumburg/Rumburk in Nordböhmen, hat den immer verrückteren und konsonantenreicheren Familienreigen um dieses »Looch«, dieses Nichts auseinanderflattern lassen. Doch einen Nachhall gibt es, wie Sie sich denken können, bis heute; ja, es beschäftigt uns immer noch, »es ist da«, das »Looch«, das »Looch«, look at it!

STATEMENT ENDE MÄRZ 1982, verfaßt für eine intendierte Lyrik-Grafik-Mappe des Kulturbunds in Leipzig, dem Thema »Prometheus« gewidmet. / / Januar ist, Februar, Ende März; ich wohne im Stadtteil Prenzlauer Berg (Berlin/DDR), umgeben von wachsenden Stapeln Materials zu mehreren Themenkomplexen ...« a) Die Mikro-Elektronik und die mit ihrer Einführung aufgeworfenen arbeitsorganisatorischen Fragen; gesellschaftliche Auswirkung hier und im Westen: »... nach Ackerbau und Mechanisierung ... die dritte große technische Revolution ...« – Andreas Röhler: »Auch mag ich die Ruhe der Mikroprozessoren / die geräuschlose Art in der / die Nachrichtensysteme ineinandergreifen ...«, ineinandergreifen, ineinandergreifen, ineinandergreifen. – Und b) Der UNILEVER-Mensch, die UNILEVER-Welt: »Wer bei Unilever nach dem Hochschulabschluß sein Berufsleben beginnt, weiß um die Möglichkeit, bis *ganz nach oben* aufzusteigen. Denn Unilever honoriert die Leistung *jedes einzelnen* und gibt die Möglichkeit, die im Unternehmen erworbene Erfahrung *gezielt* einzusetzen und *weiterzukommen*. Warum steigen sie nicht *ein* – und *auf*?« c) Kambodscha/Kampuchea unter Pol Pot (ist er noch immer Träger unseres Höchstordens STERN DER VÖLKERFREUNDSCHAFT?) – »Was wir machen, gab es noch nie« – und vorher und hinterher. d) Die Hoffnungen Ronald Reagans hinsichtlich der KUNST: »... Filme, in denen nicht geflucht wird, wo sich niemand auszieht ... und wo jegliche Vulgarität *ausgespart* wird – spannendes Kino gleichwohl ...« e) Die Meinungen von Herrn und Frau D. sowie Fräulein K. bezüglich der neuen Schriftsteller-Generation in der DDR: »Die Fortsetzung sozialistisch-realistischer Tradition der DDR-Literatur durch neue Schriftstellergenerationen erfolgt offensichtlich nicht automatisch.« – Aus dem Statut des Schriftstellerverbandes der DDR: »Die Mitglieder des Schriftstellerverbandes der DDR ... bekennen sich zur Schaffensmethode des Sozialistischen Realismus.« – f) Die Hoffnungen und Pläne Ronald Reagans im Hinblick auf San Salvador ... g) Der Typus des »Angestellten« hierorts und anderswo – Prometheus, einst angeschmiedet, jetzt *angestellt*? –, morgen, gestern und jetzt: Was geschah mit Slocum??? SOMETHING HAPPENED. h) Molekularbiologie, Genetische Manipulation, Säugetier-Klonierung, ja, und ... »Wir nennen diese für uns bislang unbekannten Kombinationen von Zellen *Chimären*« (Karl Illmensee, Genf): »... Die nachgerade spektakulären Fortschritte von Molekular- und Zellgenetik demonstrieren, daß nicht nur nicht die Rede davon sein kann, daß Prometheus durch Atlas abgelöst wird, sondern daß man umgekehrt fragen sollte, ob Prometheus nicht gar *durch Zeus abgelöst* wird!« (Erhard Geißler, Berlin/DDR). i) Neue Musik. k) Pol Pot, Ieng Thirit, Ieng Sary – »Die Städte ... auf *menschliche Dimensionen* zurückführen!« –, und dreieinhalb Millionen, geschlachtet in nicht 'mal drei Jahren, und Leichenberge, verwendet als Dung bei Pnom Penh: »Von der Versorgungslage her gesehen, sind wir *autark* ...« l) Neue Musik und Programmatisches zu Neuer Musik: »... wird Krieg und Unterdrückung geschürt im Nahen Osten, im Libanon und Libyen und im Irak, im Iran und in Pakistan, im Fernen Osten, in Afghanistan und Kampuchea, in Südafrika, in Angola und Namibia, in Lateinamerika, in Salvador, Nikaragua, Chile, Guatemala, Honduras ... Gegen all dies – Kriegsdrohung, Wettrüsten, Massenverhetzung zu Kriegszwecken gilt es zu kämpfen ... Liebe Kollegen! *Die Vokalmusik gewinnt wieder an Bedeutung!*« (SONNTAG 43/81). m1) Das Sektenwesen; m2) Die Macht des Wahns in der Welt; m3) Technologien der Dressur (Intellektuelle nicht unbetroffen von ihnen); m4) Spielarten des Terrorismus; m5) Rauschgift. Dann n) Die *Risse* der Hinterhof-Häuser im Prenzlauer Berg und das mit diesen und anderen Rissen korrespondierende »Weltgefühl« ... Inzwischen darf ich mich wohl als Besitzer der reichsten und schönsten »Risse«-Sammlung des Erdballs empfehlen! (Der nach Mathilde Dau »wirklich wesentlichen Tendenz« junger Lyrik, der singenden, klingenden zu VOLVO und Swimmingpool hin, kehre ich grienend den Rücken wie andere auch; so wird »von den Texten der *Singebewegung* völlig abgesehen, als handele es sich um einen abgesonderten Bereich lyrischer Produktion, der für die Erschließung produktiver *Beziehungen* zwischen *Ich und Welt* irrelevant wäre ...«, was allerdings meine Auffassung trifft.) – / / – So viel (und, bitte, fallen Sie nicht vom Sockel!), so viel zum Thema PROMETHEUS ZWEIUNDACHTZIG, welches ich als Sammler und Forscher letztens stark vernachlässigt habe, infolgedessen auch nur gegen starken inneren Widerstand bereit, dem Wunsch des schätzenswerten Kollegen Roland Rittig, einer guten Seele, *in etwa* zu entsprechen, eine von ihm zusammengestellte *prometheus-orientierte* kleine Anthologie o. ä. mit einem der Stückchen in der mir nachgesagten phantasmagorisch-verspielten Manier partiell etwas aufzuhellen, o. ä.; die anderen Beiträge wären leider fast alle so düster, ja, *schwarz!* R. R. ergänzend: Eigentlich wären es Zurückweisungen der Thematik zu circa achtzig Prozent, Absagen letzten Endes, auch durch betonte Ambivalenz (Volker Braun); im Grunde fände sich nur ein einziges *richtiges* »Prometheus«-Gedicht, klar, das Werk Uwe Bergers ... – Ich hoffe, daß Obiges seinen Zweck erfüllen wird oder, bescheidener gesagt, daß es reicht! So bleibt mir nur noch, auf diesem Weg allen meinen Bekannten für die *Zukunft* das Beste zu wünschen, im privaten Leben ebenso wie im Beruf ... Jetzt fängt der April, dann der Mai an mit Pfingsten am Schluß, schließlich Juni, Juli, August. (NICHT DAS TIPPEN VERGESSEN, ihr Zeuse! In der letzten Woche gab es wieder Gewinne bis zu ... Mark!) / *

DIE LEERE / / ... das verrauschte, war weg wie Nichts, und für kurze Zeit dominierte wieder das sogenannte NORMALE, eine hektische Geschäftigkeit her und wider, hinter der in der Regel nicht allzuviel ernstliches Geschäft zu finden war, wenn man nachzubohren den Mut fand. – Es war wie bei jenen immer ungemein rasch die Straßen dahinklappernden Frauen (als könnte irgend etwas verpaßt werden irgendwo), ganz rasch, noch rascher – und meistens weniger *am Kopp* (und weniger zu tun) als all die anderen, als die langsamer schleichenden oder schreitenden; bei Männern mag es durchaus Vergleichbares geben ...

APRIL 82

MILITÄRISCHER SPERRBEZIRK // Nach Almuth Giesecke (Lektorin im Aufbau-Verlag) werden zuweilen unliebsame Bücher bekannterer Autoren zwar u. U. zum Druck befördert, dann aber »im Notfall« sofort aufgekauft, und zwar direkt beim Kommissionsbuchhandel in Leipzig. »Und von wem? Von welcher Institution?« – »Von der Armee!« – »Im Ernst, von der Armee?« – »Ja, von der Armee!« – Als charakteristisches Beispiel nennt sie den 3. Teil der Romanreihe »Der Wundertäter« von Erwin Strittmatter ... (Daß ich das Buch, das ich zufällig in die Hände bekommen habe, für ein geradezu lachhaft kolportageartiges halte, dürfte in diesem Zusammenhang gleichgültig sein.) – Was dann mit den Büchern geschehe? – Achselzucken ... – In den Bibliotheken der Armee tauchen sie, geheimnisvolle oder fehlgeleitete U-Boote sozusagen, keinesfalls auf; sie tauchen nie wieder auf, wie es scheint. Bermudadreieck Volksarmee! »Wahrscheinlich werden sie vernichtet ...«

BLACKY BULAT // Der Moskauer Arbat kommt zum Prenzlauer Berg: Bulat Okudshawa am 31. März im Kiez, nämlich in der Wohnung von Eckehard Maaß ... »Ecke«, einst Biermann-, jetzt Okudshawa-Sänger, ein zweihundertprozentiger Fan, strahlt mit beiden Ohrmuscheln darüber, daß es ihm gelungen ist, den moskauer Liedermacher und Romancier zu bewegen, die offizielle Flugroute zu verlassen und auf dem versteckten Feldflugplatz in der Schönfließer Straße zu landen, wenn auch nicht ohne irritierenden Begleitschutz. Dieser Begleitschutz kann kaum glücklich gewesen sein über den Verlauf des Gesprächs der DDR-Untergründler mit dem gleichfalls als widerständlerisch bekannten Okudshawa. Noch niemals habe ich Desperateres über den Weg der Sowjetunion gehört; zweifellos ist Bulat Okudshawa der Auffassung, daß die Sowjetunion (und vielleicht die ganze Welt) keinerlei Zukunft hat. »Oh Blacky Bulat«, flüstert neben mir eine Stimme. In der Tat: Schwarz, schwarz, schwarz!; der Ohrensessel, in den man Bulat gesetzt hat, wird vermutlich hinterher ausgewaschen werden müssen: Schwarz, schwarz, schwarz ... Irgendwer fragt verwirrt, ob er, der Sowjetbürger, denn wirklich keinen einzigen Hoffnungsschimmer sehe. Die Kerbe über Okudshawas Nasenwurzel vertieft sich, der müde Blick durch die Hornbrille wird lebendiger, die linke Hand spreizt sich zur beschwörend-resignativen Geste: »Man kann nur noch auf Gott vertrauen!« (Seine verblüffende Offenherzigkeit: Er weiß natürlich, mit welchem Publikum er es hier im großen und ganzen zu tun hat; in Moskau mag er ein ähnliches haben.) »... auf Gott vertrauen!« Das genau ist der Moment, da der Begleitschutz sich meldet; ein sportiver Blondling (schöner Kontrast zum Dunklen des Bulat Okudshawa), der wie ein Knabe aus dem Oktoberklub oder aus dem Zentralrat der FDJ wirkt, muß seine Wahrheiten loswerden und ruft: »Gott, Herr Okudshawa? Gott? Das meinen Sie doch nur als Floskel, als Bild, nicht wahr?« (Dieser optimistische Jung-Bürokrat hat natürlich in der Schule gelernt, daß es Gott nicht gibt.) Okudshawa merkt sofort, mit wem er es zu tun hat, und antwortet ernst und jeden Widerspruch ausschließend: »Gott, ja, Gott! Ich habe ›Gott‹ gesagt, ich habe ›Gott‹ gemeint.« (Ungefähr so.) Die meisten grienen still in sich hinein, allen dürfte klar sein: Selbst wenn Okudshawa, was ich vermute, ein lupenreiner Atheist sein sollte, konnte er dem dümmlich-inquisitorischen Fragesteller kaum anders antworten als mit solchem ernsten (und dennoch ironisch bedünkenden) Glaubensbekenntnis: Natürlich Gott! – / / – Dann nimmt er seine Guitarre, womit das Gespräch beendet ist, und spielt und singt uns noch eins: Ein Pariser Chansonnier aus Moskau?

NEUE ALTE BILDWELT / / Neulich gelesen, irgendwo: »Sie haben ihn im Zielkreuz, sie werden ihn abschießen ...« Keine Ahnung mehr, ob ich die Formulierung auf einer Wirtschaftsseite, im Feuilleton, im Sportteil gefunden habe; sie könnte, denke ich, in einer Reportage gestanden haben; jedenfalls ist sie mir unvergeßlich ins Auge gestochen. – / / – ... und mein stetes zwanghaftes Gegrübel über den Siegeszug der Drecksvokabel »Stehvermögen«, vermutlich höchste Mannes- und Pferdetugend bezeichnend. Ein Begriff aus der Welt des Boxsports und der muskulösen Mittleren Generation? (Ich überlege, ob man von einem »Opa mit Stehvermögen«, einem »Kind mit Stehvermögen« sprechen könnte ...) Aber das Wörtlein ist nicht nur unter FDJ-Blödianen (und in ihren »Junge-Welt«-Artikeln) gang und gäbe, sondern offenkundig auch »drüben«. Jetzt finde ich es bei Kamerad Wolf Wondratschek, und zwar bezogen auf Nelson Algren, den ich wie Wondratschek seit langem schätze ... »Stehvermögen« scheint für die Jetztzeit eine Qualität allerhöchsten Ranges zu sein oder zu werden! – / / – ... und vor längerer Zeit hat Karl Mickel 'mal irgend jemandem lobend (und warnend) dargelegt: »Der Endler, macht euch nichts vor, das is'n *Boxer*!« Und es hat mir, um ehrlich zu bleiben, tatsächlich geschmeichelt. Ein mentaler Schwächeanfall, den ich mir seit Jahren nicht verzeihe.

HONNI / / Die Studenten (zumindest die sächsischen) nennen Erich Honecker, wie ich im Gespräch mit den zwei Söhnen eines Literaturdozenten erfahre, seit längerem nur noch »Fähten-Ete«, *Fête-Ete*, womit sie ausdrücken wollen, daß Honni nur noch zu Repräsentationszwecken zu verwenden ist, was ich für reichlich beschönigend halte: »Daß Honecker ein besonders glitzriger Gewinn für irgendeine Fête sein könnte, will mir nicht einleuchten.« – Möglicher Titel für eine altberliner Gaunerkomödie: »Spitzbart und Fähten-Ete«.

TUCK-TENGELMATZ-STORY (I) / / ... ein Stoff, ein »Stöffchen!«, an welchem außer mir, wie mir Gerd Adloff bedeutet, zwei weitere, zwei junge Kollegen novellistisch laborieren: Die (bisherige) Lebensgeschichte des Lyrikers und Lumpenhändlers Tuck Tengelmatz, hin- und herspringend zwischen den Stadtbezirken Prenzlauer Berg, Mitte und Pankow-Heinersdorf. (Tute Tengelmann oder Tuck Tengelmatz oder ...? In Wirklichkeit heißt er natürlich ganz anders.) Damals war's: »Partei – das bin ich, / Einer von vielen, / Kranführer, / Fernstudent, / Mitglied der AGL. / Und der ständigen Produktionsberatung ... / / Partei – das sind wir, / Unsere Familie, / Unsere Arbeit, / Unser Heute, / Unser Morgen. / Partei – das ist millionenmal ein ›Ich‹.« (Und postwendend hat Tuck Tengelmatz den Ernst-Zinna-Preis der Hauptstadt Berlin erhalten, oder ist es der Goethepreis gewesen?) Ja, so hat das damals angefangen, mit der »Lyrikwelle« zu Beginn des Jahres 63 – einige von uns sind ganz schön unter die breit-weiten Räder der Staatslokomotive geraten seither –; es endet vorerst in dem neuen kleinen lilafarben leuchtenden Café in der Stargarder Straße, »Café Ost-Größenwahn« genannt; Tuck Tengelmatz, den ich fünfzehn oder zwanzig Jahre lang nicht gesehen habe, hat sich zu mir ans Marmortischchen gesetzt und mich zu einem »Kännchen Mokka« eingeladen, der erfolgreiche, dementsprechend joviale Geschäftsmann die »gescheiterte Existenz« Endler, ausgeschlossen aus dem Verband und zudem ... »Dir scheint es ja ganz gut zu gehen mit deinem Lumpenhandel draußen in Heinersdorf«, wage ich anzumerken, »hat mir der Kurt Mühle erzählt ...« – »Sekundärrohstoffe«, korrigiert mich Tuck Tengelmatz, »Sekundärrohstoffe, möchte ich bitten!« Mühle-Kurt berichtete mir, wie er, wieder einmal »restlos abgebrannt«, für Tengelmatz den Swimmingpool hinter dessen »Villa« künstlerisch ausgestaltet hat, nach den speziellen Wünschen des ehemaligen »Arbeiterdichters«: Wie der Grund eines der kleineren märkischen Seen sollte der Boden des Swimmingpools »wirken«, also dementsprechend ausgemalt werden vom Architekten und gelegentlichen Kunstmaler Mühle, geschmückt mit allerlei Pflanzlichem und allerlei Fischartigem, mit fasrigem Wurzelwerk und submarinen Schleimsträngen, mit Hechten und Karpfen und Fröschen und Piranhas; und Mühle schwang den Pinsel und malte und malte und vergaß – zum Unwillen des Auftraggebers – auch den zerfledderten Schuh (der Anglerwitze) und den zerscherbten Pott nicht; hin und wieder wurde für den Alkoholiker-Papst an einem Strick eine Flasche Pils hinabgelassen in die Tiefe des Sees, um den Künstler bei Laune zu halten, »oft nur halb voll die Flasche«, hat mir Kurt Mühle verbittert erzählt, nicht zuletzt, um die »Sparsamkeit«, wenn nicht den Geiz des Sekundärrohstoffe-Duce von Berlin zu charakterisieren ... – / / – Ach, soll ich ihn wirklich nachzeichnen, den Aufstiegsabstieg oder Abstiegsaufstieg dieses inzwischen *führenden* Lumpenhändlers der Vorstädte? Mögen sich doch die Jüngeren und Gesünderen abrackern mit diesem Entwicklungsroman! Immerhin, ich könnte ihnen das eine oder andere präludierende Motto parat stellen, z. B. das Bekenntnis Tuck Tengelmatzens im Jahr 63 (JUNGE WELT, Nr. 21): »Gedichte schreiben ist harte Arbeit, ist schwerer für mich als Kohle zu picken, vereiste große Waggons voll. Aber beides ist eine *nützliche Sache*. Ich verrichte schwere schmutzige Arbeit, und ich möchte wahre, klare Gedichte schreiben, *heiß*, wie unser Leben, das mich Parteilichkeit gelehrt hat ...« – Als weiteres Motto käme eventuell ein Passus aus Ilja Ehrenburgs Lebenserinnerungen »Menschen Jahre Leben« in Frage, nämlich jene Stelle, die in bezug auf das Jahr 37 und auf Isaak Babel mitteilt: »Einmal schilderte er mir einen Besuch in einer Fabrik, wo die *ausgesonderten Bücher* wieder zu Papier gemacht wurden. Es war eine sehr komische und sehr schreckliche Geschichte ...« Wie hätte Ehrenburg die Tengelmatz-Story apostrophiert?, im Grunde ungleich komischer und ungleich schrecklicher – aber wir Späteren nehmen das alles offenkundig nicht mehr *zu* ernst! – als die von Babel erzählte, wenn auch mit dieser verwandt? Eines der *Masterpieces of Black Humour* zweifellos, geschrieben wie üblich vom »Leben selber«. Ach, Tengelmatz, Tengelmutz, Tengelmotz, und sein kurvenreicher Weg vom hoffnungsfrohen und überdurchschnittlich ehrgeizigen Jungdichter mit so manchem Lyrik-Bändchen im schwirrenden Hinterkopf zum Privat-Unternehmer und stolzen Reißwolfbesitzer mit freilich intimsten Kontakten zu mancherlei staatlichen Stellen, vom Bücher-Schreiber zum Bücher-Vertilger (»Heinersdorfer Sekundärrohstoffe-Laboratorium Tengelmatz« o. ä.). Was den Part der Bücher-Vertilgung betrifft, muß vor allem an auszusondernde sogenannte »problematische« Werke gedacht werden, wie sie sich sträubend, wie sie schluchzend der schrillen Liquidierung durch des Goethe- oder Ernst-Zinna-Preisträgers klumpige Klauen anheimfallen mögen: Manchmal sind es ganze Literaturen, wie in den Jahren nach 68 die tschechoslowakische, später dann ist es Kunerts Œuvre z. B. gewesen ... – / / – Frühes Bild: Tengelmatz sitzt in den süßen Monden der »Lyrikwelle« (63) in einer Reihe mit Karl Mickel, Volker Braun, Sarah und Rainer Kirsch, mit Biermann, mit Heinz Czechowski und anderen vor beträchtlichem Publikum – was für ein seltsamer Aufbruch! – auf der Bühne des Marx-Engels-Auditoriums der Humboldt-Universität oder im Kino KOSMOS, mit jungen Lyrikern, die in alphabetischer Reihenfolge zurückhaltend oder keß, unbeholfen oder alert, scheu oder kühl-distanziert ihre Gedichte vortragen; mit singulärer und auftrumpfender Selbstsicherheit jedoch der scheinbare »Proletar« Tuck Tengelmatz, Mitglied der herrschenden Klasse, welcher supra-poetisch ins zusammenzuckende Studentenpublikum hineinpfeift: »Partei – das ist millionenmal ein ›Ich‹«; Tuck Tengelmatz, der die siebenhundert Leute im weiten Rund mit der Aufforderung beglückt: »Laßt uns die Welt mit Lyrik bombardieren! / LASST UNS DIE WELT MIT LYRIK BOMBARDIEREN!« (Brausender Beifall? Ich weiß es nicht mehr genau.) Ein sehr viel späteres Bild (von Kurt Mühle übermittelt): Ein Tengelmatz, der die ihm zur Weiterverarbeitung angelieferten Bücher eigenhändig auseinanderreißt, d. h. den harten Buchdeckel vom übrigen weicheren Korpus trennt – dabei stößt er zuweilen auch auf Anthologien, in denen seine eigenen frühen Gedichte abgedruckt sind! –, damit die unterschiedlichen Materialien, um die es sich jetzt handelt, »sinnvoll« weiterverarbeitet werden können; ein Bücherschlächter also unser Tuck! (Nach der Auskunft Kurt Mühles läßt er diese untergeordneten manuellen Tätigkeiten jedoch lieber von anderen verrichten, z. B. von dem einen oder anderen »asozialen« Künstler oder Lyriker vom Prenzlauer Berg, der froh ist, sich ein paar Mark nebenher verdienen und vielleicht gleichzeitig »Studien« machen zu können im Hinblick auf den geplanten Tuck-Tengelmatz-Thriller.) Sie werden zugeben müssen: Die Ehrenburg-Babel-Anekdote ist garnix dagegen! – / / – PS.: Nachdem einige von uns im Jahr 79 aus dem Schriftstellerverband ausgeschlossen worden waren, ließ Tuck Tengelmatz nach verläßlichster Information in beschwingtem Kreis triumphabel verlauten: »Die kommen noch alle zu mir ... Die können alle zu mir kommen, alle acht ... Ich finde ja niemals Arbeitskräfte genug!«

PAUL WIENS / / Am 6. 4. ist der Dichter Paul Wiens gestorben, nicht einmal sechzig Jahre alt, zuletzt Chefredakteur der Zeitschrift SINN UND FORM; er war damals einer der beiden Bürgen, als ich in den Schriftstellerverband aufgenommen werden sollte. Günther Deicke in seinem Nachruf im SONNTAG: »Seine kalligraphische Schrift fällt mir ein, senkrecht, und jeder Buchstabe ist ausgeschrieben; so haben im Mittelalter die Mönche die Heiligen Schriften aufs Pergament gebracht, die wir heute nur hinter Glas bewundern dürfen. Jetzt meine ich: So hat er auch Gedichte geschrieben ...« Von meinem hilflosen Versuch, anläßlich des Todes von Paul Wiens ein Gedicht zu schreiben, zeugen zwei Rest-Zeilen: »... ach allzu uhrwerkshaft alsbald und über-triftig tickend / ein schwätzendes dann schwarz gelähmtes uhrwerk (wie erstickend) ...« – Nicht länger gezwungen, eine »Rolle« unter den Lebenden zu spielen, für welche der beiden Interpretationen deiner Existenz würdest du dich entscheiden, Paul?

POST / / Lutz Rathenow über die »Belehrung« durch den Staatsanwalt (die Staatsanwältin?), in welcher Weise man mit Post-Sendungen ins Ausland bzw. die BRD zu verfahren habe, falls man nicht mit den Gesetzen in Konflikt geraten will. Bestimmte Sendungen schlössen sich selbstverständlich prinzipiell aus: bestimmte Sendungen dürften überhaupt *nur* per Post in den Westen gehen – in dieser Schrillität durchaus neu! –, also keinesfalls irgendeinem Besucher »so einfach« mitgegeben werden, z. B. Musketen und Manuskripte. Was Manuskripte etc. anbetrifft, wäre allerdings streng darauf zu achten, daß als Adressaten ausschließlich »Privatpersonen« in Frage kämen (die Oma, der Onkel?), nimmermehr aber *Redaktionen, Institutionen*, Meliorationen und verwandte Maschinerien! Nein, »geöffnet« würde die Post in der Regel nicht, das möge man nicht aus diesen Ratschlägen schließen, indessen ... etcetera. Und was ist mit Sendungen von einem Irrenhaus ins andere, Monsieur? Ich gestehe, daß es mir sehr widerstrebt – um mich zurückhaltend auszudrücken –, mein zartestes oder bitterstes Innere, also meine Lyrik zum Beispiel, irgendwelchen seelenlosen Sortiermaschinen anzuvertrauen, Madame! Wollen Sie das ernstlich von uns verlangen? – / / – PS.: Etwa ein Drittel der in Ost oder West an mich abgesandten Post verfehlt seit Jahren den Adressaten, ein Drittel *mindestens*, wahrscheinlich noch mehr; die müde Gewöhnung an diesen Zustand – bedenken Sie mein Temperament! – stellt sich leider nur sehr allmählich ein.

ADRESSE / / Meine heutige Anschrift: Straße Hinter den Müllkübeln, Nähe Koth-Allee, Ecke Kottzplatz ... – Aber nur um vier Uhr morgens sprüht der Geist so wunderkerzenstarrek.

TUCK-TENGELMATZ-STORY (II) / / Ein Dokument aus dem Jahr 63 wiedergefunden (nämlich einen Artikel in der FDJ-Funktionärszeitschrift JUNGE GENERATION), der zeigt, wie seinerzeit um die jungen Autoren »gekämpft« worden ist – ähnlich möcht' man's auch heute noch gern tun –, so auch um den Lyriker und späteren Sekundär-Rohstoffe-Fachmann Tuck Tengelmatz: »... Die Parteileitung des Gaswerkes hat sich lange und grundsätzlich mit Tuck Tengelmatz und einer Reihe wenig positiver Momente in seiner Entwicklung befaßt. Tengelmatz trug sich z. B. mit dem Gedanken, freischaffend zu werden. Und der Parteisekretär Genosse Urwank sagte ihm: *Wann du freischaffend wirst, bestimmt die Partei.* Im Augenblick mit deinem *zeitweiligen Tendieren* zur Überheblichkeit brauchst du das Kollektiv nötiger denn je. Hier spürt man das *echte Bemühen*, kollektiv miteinander weiterzukommen. Tuck Tengelmatz hat nach einigen Aussprachen mit der Parteileitung auch begonnen, einiges in seinem Leben und Verhalten kritisch und selbstkritisch einzuschätzen. Ihm diese Einsichten recht bald *zu Ende denken zu helfen*, wird für ihn gut und nützlich sein. Die Parteileitung hat eine *operative Hilfe* für Tuck Tengelmatz festgelegt: »Es wird ein Förderungsvertrag mit Tengelmatz abgeschlossen, wie er beispielhaft für die Unterstützung von jungen Schriftstellern und Dichtern ist. Ein Punkt in diesem Vertrag wird die Qualifizierung Tuck Tengelmatz' zum *Facharbeiter* vorsehen. Der zweite Punkt wird ihm Zeit sichern, eine längere Arbeit zu schreiben. Zum zweiten Punkt wäre zu empfehlen: 1. *Exakte Themen und Aufgabenstellung* und deren *Kontrolle* durch Parteileitung, FDJ und Schriftstellerverband. 2. Die Unterstützung der Partei und FDJ für die schriftstellerische Arbeit sollte sich besonders auf *Anleitung und Unterweisung im gründlichen Studium der marxistischen Philosophie* und der *Dokumente von Partei und Regierung konzentrieren* ... Es ist sehr zu hoffen, und es besteht durch den Förderungsvertrag des Berliner Gaswerkes aller Grund zu der Annahme, daß die in seinen Werken zutage getretenen Halbheiten im Laufe der ständigen Auseinandersetzung mit unserer Wirklichkeit und der sozialistischen Kunsttheorie überwunden werden. Es geht um *Qualität und Ansehen unserer sozialistischen Nationalliteratur*. Es geht *auch* um unseren Freund und Genossen Tuck Tengelmatz.« – / / – Ja, all die Jahre hindurch hat es *das* sein sollen – und wurde es in letzter Vollkommenheit doch *nie*! Was für eine Literatur könnten wir haben, wenn das »Menschenmaterial auf diesem Sektor« ein wenig geschmeidiger gewesen wäre. – Wer das tuckelmatzsche Leben zum Vorwurf für einen Roman nehmen würde, dem könnte womöglich der einzige *voll* überzeugende »Entwicklungsroman« der zweiten Hälfte des zwanzigsten Jahrhunderts gelingen. Kein Wunder, daß dieser Stoff nicht nur von *einem* Prenzlauer-Berg-Prosaisten hin- und hergewälzt wird: Irgend etwas muß sich mit diesem paradigmatischen Klumpatsch doch anfangen lassen ...

GEBURTSSTATION / / H., die zuweilen davon träumt, Plastelöffelchen o. ä. zu gebären statt eines Babys. – Die Geburtswehen im Traum, die Geburt: Und dann sind es wieder die blassen winzigen Plastelöffelchen, welche ihr von der aufmunternd lächelnden und ihr liebevoll zunickenden Dame in Schwesterntracht dargewiesen werden als besonders gelungenes Ergebnis der Bemühung ...; »April, April« sozusagen. – »Besser Löffelchen als Gäbelchen«, bemerkt L. versonnen und um H. zu trösten.

KOLBE / / Plötzlich Gedichte von Uwe Kolbe, die von internationalen politischen Aktualitäten »ausgelöst« sind: »Falklandinseln/Malwinen, Anfang April 1982«. Ich finde die Abschriften morgens in meinem Briefkasten, vermutlich von Kolbe hineingesteckt: »Schau mal, in unserem täglich / noch feinen häßlichen Streit, auf / diese Inseln herab ...« Eine Verurteilung, zweifellos, dieses mittelalterlich-primitiven Kriegszugs: »Die uns reden vom Ende der Welt, aber, / die unsern selbstrekrutierten Vertretern / einzureden verstehn, aber die, / Kommunismus, das sei / ›Greisenmacht plus Militarisierung des ganzen Landes!‹ / na gerade die balgen sich wie Hunde, / wie dreckige Hähne um Inseln am kalten / Unterleib der Welt, weil drunter / ein paar Tropfen Öl vielleicht ...« Das ließe sich vielleicht noch gerade so (?) in der JUNGEN WELT, im NEUEN DEUTSCHLAND abdrucken, der Schluß des Gedichts dann wieder schon nicht: »Liebste, fliehen wir die Stadt, fahren / wir über die Rieselfelder hinaus. / Fahren wir über die Sperrgebiete hinaus. / Fahren wir über die Bonzensiedlungen / hinaus ...«; etc. (»Ganz unrealistisch, Kollege Kolbe, es gibt keine *Bonzensiedlungen* in der DDR, allein schon deshalb, weil es in der DDR keine *Bonzen* gibt!«) Das Gedicht ist datiert am 6. 4. 82. Ein zweites, am 2. 4. datiert, ist »Frühlinks« überschrieben und enthält u. a. die Zeile: »Leben ist außer den staatlichen Sprachen.«

»BAMBI« / / Weshalb setze ich mich eigentlich doch immer wieder mit dem Feuilletonisten »Bambi« an einen

Tisch, obwohl ich weiß, daß er mich mit keiner Geste in meiner Haltung zu bestärken gestimmt ist? Statt dessen hat er mich noch bei jeder Begegnung zu destruieren versucht, als wäre das seine Mission, sobald er meiner ansichtig wird. An diesem Nachmittag entnehme ich seinen sarkastischen Worten, daß ruchbar geworden ist (wenn auch wider meinen Willen), wie übel bestellt es um meine Pfuinanzen ist seit dem Rausschmiß aus dem Verband (was ich selber auch schon bemerkt habe, Bruder!); ob ich nicht Angst davor hätte, demnächst meine »Steuernummer« zu verlieren (wodurch ich den Status des »arbeitsscheuen Asozialen«, der ich ja auch wirklich bin, endlich amtlich bescheinigt bekommen würde). »Wahrscheinlich rettet mich nur meine Mitgliedschaft im PEN-Club davor.« – »Bambi« rät mir, nachdem er mich über meine Misere informiert hat, nicht ohne den delikaten Hohn des gewieften Glossenschreibers: »Du solltest ein ordentliches Handwerk erlernen.« (So der zweiundvierzigjährige Feuilletonist und gelernte Anstreicher/Maler zum zweiundfünfzigjährigen Nichtsnutz, die Jugend zum Alter!) Ich stimme ihm zu und antworte halb im Ernst: »Aber am liebsten würde ich eine Zeitungsbude übernehmen, ein Kindheitstraum von mir, der vielleicht doch noch in Erfüllung geht – jetzt ...« – »Bambi« unterbricht mich, ehe ich meine Träumerei *endleresk* weiter ausspinnen kann: »Mensch, Eddi, für so einen Vertrauensposten kommt doch jemand mit so 'ner Vergangenheit wie deiner überhaupt nicht in Frage ... Ach, häng' dich doch auf!« Mit diesem meine Existenz resümierenden Ratschlag beglückt er mich, muß hinzugefügt sein, nicht zum ersten Mal; er durchzieht leitmotivisch die Geschichte unserer Bekanntschaft: »Ach, Mensch, häng' dich doch auf! Ja, im Ernst, häng' dich auf ...« – Ich will hoffen, daß es eine nicht ausschließlich mir gewidmete Standard-Floskel »Bambis« ist, eine etwas bizarre Variante des kaum noch auszuhaltenden stereotypen »Mach's jut!« – / / – PS.:

In der Redaktion der JUNGEN WELT ist (nach Cornelia Jentzsch) die Formel »Ach, spring' doch *auch* zum Fenster 'raus!« im Schwange, nachdem vor kurzem einer der Redakteure tatsächlich alla fenestra gegangen ist. C. J.: »Manchmal möchte ich's tun.«

WANZEN (III) / / »Alte Hurklippen!«, Schimpfwort (auf eine Frau bezogen?), das ich beim Erwachen auf den Lippen hatte als Traum-Rückstand. – Träume von einer Vorgebirgslandschaft, dicht bestückt mit Abhör- und ähnlichen Geräten; in den Dielenritzen der (geträumten) Alten Mühle in Wuischke konkurrieren sie mit den Katzenläusen, in alle Himmelsrichtungen flitzend wie die ... – Abhör-»Wanzen« mit einem Sprungmechanismus?, nach hierhin und dorthin hüpfende, flügelnde, schwirrende? Au fein!, das sollten Sie sich patentieren lassen, mein Herr! – »Alte Hurklippen, eh!«

MAI 82

SCHÖNE STILLE / / Da der georgische Germanist Kakabadse sich nach meinen (für die georgischen Freunde immer undeutlicher werdenden) Schicksalen erkundigt, erfährt er von L. im Verband: »Ja, es ist ein wenig still geworden um Endler ...« (Teilt mir Kakabadse mit.) – Richtig, es ist ein wenig still geworden *um* mich, wenigstens sobald ich in die Nähe der Verbandsräumlichkeiten gerate ... Von unserem Hinterhaus in der Dunckerstraße läßt sich das leider nicht sagen.

DIE BILDER / / ... und es verändert sich zunächst kaum merklich und auf schwer zu beschreibende Weise nicht nur das Verhältnis zu den Leuten rings – man versucht es, so lax wie möglich zu nehmen –, sondern selbst zu den »Dingen« in der eigenen Wohnung – was ist *legitimer* in dieser Zeit als eine tüchtige Paranoia? –, vielleicht sogar zu den Kunstwerken (Drucken) an den Wänden, zu Max Beckmanns »Selbstbildnis in Schwarz« (der *abweisenden Herausforderung* von 43/44, dem berühmten und folgenreichen Bild mit dem brutalen »V« des Arms über der Sessellehne), zum »Dienstmann« oder »Hoteldiener« des georgischen Primitiven Pirosmanaschwili (der zottelig auseinandersprudelnde graue Vollbart, die aufgerissenen todtraurigen Augen mit der eindringlich *schwarzen* Pupille); Bildnisse, mit denen ich mich in den vergangenen zehn bis fünfzehn Jahren ein wenig pueril zu identifizieren geneigt war dann und wann und die ich bei keinem meiner zwanzig »Umzüge« zurückgelassen habe wie so vieles andere; aber jetzt ... Ist es möglich, daß die vergiftete Atmosphäre sogar das Vertrauen zu den Bildern an der Wand schwinden läßt? – »Es müßten ganz einfach 'mal neue her!« meint J.

FERNSEHTURM / / Seit Anfang des Jahres findet in Presseberichten stiekum eine sicher befohlene Sublimierung des (von der Bevölkerung kaum angenommenen bzw. »verinnerlichten«) tollen »Telespargels« zur mondänen »Silberkugel« statt, vorerst vorsichtigerweise nur in Anführungsstrichen dargeboten ... Ach, je kaputter und verkommener die DDR, um so blitziger und »exquisiter« die Begriffswelt im Land, auf welchem Gebiet auch immer. Daß vorerst mit Anführungsstrichen gearbeitet wird, läßt auf einen in dreiundneunzig »internen Sitzungen« aufgeblasenen Versuchsballon schließen. Daß keinem der Doppelbegriff »Telespargel mit Reichsapfel« einfällt! Jedenfalls werden die Leut' mit großem Recht beim einfachen und treffenden »Fernsehturm« bleiben, wiewohl als zentrales Lebensziel des strebsamen DDR-Bürgers die »Kellerbar mit Lichteffekten« zu gelten hat.

TUCK-TENGELMATZ-STORY (III) / / ... und endlich saßen wir 12 oder 15 *besseren* »jungen Dichter« des Landes, von der abebbenden (per FDJ-Förderung abgewürgten) »Lyrikwelle« hineingeschwemmt, in von Depressionen geschwängerter Runde im Zentralrat der FDJ und erlebten, überrumpelt und ratlos, die frühe, zunächst nur apparat-interne »Ausschaltung« Wolf Biermanns, eine sogenannte »Vorentscheidung«; ach, war das nicht schon im Jahr 64? Ein einziger der Jung-Poeten war weniger ratlos als rasant vorwärtspreschend, dumm-schlau wie eine Nutte die »Lücke« erkennend, die sich jählings aufgetan hatte, und in die es schleunigst hineinzuwalzern galt ... Einen so üblen Fall schleimiger Anbiederung habe ich weder früher noch später erlebt: Goethepreisträger(?) Tuck Tengelmatz grabschte mit hervorstechend dümmlichem Gesichtsausdruck nach seiner ollen Guitarre (»Partei – das bin ich!«), um den Funktionären, die uns gerade zurechtgestaucht hatten, die unzweideutigsten Angebote zu machen, um ihnen zu demonstrieren, daß Biermann durchaus ersetzbar wäre, daß es ja zum Glück des Erdenrundes auch noch so einen wie Tucky auf der Welt gab, nach eigener Einschätzung in jeder Beziehung – als Guitarrist, als Dichter, als Sänger, als Quasi-Proletar – mehr als befähigt, den schlimmen Wolf Biermann überflüssig zu machen. (Später sollte Biermann durch eine breit organisierte »Singebewegung« vergessen gemacht werden; nichts davon, absolut nichts davon wird bleiben ...) Und wir erlebten einen grölenden Badewannensänger – »Laßt uns die Welt mit Lyrik bombardieren!«, mein Gott! –, die bedauernswerteste Klampfe Zentraleuropas, einen parfümierten Caliban, die Minderwertigkeit schlechthin; einleuchtende Konsequenz, daß diese lumpige Type später Lumpenhändler geworden ist – würde ich gerne sagen, wenn ich damit den braven »Lumpenhändlern«, mit zweien bin ich befreundet, nicht zu nahe treten würde ... Die »Töne« tropften wie staubiges, wie verschmutztes Talg in den tristen Raum des Zentralratsgebäudes Unter den Linden, tropften aus den unbeholfenen Patschhändchen Tengelmatz' auf die Köpfe der verschlafen nickenden Funktionäre, blieben stumpf und leblos zwischen unseren vereisten Fußspitzen liegen, der Text plumpste klumpig hinterher. (Anders kann ich diese Momente, die etwas von einer trostlosen, regnerischgrauen Traumsequenz hatten, nicht beschreiben.) Tengelmatz gegenüber saß der erstarrte Biermann-Verteidiger Manfred Krug, Womackas Gemälde »Paar am Strand« zu Häupten (nach damaligen Maßgaben ein Zentralwerk der modernen Kunst), und schien, sonst keinesfalls maulfaul, die Sprache verloren zu haben; neben mir flüsterte eine empörte Stimme, die des Lyrikers Heinz Czechowski, und ich habe die Worte dank ihrer verqueren Befremdlichkeit niemals vergessen: »Aber in diesem Hause gibt es ja keinen Menschen, der eines vernünftigen Gedankens auch nur annähernd fähig wäre ...«; ich selber habe vermutlich zustimmend und wie ein Irrer gekichert. – / / – Es hat Tuck Tengelmatz nichts genutzt, »nichts gebracht«. Denn im weiteren Verlauf der DDR-Geschichte hat sich der Zentralrat nicht für Tengelmatz, sondern für einen anderen als seinen Herold entschieden, für einen Tengelmatz recht ähnlichen Dumpf- und Stumpfkünstler namens Hartmut König, den stolzen Verfasser des Liedes »Sag' mir, wo du stehst«, eines Liedchens, dessen eigentlicher Sinn sich erst allmählich herausgeschält hat; heute nennt man's in unserer Gegend das »Verhör-Lied« (und es mag wirklich das Lieblingslied der Stasi-Offiziere in der »Magdalena«, in der Magdalenenstraße sein): »Sag' mir, wo du stehst! / Und welchen Weg du gehst ...« Ach, sollten wir im Kiez die einzigen sein, die es schaudert, wenn der sogenannte »Oktoberklub« lukrativ und herausfordernd jugendfrisch loslegt: »Wir haben ein *Recht* darauf, dich zu erkennen, / auch nickende Masken *nützen uns nicht*. / Ich will beim richtigen Namen dich nennen. / Und darum zeig' mir dein wahres Gesicht!« (Mensch, *dir* doch nicht; ich werde mich zu hüten wissen. – Angeblich ist es dem Diktat dieses heutigen Kulturbosses der FDJ zu danken, daß die Lyrik-Reihe »Poesiealbum« ein für allemal dem Werk von Elke Erb und Heinz Czechowski sowie dem meinen verschlossen bleibt.) Und eine Strophe vorher heißt es im Text des Klampfenheinis, der heute die »Macht« repräsentiert, klatschklatsch und philosophatschisch: »Du gibst, wenn du redest, vielleicht dir die Blöße, / noch nie überlegt zu haben, wohin. / Du schmälerst durch Schweigen die eigene Größe. / Ich sag dir: Dann fehlt deinem Leben der Sinn.« (Wohin, wohin? Und wenn eener dann sacht, det er in'n Westen will, dann blüht ihm der Knast, gelt?) Dieses Männeken also hat das Rennen gemacht; und Tuck Tengelmatz ... – / / – Tuck Tengelmatz, kein geringeres Genie als Hartmut König, hat auf anderen Wegen sein Glück gefunden (per Einheirat in den Lumpenhandel, wie Kurt Mühle meint), ist sozusagen ein Kleinunternehmer geworden, der joviale, notfalls auch strenge Chef des »Heinersdorfer Sekundärrohstoffe-Laboratoriums Tengelmatz«. Es bleibt schon merkwürdig, wie zwei Leute des gleichen Zuschnitts ganz verschiedene Karrieren machen konnten in den letzten zwanzig Jahren – »Junge, so ist das Leben!« sagt meine Mutter –; Hartmut König wird uns seit neuerem sogar als Kulturminister angedroht, in einem Augenblick, da in der Hoepcke-Abteilung des Ministeriums für Kultur, und bezogen auf unsereinen u. ä., nach verläßlichen Informanten die ratlose Rede geht: »Besser, die verschwinden für 'ne Weile aus der DDR – ehe die alle im Zuchthaus landen.« Zweifellos, die Stunde Hartmut Königs!, die Stunde des Tuck Tengelmatz aber auch, der seinen Reißwolf-Park mit Sicherheit erheblich vergrößern kann, wenn Hartmut König der King des Mifku werden sollte. – Das alles geht mir durch den Kopf, da mir Tuck Tengelmatz gegenübersitzt und den großzügigen Unternehmer herauskehrt: »Du sollst ja so viel saufen, wird erzählt. Naja, was bleibt euch armen Schweinen auch anderes übrig! Soll ich dir einen doppelten Cognac bestellen?« Wahrlich, dieses Ländchen läßt einen ganz schön leiden. – »Danke, heute 'mal nich'!«

EMPFINDUNG / / Das spürbar *Hämische* der staatlichen Zukunftzugewandtheit ...

DDR-NEWS / / In der westberliner Zeitschrift LITFASS vom April 82 kann man zwischen anderen vermischten Meldungen aus der DDR und unter der Überschrift »Adolf Endler geehrt« auch die folgende finden: »Die Verdiensturkunde der Kunstuniversität in Salsomaggiore Terme bekam der DDR-Schriftsteller Adolf Endler. Ob die italienische Universität damit besonders sein mehrbändiges Romanwerk über Bubi Blazezak würdigt, ist nicht bekannt. Von Endler hingegen war zu erfahren, daß die sieben oder acht Bände seines Romans ›Nebbich‹ erst nach seinem Tod publiziert werden.« – DDR-News! Nein, wirklich, das hat der Rathenow wieder prima hingekriegt; diesem vertrauensseligen Menschen darf man aber auch garnix erzählen: Er gibt alles augenblicklich »durch«, ob zum STERN, ob zu LITFASS, ob zum SALZBURGER BOTEN! Neulich habe ich ihm gegenüber (spaßeshalber) mit dem Gedanken gespielt, ich könnte womöglich außer der Krätze auch die Syphilis haben – wann und wo werd' ich's lesen können demnächst?

WIEDERERWECKUNG / / »Na, gut, dann bespitzle ich euch eben gegenseitig!«, hatte Marina damals ihr Dilemma zu bewältigen versucht; und mit dem anderen war offenkundig der Schriftsteller Jonny K. gemeint gewesen. Dann war das Mädchen plötzlich verschwunden, »Marina, die Mongolenprinzessin, in ihrer Jurte syphilitisch triefend«, wie ich mir Ende der Siebziger erzürnt ins Tagebuch schrieb, Marina, die damals Sechzehn- oder Siebzehnjährige, welcher ich beau-brummel-artig hinterherflaniert war, um am Ende der irrwitzigen Expedition von Dutzenden (?) Stasi-Spitzeln umschwärmt zu sein; das Mädchen »wie vom Erdboden verschluckt« ... Jetzt ist sie plötzlich wieder aufgetaucht – aus welchen Abgründen nur? – und steht grienend vor meiner Tür in der Dunckerstraße, begleitet von einer strammen nordischen Schönheit, deren quasi blondes Gesicht die mongoloiden Züge Marinas noch deutlicher hervortreten läßt. Auf meine erstaunte Frage, woher sie denn meine Adresse habe – ich bin immerhin viermal »umgezogen« in den letzten zweieinhalb Jahren –, antwortet sie in ihrem schnippischen und vieles im vagen belassenden Stil: »Ja, ich weiß *alles* ...«; um dann (wie auch schon früher in ähnlicher Weise) fast unvermittelt in desperatestes Schimpfen zu verfallen: »Ist das eine Scheiße! Alles ist Scheiße, Scheiße, Scheiße ...« – »Na, alles nicht!« – Langsam, betont und hintergründig darauf:

»Alles ... ist ... Scheiße!« (Sie scheint andeuten zu wollen, daß ..., aber sie deutet eben immer nur an; wie damals auch schon.) Ich wage nicht zu fragen, ob sie, wie seinerzeit häufig angekündigt, dann konsequent auf den Strich gegangen ist, ob ich ihr diesen Weg nicht verlegt habe mit meinen die Stasi alarmierenden Recherchen, von welcher das Mädchen zweifellos »eingeplant« gewesen ist als Tille ... Ihre Vorstellungen, wenn auch kindliche, hatten schon deutliche Kontur gewonnen: »Zwei Kunden am Abend – mehr nicht! Sonst ist man ja mit vierzig eine Greisin!« Und fünfzig Mark hatte sie kassieren wollen pro »Nummer« (natürlich war vor allem an Westgeld gedacht). Meine Antwort (ungefähr): »Der Preis bewegt sich jetzt um dreißig Mark, nicht um fünfzig; hat mir jemand geflüstert.« – Sie, den kindlichen Schmollmund zückend und trotzig: »Wer bin ich denn? Ich nehme fünfzig.« – »Besser, du läßt es ganz!« Aber dann war es plötzlich eine andere Geschichte geworden, eine ganz, ganz andere ... Jetzt, nach zweieinhalb Jahren wieder aufgetaucht, behauptet sie: »Ich bin inzwischen im Knast gewesen.« Möglich ist es schon, wenn auch nicht sehr wahrscheinlich; die neugierigen, wieselhaft den Raum durchstreifenden Blicke ihrer Begleiterin verstärken mein Mißtrauen und erinnern mich daran, daß es eine ganz, ganz andere Geschichte geworden war damals: »Tut mir leid, ich habe jetzt keine Zeit mehr; heute nachmittag kommt meine Mutter zu Besuch; außerdem bin ich nicht ganz gesund.« – Und die beiden verschwinden, ohne daß ich allzu lange drängeln muß, und verschwinden hoffentlich für immer; man taufe mich »Daddy Cool«! Die letzte Klappe dieses Films? – Marina; ihren Vornamen hat sie, wie sie mir erzählt hat, dank der Begeisterung ihrer Mutter für den Schlager »Marina, Marina, Marina« erhalten; ihrem kleinen Sohn hat Marina den Namen »Rocco« gegeben, fasziniert von dem des italienischen Schlagersängers Rocco Granata, den man auch heute noch mit seinem »Marina« im Radio hören kann.

WORT / / Im Rundfunk gehört: »... end-konsequenzlich ...« – 'mal *spaßeshalber* irgendwo verwenden!

OBERLAUSITZ / / Wieder einmal bei Kito Lorenc in Wuischke bei Bautzen; unter den Gästen auch ein Lehrer-Ehepaar (sorbische »Genossen«), welches nach seiner Ausdrucksweise zu urteilen zur reichlich problematischen »Domowina«-Schicht der dem Staat, der Partei und vor allem der Polizei ergebenen, sozusagen »loyalen« sorbischen Bürger gehört. (»Wir« heißt es z. B., wenn sie die DDR meinen; und die Anführungsstrichelchen sind als Strahlenkranz zu interpretieren.) Um ihre Liberalität in dem offenbar recht ketzerischen Kreis zu beweisen, versucht der Mann, einen »politischen Witz« zu erzählen, der für uns alle die charakteristischen Eigenschaften der sogenannten »Funktionärswitze« besitzt (mit denen sich die Nomenklatura ihres dicketuerischen Zynismus zu versichern pflegt). Der Witz spricht von einem in den USA entwickelten Wiedererweckungsmittel, mit dessen Hilfe – da die Probleme in der SU von den derzeit Lebenden nicht mehr bewältigt werden können – Lenin ins Leben zurückgerufen wird, also gewissermaßen reaktiviert; in seinem Arbeitszimmer im Kreml auf seinen Wunsch hin allein gelassen, um in Ruhe die »Lage« durchdenken zu können, ist Wladimir Iljitsch am nächsten Morgen verschwunden, außer einem bißchen frühen Revolutionsgeruch einen kleinen Zettel hinterlassend, der besagt: »Fangen wir noch 'mal von vorne an!« Gewieher der beiden Lehrkräfte; außer ihnen lacht niemand; man blickt sich gegenseitig etwas irritiert an und weiß nicht so recht ... – bis Kito Lorenc von unten aus seiner Ecke heraus mit seiner Schmirgelpapier-Stimme und leicht stotternd bemerkt: »Um G...G...Gottes willen! Nicht noch m...m...mal!« – / / – Gespräche unter dem dunkel starrenden Czorneboh (Schwarzer Gott), dem heiligen Berg der Ur-Sorben, wie vermutet wird.

SORBISCHES / / Kito, der grinsend von einer Gemeinderatssitzung im Sorbischen erzählt, an der er teilgenommen hat; es wird u. a. bemängelt, daß sich die Gemeinde bisher noch mit keinem Strich an den Unterschriftensammlungen im Zusammenhang mit dem landesweit obligatorischen »Kampf gegen die Neutronenbombe« beteiligt hat. Der Bürgermeister eindringlich: »Wir in unserem Dorf müssen endlich auch 'mal Unterschriften gegen die *Natron*-Bombe sammeln ...« – Ein anderer Diskussionspunkt: Neben der sorbischen Fahne gibt es bekanntlich auch noch, wie der Bürgermeister sich ausdrückt, die *»Fahne mit dem Problem«* – nämlich die mit dem *Emblem* der DDR –, welche bedauerlicherweise allzu selten gehißt werde an Feiertagen und überhaupt ... »Die Vokabel *Emblem* ist uns Sorben sozusagen fremd geblieben«, versucht Kito Lorenc den stammesverwandten Bürgermeister zu entschuldigen, einen Mann, der vielleicht wirklich nichts anderes als ein Schelm ist wie nicht wenige schillernde Gestalten in der sorbischen Oberlausitz – nach dem Krieg wollten dort viele das Sorbenland der Tschechoslowakei zugeschlagen wissen –, sarkastisch spielend mit den germanischen Wörtern und Begriffen (es geht in dem Ländchen zweisprachig zu), sie auf diese Weise mißachtend, verhöhnend ..., die germanisch-sozialistischen vermutlich am liebsten. – Schon früher ist mir aufgefallen: Kito Lorenc verteidigt bis zu einem gewissen Grad auch seinen gerade noch wüst beschimpften Todfeind, wenn der ein Sorbe ist und zum Beispiel von einem Berliner (einem Preußen) als »Gangster« apostrophiert wird; die Sorben halten zusammen und lassen sich ungern dreinreden ins Sich-gegenseitig-Umbringen sogar.

ALS PANDITTRICH / / Wieder in der Oberlausitz; d. h. wieder als Bizyklist ... – In einem Gedicht von Wulf Kirsten, »herbstmorgen am auritzer steinbruch« genannt, habe ich kürzlich die Zeilen gefunden: »... auf dem bergsattel ritt Pandittrich, / verkleidet als bärtiger müller, / jachernd über den geströhlten Czorneboh.« – Das bin ich, talwärts in Richtung Bautzen »jachernd« auf dem lebensgefährlich gesteuerten alten Damenrad, den Automobilisten (oder Motorradlern?) Czechowski und Kirsten wegweisend voraus: Wann ist das gewesen, wann bin ich irgendwem als »bärtiger müller« und »Pandittrich« erschienen? – Pandittrich! Auch kein schlechter Nam'! – Einundsiebzig, zweiundsiebzig? In welchem Jahrhundert? – Damals, mit paarundvierzig, waren wir noch Kinder!; jetzt sind wir *erwachsene* Kinder vermutlich.

BRIEFE AN FRANZ FÜHMANN (I) / / Lieber Franz Fühmann, wieso denn, wieso ist »Sajänkts-Fiktsch« (o. ä.) mißlungen – da mir das Buch gestern abend in einen entfernteren Stadtbezirk entführt worden ist, schreibe ich den Titel vermutlich falsch; also, den werd' ich immer wieder falsch schreiben! –, und wieso nur 'n »Büchlein«? Dieses wirkliche Buch zählt ohne jeden Zweifel zu den obersten »Spitzen« Ihrer – und nicht nur Ihrer Produktion; was andere – siehe: Klappentext! – oder auch Sie selber immer sagen wollen. (»Da ham Se garnix ze sagen, Herr!«) – / / – Mir würden schon die Hunderte von winzigen, vorher noch nie irgendwo aufnotierten »verblüffenden« Beobachtungen genügen, um fasziniert zu sein; ein Mosaik aus in zweifachem Sinn »treffenden« Miniaturen, immer und immer wieder mit einem Schütteln (»Neeneeneeneenee – is ja ...!«) oder Nicken des Kopfes quittiert, erstauntes, »befreiendes« Wiedererkennen, nicht geringeren Werts die Bildchen (oder auch »Einfälle«), wenn sie in den Disko- oder Schockfarben der »Nervenkunst« schillern! Das allein,

wie gesagt, würde mir »Säjens-Fiktzschen« schon wichtig machen! Aber das Buch ist ja noch viel, viel mehr ... Es wird – vielleicht nicht im Augenblick, aber später mit Sicherheit – noch häufig »verhandelt« werden; *das ist vollkommen klar*! – / / – Zwei-, drei-, höchstens viermal im Jahr wird man von einem neueren Stück Literatur so »getroffen« wie von »Sachäns-Fikschen«, wenigstens was meine Person betrifft, vielleicht ein bißchen zu einseitig disponiert; gerade in den letzten Jahren gab es für mich in dieser Beziehung nicht wenige glückliche Momente: Es fing an ungefähr mit dem Sommer 66/67 (?), mit Salvador Dalís Prosaschriften – von Arendt geliehen –, mit Bahros »Alternative«, mit Hans Joachim Schädlichs bösem DDR-Panorama in »Geschichten«, mit einigem von de Sade; es ging weiter mit Jarry, Heiner Müller, mit Bretons Anthologie des literarischen »Schwarzen Humors«; dann das atemberaubende Erlebnis des neuen lateinamerikanischen Romans: Márquez, Fuentes, Carpentier, Asturias ... Undsoweiter. »Sajänsfiktschn« steht jetzt in der Reihe der zumindest für mich gravierend wichtigen, »weiterführenden« Bücher, mögen Sie selber auch die Serie derartiger Prosastücke nicht fortführen wollen, was einleuchtend ist. (Übrigens stellt es sich allmählich heraus, daß ich mit meinem Eindruck keineswegs so allein stehe!) – / / / – Um zum Schluß zu kommen: Vor zwei Stunden habe ich angefangen, den Trakl-Essay zu lesen, blöderweise (wie ich dann gesehen habe) die halbierte Fassung dieses Atmenden ... Halbierter Atem – geht das? 'mal sehen, 'mal riechen, 'mal hören! / Ihr dankbarer ...
(Datiert: Berlin, Ende Mai 82)

KULTBUCH / / In kürzester Frist ist Franz Fühmanns »SajänsFiktschn« in der DDR zu *dem* Kultbuch der widerständlerisch gestimmten Intelligenz geworden – ich habe es in Berlin, in Greifswald, in Leipzig erlebt! –, in winziger

Auflage erschienen, bleibt es nie allzu lange in einer Hand; ein im Eiltempo das »Ländchen« durchwandernder schwarzer Diamant sozusagen. Es gibt zur Zeit kein zweites Werk, das so fiebernd gelesen wird: »... Der Zustand seiner Gesinnung machte ihm keine Sorgen. Im Fach Staatsbewußtseinsertüchtigung stets der Beste, wußte er von seinem Vaterland, daß es das stärkste und mächtigste Land der Welt war, unbesiegbar, unverwundbar, unangreifbar und *eben darum* in besonderem Maße eines außerordentlichen Militärschutzes bedürftig, *Libroterrs* Übermacht jederzeit mit einem Verteidigungsangriff entgegenzutreten und es notfalls auch *vernichten* zu können, was in historisch tief begründeter Weise im wahren Interesse Libroterrs selbst lag, dessen Volk im drückenden Sklavenelend zügelloser Anarchie dahinzusiechen gezwungen war, ganz im Gegensatz zu *Uniterr*, wo, dank *wohltuend unhohem Lebensniveau* und ordnungserhaltendem Mangel an jener Unfriedensquelle, die man ›persönliche Rechte‹ nennt, das Volk in zufriedener Geborgenheit lebte. Das alles wußte Janne gut und genau, denn das alles war die Summe dessen, was ein Bürger Uniterrs wissen muß, um *würdig für Uniterrs Höhere Dienste* zu sein ...« (1981 dem Volk der DDR geschenkt, von den DDR-Liwis, wie ich höre, tatsächlich als riskante »Zukunftsvision« kommentiert: »Unwahrscheinlich, daß es so kommen wird.«) – Kein Wunder, daß so manche Lesung Franz Fühmanns »Wasserrohrbrüchen« und »Stromausfällen« zum Opfer fällt.

ABKOMMANDIERT / / Nach Auskunft von Kurt K. ist eine »Ideologische Rundumerneuerung« der Polizei in Gang gesetzt, vom zynischen »Höhö« der sozusagen »intellektuellen Kader« begleitet, die die Bezeichnung »Hohlraumkonservierung« gefunden haben; eine dicketuerisch-studentenhafte Formulierung, welche ihre Benutzer gleichfalls als etwas genügend Hohles ausweisen dürfte. – Dieser meistens angetrunkene Wohnungsamts-Mitarbeiter K. (»Adolf, du bist wirklich mein Freund!«) ist mit Sicherheit bei der Stasi. – »Hohlraumkonservierung«; ich kann nicht darüber lachen: So muß der glitzrige und inhumane Witz der SS-»Elite« geklungen haben, wenn es über die kleinbürgerlichen oder proletarischen »Dummis« von der SA herzuziehen galt ... Außerdem: Ich käme mir vermutlich wie schon »halb angeworben« vor, wenn ich einstimmen würde in das dürre Gelächter K.s. – / / – »Mensch, *du* hast vielleicht Probleme!« meint Kathi, der ich es zu erklären versuche.

BERLINER GESCHICHTE / / »Nuja, allet hierherum: Brunnenstraße, Münzstraße, Alte Schönhauser – und draußen die Laube! Nuja, *eben det Leben so!*«

JUNI 82

WACHSAMKEIT / / Einer in der Schönhauser verkauft sein altes Mobiliar (weil er sich neues zulegen will). Ein paar Tage später steht die Polizei vor seiner Tür: »Wie wir aus Ihrem Haus erfahren ... Wir möchten gern wissen, weshalb Sie Ihre Möbel verkauft haben, bitte!« – Menschen, seid wachsam!

FUGE / / Briefchen an Brigitte Struzyk, datiert vom 2. 6. 82: »Liebe Brigitte Struzyk, vielen Dank für die klolings hingefingerte Fuge! – Aber ich möchte doch intensiv darum bitten, solche Unanständigkeiten in Zukunft im geschlossenen Couvert an mich abzuschicken! – Sonst liest es ja keiner auf dem postalischen Weg von dort nach hier! – Darf ich die Gelegenheit dieser Danksagung nutzen und darauf hinweisen, daß am 18. dieses Monats wieder einmal eine NEBBICH-Lesung stattfindet? Schauplatz des Dramas: Poppe, 1055 Berlin, Ryke-Straße 28, 4 Treppen (Nähe Kreuzung Prenzlauer: Dimitroff)! Die Veranstaltung steht unter der Überschrift: KAPITÄNE DES GRAUENS, KANARIENVÖGEL, KALTE BUFFETS. / Herzlichst ...« – / / – Brigitte Struzyks »klo-lings«, d. h. auf dem Klo geschriebene »Fuge« ist überschrieben »Beim Blättern in der Akte Endler« und stellt ein Echo auf meinen soeben im Reclam-Verlag erschienenen Band »Akte Endler« (sic!) dar, in dem Peter Gosse meine »Gedichte aus 25 Jahren« versammelt hat. Daß das Bändchen überhaupt erschienen ist, gehört zu den Wundern, die man hin und wieder im Ländchen erlebt, Wunder, die selbstverständlich die Mitwirkung risikofreudiger Lektoren voraussetzen, wie es sie hier und da eben auch noch gibt. Allein schon der Titel »Akte Endler« ruft ringsum ungläubiges Staunen hervor. Bei einer Zugkontrolle zwischen Halberstadt und Wernigerode ist es auch in die Hände einer kontrollierenden Polizistin geraten, und es hat lange gedauert, bis ich ihr klargemacht hatte, daß es sich nicht um die Memoiren eines Kriminellen handelt ... »Akte Endler, Akte Endler – sind *Sie* das selber?« Witt vom Reclam-Verlag erklärt mir: »Eine Woche später – und das Ding wäre gestoppt worden!«; allerdings nicht allein wegen des Titels. – / / – Brigitte Struzyk bezieht sich vornehmlich auf die (auch mir besonders wichtigen) Gedichte »Aus den Heften des Irren Fürsten«: »Ach, irrer Fürst, wie kuckert im Neubau dein Eiter. / Hier eine Fuge – sie fügt sich dem fürstlichen Stoß. / Ach, irrer Fürst, treibe es immer so weiter: / Schon ist dein Lied wie ein Gleitkern so groß ...« – Immer indirekt, immer indirekt! Eine direkte Lobpreisung ist wohl nimmermehr möglich, Brigitte? Naja, besser als garnix; Rezensionen o. ä. werden der großmächtigen Präsentation der »Gedichte aus 25 Jahren« mit Sicherheit kaum folgen, sagt mir meine Erfahrung.

STILLE TAGE AM PRENZLAUER BERG (I) / / Nein, in diesem Hinterhof in der Duncker 18 geht es wahrlich gnadenloser zu als in dem der Lychener 22 im Jahr einundachtzig; und nur eine einzige Stimme spitzt sich gelegentlich zum Protest zu: »Ruhä ... Ruhä!!! ... Hühlfä ... Hühlfä!!! ... Polessai ... Polessa...i...jj!!!« In der Regel wird selbst bei Mordversuchen der Gedanke an Rettung durch eine durch und durch diskreditierte sogenannte »Volkspolizei« verworfen wie ähnlich vermutlich in der Bronx oder in Harlem; auch der Hausobmann hat sich verkrochen, ein Vertrockneter unter der Kellertreppe, könnte man denken, den Ratten verschwägert. (Es soll sich um ein »Kriminellenhaus« handeln; der richtige Ort für unsereinen; man fühlt sich um Nuancen »beschützter« als in der Lychener, in der Rheinsberger damals.) Die einzige Person in den circa dreißig Wohnungen des Komplexes, die gelegentlich nach dem Zugriff der Staatsmacht ruft, ist die partiell gelähmte und sterbenskranke Alte, ein Relikt aus früheren historischen Phasen, die verhutzelte und allmählich ins Irresein rutschende Greisin in der Bude unter der meinen, die ob des Lärms, der Lärmbowle im abendlichen dritten Hinterhof mit ihrem Krückstock letzte wilde Lebenszeichen gibt, indem sie mit ihm schlagzeugartig die niedrige Zimmerdecke über ihrer Lagerstatt bearbeitet, *meinen* Fußboden also, wummwummwumm, und das pausenlos, als wäre kein anderer als ich der Verantwortliche für all den Krach und Crash, der versoffene »Dichter« Endler, welcher außer allerdings ziemlich kontinuierlichem, zartem Schreibmaschinengeklapper mittels seiner alten RHEINMETALL nur äußerst selten einen deftigeren Beitrag leistet zur Krawallsymphonie, die als »Duncker Achtzehn« in die Geschichte des Noise-Rock eingehen mag, komponiert vom Meister Zufall: Marschmusik, »Operettenmelodien«, die Flugschneise über dem morschen Dach – ich wohne direkt darunter –, nationale und internationale Hits, effektvolle Hilferufe, das schrille Diskussionshickhack dreier BürgerrechtlerInnen, Liebeserklärungen der direkteren, hackebeilartigen Sorte, tirilierende Beschwichtigungsarien, Motorradgeseufze, Motorradgeheul, Wutexplosionen, in entfernteren Kellergewölben (?) die Exaltationen einer probenden Punk-Band, über den Dächern der mit seinen Freunden übende landesweit bekannte und »eingeknastet« gewesene Swing-Geiger »Petz«, böses und gutes, verschlagenes und herzliches Gelächter, Wimmern, Schluchzen, Weinen (fast ausschließlich weibliches bezeichnenderweise), »Rummenigge, Rummenigge all night long...« (*der* Schlager der Saison?), eine Dame, aus der siebenten Hölle heraufstöhnend: »*Teufel, du* ...« – / / – Ich habe es aufgegeben, einen Katalog der Geräusche in der Duncker Achtzehn (oder im Prenzlauer Berg schlechthin) auszuarbeiten, wie ich es mir vorgenommen; die Herkunft, die Quelle vieler, allzu vieler Geräusche bleibt seltsam und rätselhaft (was ja auch seinen anregenden Reiz haben kann). In einigen der dubioseren Fälle hat sich die Erklärung nur per Zufall und dank dem Sonderwissen eingeweihter Spezialisten ergeben, z. B. was das »verfremdet« und interstellar anmutende Hundegejaul betrifft, mehrmals in der Woche alle anderen Artikulationen unseres Hinterhauses zerschneidend, zersägend geradezu, welches uns ratlos fragen ließ: Ist das ein Tier (ein Hund), das menschenähnlich jault?, oder ist es ein Menschenähnliches, das heult und jault und winselt wie ein Hund?, ein eingesperrter Geisteskranker eventuell, wie es im Kiez den einen oder anderen gibt? Dieser Tage hat uns der von M. (vielleicht im Jux) der Sodomiterei verdächtigte L. über den sadomasochistischen Zirkel berichtet, der sich hier unten im zweiten Stock zu treffen pflegt und den originellsten Riten frönt ... (L.s »Sodomie mit dem *Diensthund*«, von M. angedeutet, nachdem der Hund gestorben ist, erscheint im Vergleich dazu beinahe als normal!) – »Rasierst du dir endlich deinen Bart ab! Klatschklatschklatsch ...«, ertönt es soeben im unteroffiziershaft befehlenden Ton von unten heraus, »den Barrt! Klatschklatsch ...«, Schläge, Schmerzensschreie, überakzentuiertes Geschluchz. »Ich sage es nicht noch einmal: Rasier' dir den schrecklichen Barrrt ab!« – Wie soll man das als armer sozialistischer Realist jemals beschreiben können?, auflisten gar?, zumal zur gleichen Zeit aus den verschiedensten Winkeln des Hinterhofs die unerträglichsten »volkstümlichen Weisen« losgelassen werden, vis-à-vis bei »Petz« wieder einmal Glenn Millers »Route Sixty-Six« Ortschaft für Ortschaft durchrast wird?

»DAMALS WAR'S ...« / / Karl Mickel, damals, in den Sechzigern, dem Sächsischen Laut nachspürend, wie er zur Zeit August des Starken erklungen sein mag; Karl Mickel und sein schillernder Plan einer absurden (nur absurden?)

Phantasmagorie, die uns ein Sächsisches Königreich Sozialistischer Nation (SKSN) präsentieren sollte. Meine sarkastische Frage damals: »Sozialistisch im Inhalt, fatal in der Form?« Inzwischen braucht man sich keinerlei Bizarrerien mehr auszudenken im Hinblick aufs »Sozialistische Vaterland« ... – Was mich und mein Verhältnis zur heimatlichen Historie betrifft: Ich habe den Jan Wellem in der Düsseldorfer Altstadt fast vergessen, das Rheinisch-Bergische mit vielen spitzigen »Ickes« und »Dettes« und »Kiekemals« zerratscht, zerscheuert, zerschlissen ... Und doch?, und doch!: Wenn ich zum Beispiel Heine lese, entdecke ich meine Beziehung zu ihm nicht zuletzt als eine lokal, eine düsseldorferisch eingefärbte.

BIERMANN // Aus allerlei Wust den Durchschlag des Briefes gegraben, den Elke Erb und ich nach dem Biermann-Eklat an den Kulturminister Hoffmann schickten, ein Brief, stilistisch und gedanklich zweifellos vom Wesen Elkes geprägt: – »Sehr geehrter Herr Minister, Wolf Biermann ist, ob im Irrtum oder im Recht, in Verzweiflung oder tapferer Bejahung, nie etwas anderes gewesen als ein kommunistischer, aus der kommunistischen Arbeiterbewegung hervorgegangener und von ihr sowie von seiner proletarischen Herkunft entscheidend geprägter Künstler. Er hat in seinen besten Leistungen die progressive deutsche politische Dichtung nicht nur weitergeführt, sondern um Aspekte bereichert, die ihm der *Sieg der sozialistischen Gesellschaftsordnung auf dem Boden der Deutschen Demokratischen Republik* ermöglicht hat. Die Entwicklung eines Bewußtseins, zumal wenn es von so viel Leidenschaft und elementarem Talent beseelt ist wie das seine, ist ein komplizierter, von den äußeren Bedingungen sehr abhängiger Prozeß, der produktive Geduld braucht – hier um so mehr, als Biermanns Leidenschaft und Talent in unseren Augen offensichtlich aus der Kraft der Arbeiterklasse und der

Arbeiterbewegung kommen. Es bedrückt uns sehr, daß Biermanns Geschichte in der DDR dieses Ende nimmt. Wir können der Entscheidung der zuständigen Stellen nicht zustimmen.« – / / – Sechs Jahre später mutet einen der Brief wie ein Dokument von einem anderen Stern an. Sind wir wirklich so liebe Kinder gewesen? Ist die Formulierung bezüglich des »Siegs der sozialistischen Gesellschaftsordnung« lediglich diplomatische Schlaumeierei gewesen oder haben wir sie ernst gemeint (was ich schwer glauben kann). Sechs Jahre nur – und das Schreiben ist zu einem kleinen absurden Prosastück geworden, leider nicht zu einem meisterlichen. Vielleicht hätte ein wenig mehr unserer Angst durchscheinen müssen. Ich erinnere mich: Als ich zusammen mit dem Schriftsteller und früheren Boxmeister Dieter Schubert die *dritte* »Protest-Unterschriftenliste« zu den Nachrichtenagenturen zu transportieren mich anschickte (auch zur ddr-eigenen nebenher), habe ich mir vorher vorsorglich frische Unterwäsche und weniger stinkende Socken angezogen – man wird sich denken können, weshalb –; nach Hause zurückkehrend, fand ich bereits zwei uniformierte Polizisten vor der Haustür der Wolliner Str. 11 postiert, »in Verzweiflung oder tapferer Bejahung« den nahenden Autor musternd, als trüge er eine Bombe im Beutel. – »Oh Sieg der sozialistischen Gesellschaftsordnung auf dem Boden der Deutschen Demokratischen Republik!« – Und so standen sie bis tief in die Nacht ... Unser Schlaf wird nicht sonderlich fest gewesen sein.

DAS PRAGER KRÜGL / / Erst im »Schusterjungen«, dann im »Hackepeter« mit einem der zahlreichen »Kleingärtner« der Gegend debattiert – jaja, das Zentrum des Lebens, die »Laube«! –, und zwar über die sogenannten »kleinen Freuden, die das Leben auch noch bietet«. Während der bierbeschwingten Unterhaltung kommen wir auf unsere Besuche in Prag zu sprechen und geradezu »naturgemäß« auf das sagenhafte »Bierkrügl«, das mein Gegenüber in einem prager Souvenirladen erworben hat ... Oh, dieses »Bierkrügl« aus der »Goldenen Stadt«, welches, »da beißt die Maus keinen Faden ab«, aufgrund einer rätselhaften Mechanik das alte, trostlose Polkalied »Rosamunde« spielt, sobald man es schräg an die Lippen hebt; oh, des Entzückens, mit welchem der Bier- und Kleingarten-Fan diesen Gegenstand anzupreisen verstand: »*Einmalig, wirklich, einwandfrei!* Kriegste nich' mal im EXQUISIT! Ro...sa...munde ... Öffne ... dein Herzkäm...merlein! ... Und hat mich, umgerechnet, nich' 'mal siebzig Marrek gekostet!« Darlegungen, welche gelegentlich von längeren Phasen biertrinkerisch-nachdenklichen Schweigens und In-sich-hinein-Lauschens gedehnt wurden, ehe sie in der Mitteilung gipfelten: »Es sind mir aber von Liebhabern schon hundertzwanzig geboten worden ..., von unserem Vorstandsmitglied Pfeffer vor noch nicht vierzehn Tagen sogar hundertfünfzig...« – Weltverlorene Nachdenklichkeit, mystische Selbstversunkenheit, dann die resümierende Offenbarung: »... übrigens, wenn man das Krügl wieder hinstellt, ist es augenblicklich so stumm wie 'ne Wasserleiche!« Wieder eine Pause, schließlich das abwinkende Schlußwort: »Nee, nee, lieber doch nicht! Der Prager Bierkrug ist unverkäuflich! Ich hab' mich auch schon zu sehr an ihn gewöhnt!« – / / – Machen wir uns nichts vor, liebe Freunde, achtzig Prozent der lebhafteren Gespräche am Prenzlauer Berg sind von dieser Art: »Rosamunde, öffne dein Herzkämmerlein!« Und der Ziehharmonikaspieler im »Hackepeter« nimmt die Anregung dankbar auf und spielt es sofort. »Ja, jenau so ...«

REISE-GEDICHTE / / Dunkle Erinnerung an Gespräche, wie ich sie vor etwa einem Jahrzehnt mit Heinz Czechowski geführt: Unser Zorn über so manche »Reisegedichte« jener Zeit, von den für die Bürger der DDR unerreichbaren

Kontinenten des Auslands handelnd, Gedichte, denen eine letzte und wichtige Dimension auf spürbare Weise gefehlt hat, weil in ihnen die Reisebeschränkungen ihrer potentiellen Leser nicht mit-reflektiert worden waren. (Das Unangenehme einer Zeitschrift wie der WELTBÜHNE mit ihren Berichten aus aller Welt hat den gleichen Grund; keine Gesichter blicken einen an, sondern Sonderausweise.) Nicht ohne Eitelkeit vorgezeigte Beweisstücke für die oder jene Privilegien mögen derlei Gedichte für das sensiblere Publikum sein; zumindest müßte das schlechte Gewissen der bevorzugten Reise-Dichter empfunden werden können!; sagten wir uns. Wo aber findet man es endlich, das lange Vermißte? Wieder einmal bei Franz Fühmann, welcher Trakls wegen Salzburg besuchen darf und die dortigen Archive. »Ich weiß«, schreibt Fühmann, »es ist nun an der Zeit, das Wort Goethes zu erinnern, daß, wer den Dichter verstehen wolle, ins Land des Dichters gehen müsse, doch dieses Wort ist ja heute zu oft Hochmut und Hohn. *Ich bin nicht befugt, für den Leser zu reisen*, der meiner Route nicht folgen darf.« Wo, bitte, noch artikuliert sich solches Schuldbewußtsein?; das allen »DDR«-Gedichten oder sonstigen Texten über Amerika, Frankreich, Italien u. ä. eingebrannt sein müßte, sofort erkennbar für jeden in den strengen Grenzen der DDR? – / / – Die frustrierende Weigerung in mir, die meine Hände sofort vereisen läßt, wenn ich gebeten werde um »Reisegedichte« für die oder jene Anthologie; diesem Genre dürfte ich für alle Zeiten verloren sein –

PEDESTRISCH / / Zielloses Kreuz und Quer durch den Juni des Prenzlauer Bergs: Langwierige Erörterungen über Tarzan als den typischen Großstadtmenschen, den City-Affen schlechthin, von Liane zu Liane, von Lokal zu Lokal, von Trottoir zu Trottoir sich schwingend.

PROBLEM / / Aber das ist wahr: Seit meiner Knabenzeit grübele ich darüber nach, wie es möglich ist, daß man immer wieder Anwärter für den »Beruf« des Gefängniswärters findet, und immer wieder versuche ich der Hoffnung Nahrung zu geben: Es handelt sich vielleicht in dem einen oder anderen Fall um Herrschaften, die von dem Ideal beseelt sind, den Strafvollzug zu verbessern, zu »vermenschlichen«, dann aber leider in der Maschinerie ..., naja, »wie das Leben eben so spielt«! (Auch die Mitarbeiter der Stasi sehe, sähe ich gern unter diesem Aspekt.) Wahrscheinlich ist alles viel trister, wahrscheinlich wird man Gefängniswärter, wie andere Bäcker oder Metzger werden, wahrscheinlich weil die »Berufsberatung« entsprechende Winke gibt oder der »Parteiauftrag« einem die Löffel langzieht. Es tröstet mich, daß ich offenkundig nicht der einzige bin, dem diese Frage zum Problem wird, z. B. Jacques Prévert, der dann freilich den schroffen und höhnischen Schlußstrich zieht: »Les prisons trouvent toujours des gardiens.« (Gefängnisse finden immer ihre Wächter.) Trotzdem bohrt die Frage weiter, man muß es mir glauben, und sie frißt seit über dreißig Jahren an mir, wie mir auch ein (unveröffentlichtes) ziemlich schwarzes Gedicht zeigt, das ich mit Neunzehn oder mit Zwanzig notiert; es ist »Die Gerechtigkeit« überschrieben und geht so: »Auch die bleiernen Knüppel weinten / Als der Geprügelte starb / Bleierne Knüppel bleierne Tränen / Die Steinfliesen bebten / Die Züge des Wärters versteinten / – *Gerechte Schläge Ihr Lieben* / / Murmelt anerkennend die Wand / – *Wie viel tausend warn auszusieben* / *Ihn an diese Stelle zu schieben* / *Ehe das glückliche Land* / *Diese unbestechlichste Hand* / *Diesen Eberhard Fleischhacker fand...* «

LIEDGUT / / ... Abschlußsauferei einiger »Kampfgruppenkämpfer« nach einer Übung in der Kneipe Raumer-EckeSenefelder; der Wirt spielt per Band sogenannte

»volkstümliche Weisen«, an sich schon ekelhaft genug: »So ein Tag ...«, »Weißer Holunder« etc., und plötzlich setzt ein Männerchor ein mit dem mir schon als Hitlerjugendkind (Jungvolk) vertraut gewordenen »Wir lagen vor Madagaskar ...«. Der Wirt scheint selber überrascht zu sein (hat das Band vielleicht nicht abgehört vorher) und schaltet die Musik blitzgeschwind aus, nach kurzer Überraschungspause umtost vom Protest der Genossen Kämpfer: »Weshalb machst'n du det aus?« – Der Wirt: »Det is'n Nazilied; det is' verboten ...« – »Wieso is' denn det verboten? Det is' doch det Lieblingslied von unserer KAMPFJRUPPENEINHEIT!!!« Und jetzt hören wir es also doch noch: »Wir lagen vor Madagaskar und hatten die Pest an Bord ...« (Wie wahr, wie wahr!, vor allem das dann folgende: »... und manchmal ging einer über Bord.«) – / / – Oh, diese biederen »Vatis« und »Opis« ringsher und ringsum, die FDJler der »ersten Stunde«: »›Im Aujust, im Aujust blühn die Rosen‹ ... Weeßte noch? Naja, das waren *andere* Zeiten, als wir das sangen ... Pfingsttreffen, Walter Ulbricht, Weltjugendfestspiele! Mensch, das war doch noch was!« – Und das »Polenkind« und vor allem auch dessen mörderische dritte Strophe ist ihnen trotzdem nie aus dem Hirn entschwunden, und wenn sie dun sind, wird sie geschmettert wie eh und je. Ich würde sie nicht kennen, diese Totschlags- und Vergewaltigungsstrophe der Nazis und der SS, ohne die bewußtloseren Gesangesexzesse der Genossen *meiner* Generation, was nicht heißen soll, daß die uns folgenden Generationen solches Liedgut nicht ebenfalls parat haben für ihre Kleingarten-Partys u. ä.

»AKTE ENDLER« / / Und, siehe, sogar das *andere* »Mauer«-Gedicht, schon 1963 geschrieben, ist mit den übrigen Gedichten des Reclam-Bändchens »Akte Endler« (und zwischen ihnen versteckt) 1982 endlich durchgerutscht, das böse Epigramm, jenem geradezu idiotischen und alsbald bitter bereuten Fehltritt der Mittleren Dichtergeneration (und auch meinem) gewidmet, zu dem wir uns Anfang der Sechziger aufputschen ließen. »Pro domo« ist das Gedicht überschrieben; und »Nach Schließung der Zeitschrift ›Junge Kunst‹«: »Der Verse in langen Reihn / Als Mörtel zur MAUER trägt / Ach ach wie preist er den Stein / Mit dem man ihn dann erschlägt« ... Keiner vermag es im ersten Moment zu glauben; man fragt mich: »Steht das wirklich da?, gedruckt in *diesem Jahr* 82? Sag' mir, daß ich träume!« – »Kein bißchen geträumt! Den vier Zeilen wäre aber eine fünfte hinzuzufügen: ›Ja, Strafe ... Strafe muß sein!‹« – PS.: Selbst Havemann müßte sich in diesen Versen wiedererkennen können, wenigstens ansatzweise.

VITALER KADAVER / / Eine Lesung meiner Breton-Nachdichtungen in der Pankower Kirche (sic!) vorbereitend, suche ich in den essayistischen und autobiographischen Bekundungen Pablo Nerudas nach Zitaten, mit denen ich u. U. die vorgesehene kleine Einführung schmücken könnte; das Ergebnis der Fahndung ist einigermaßen verblüffend und könnte unter die Überschrift »Zur Wirkungsgeschichte des Surrealismus« gestellt werden. – Pablo Neruda, damals noch ganz der stalinistischen Kunstpolitik verhaftet, 1952 in seinem Nachruf auf Paul Eluard: »Er verlor sich nicht im *irrealen* Surrealismus, weil er kein Nachahmer war, sondern ein Schöpfer, und auf den *Kadaver des Surrealismus* feuerte er Schüsse der Klarsicht und der Intelligenz ...« (Die Vokabel »Schüsse« läßt einen unweigerlich die borniertе Weigerung Eluards assoziieren, sich mit dem zu Beginn der Fünfziger in Prag inhaftierten und dann zu Tode gebrachten Závis Kalandar, dem Surrealisten-Freund von ehemals zu solidarisieren, einer der schwärzesten Momente im zu kurzen Leben Paul Eluards, der das Bild dieses so »rein« anmutenden Dichters nachhaltig befleckt hat; ein schwarzer Moment auch, Verzeihung, im Leben Stephan Hermlins, da er in *seinem* Nachruf auf Paul Eluard – NDL 1/53 – sich mit dem Entsolidarisierungs-Akt Eluards blindlings solidarisiert hat: »Als gewisse Leute während des Prozesses gegen *Rajk und Konsorten* heuchlerisch an ihn als einen Menschen appellierten, der seine Stimme immer für die Verfolgten erhoben hätte, erwiderte Eluard: ›Ich bin zu sehr mit der Verteidigung Unschuldiger beschäftigt, die ihre Unschuld beteuern, als daß ich Schuldigen beistehen könnte, *die ihre Schuld zugeben.*‹« Oh Gift in unseren Adern bis ans Ende unserer Tage! Bei den »gewissen Leuten« hat es sich um André Breton gehandelt.) – Zwanzig Jahre später schreibt Pablo Neruda, nunmehr chilenischer Botschafter in Frankreich, einen Begleittext zur Eröffnung einer surrealistischen Ausstellung in Paris, mit dem er seine früheren Äußerungen im Sinne Bretons »für null und nichtig« erklärt, ohne mit der Wimper zu zucken: »Nun, es ist noch zu früh, um wissen zu können, woher der Wind kam, ob aus Amerika oder aus Paris, der die alten Mythen außer Kraft setzte und sie neue Formen und die *bis heute wirksame Vitalität* annehmen ließ ... Feiern wir indessen die *Irrealität* und das Wunder: Im Betreten und Verlassen der dunklen Pforten erprobt der Mensch seine Existenz.« (Mai 1972; das »ob aus Amerika« bezieht sich auf Lautréamont. Eine ganz ähnliche Entwicklung, dies nebenher, bei Erich Arendt; bei wem sonst in Deutschland!?) Alles andere wäre 72 auch Irrwitz gewesen: Es ist schwer zu übersehen, daß kaum ein bedeutender internationaler Autor der Gegenwart nicht irgendwann für längere oder kürzere Zeit sich der »surrealistischen Erfahrung« ausgesetzt hat; die diesbezüglichen Bekenntnisse sind Legion ... Selten hat ein »Kadaver« so lange und so heftig Lebenszeichen gegeben! (Aber auch »richtige« Surrealisten findet man noch: Siehe die große Leonora Carrington!) – Die Zitate, und zwar beide, stammen aus dem Buch

»Denn geboren zu werden ...«, Prosa, Publizistik, Reden von Pablo Neruda, erschienen im Verlag Volk und Welt.

UNTER DEN DÄCHERN VON PRENZLAUER BERG / / Natürlich Hinterhof, natürlich vierter Stock – wie merkwürdigerweise fast alle meine Bekannten im vierten oder fünften Stock und im Hinterhaus wohnen –; Verwahrlosung, Dreck. Ich besuche »Fokus« Schönewold, welcher es sich angewöhnt hat, seine Wohnungstür offenstehen zu lassen (eine Provokation, eine Verhöhnung der Schnüffler so gut wie des zahlreichen Diebesvolks im Kiez und im Ländchen); ich finde den dicklichen Handelsmann auf seiner zerfaserten Matratze, ein schweres blaues Buch in den Händen, zwei weitere aus der gleichen Familie zu seiner Seite. Er blickt auf, erkennt mich, ruft mir entgegen: »Mensch, hast du eigentlich schon 'mal DAS PRINZIP HOFFNUNG gelesen? Das ist ja 'n tolles Buch!« – »Entschuldige, bitte, ich wollte nicht stören.« – Er hockt so bleich, so schwitzend, so zittrig auf seiner Matratze, als hätte er soeben eine höchst grauenvolle Entdeckung gemacht: »*Ist* das ein Buch! Eines der Bücher, die man wirklich einmal zu Ende gelesen haben muß.« Zweifellos, ich störe. Noch einmal die fleischige Gestalt und das Doppelkinn dieses fanatisierten Lesers ins Auge gefaßt: »Nun gut, als Märchenbuch und als Sprachkunstwerk ...« Und bin schon wieder auf der Treppe; im Kopf das Bild eines Ernst-Bloch-Lesers im Atombunker nach'm nächsten Krieg, die Tür dann freilich geschlossen.

»GERETTETET« / / Vielleicht wären die Literaturwissenschaftler der DDR »gerettet«, wenn nur ein einziger von ihnen aufstehen würde, um den schlichten Satz auszusprechen: »Breton hatte recht!«

ZWEITES BUCH SEPTEMBER 82 BIS MAI 83

SEPTEMBER 82

DIE SONNE / / »Marsch der Kampfgruppe«: »Wir marschieren / durch die Gassen der kleinen Stadt / und die *Härte* unserer Schritte / läßt die alten Häuser *erzittern*.« (Und es zittern die morschen Knochen außerdem?) »Viele von uns / marschierten schon oft in ihrem Leben / auch unter *verhaßten* Fahnen –« (Wieso »verhaßten«?, ab wann »verhaßten«?) »Doch noch nie / sahen sie dabei das Licht der Sonne / so hell und klar ...« (Das kann jeder sagen; und das sagt in der Tat seit ewigen Zeiten jeder Idiot.) – Vielleicht der frühe Text eines (zweifellos mit Bildungslücken überreich beschenkten) jungen Autors, den mir seinerzeit zu meiner Verblüffung kein anderer als Wieland Herzfelde ans Herz legte – na gut, schon im dösigen Alter der Bruder Heartfields! Solche befremdlichen Empfehlungen habe ich in den letzten Jahren häufiger von ihm in Empfang nehmen dürfen ... – / / – Wer diesen »Marsch der Kampfgruppe« nicht ganz und gar gleichgültig zur Kenntnis nimmt, einen »Marsch«, der durchaus einiges von dem erfaßt, was in diesen Formationen emotionell und »geistig« west, dem müssen zwangsläufig die Nazis einfallen; mich erinnert er daran, daß Hitler »nach dem Endsieg« einen großgroßen TAG DES LICHTES feiern wollte bis tief in die Nacht hinein (Flakscheinwerfer hat es ja zur Genüge gegeben): »So ein Tag, so wunderschön wie heute ...« Ja, das Licht ist es *immer*, die Sonne und das Licht! »Uns geht die Sonne nicht unter«, ist unser Liederbuch bei der Hitlerjugend bzw. beim Jungvolk betitelt gewesen. – Wurde eigentlich die Verdunkelungspflicht am Ende des Krieges ausdrücklich und per Dekret »aufgehoben« irgendwann?, fange ich plötzlich an zu grübeln: Oder hat sich das von selber erledigt in den Zeiten des *Schwarz*markts? Mein Gott, wie kreuz und quer es zuweilen in meinem armen

Kopf hin- und herschießt! – / / – Salvador Dalí: »Immer noch verdummt die Sonne den Menschen.«

SCHULANFANG / / Christoph K. (vierte oder fünfte Klasse) berichtet höhnisch vom ersten Schultag nach den Sommerferien, z. B. von der neuen Russisch-Lehrerin, welche die Elfjährigen – in wessen Auftrag? – hinterlistig auszufragen versucht: »Na, wer von euch sieht denn abends immer die AKTUELLE KAMERA? Der soll 'mal die Hand heben!« (Die sogenannte »AK« also, die Nachrichtensendung des DDR-Fernsehens.) Die Kinder wissen sofort darüber Bescheid, daß sie aufs Glatteis geführt werden sollen: »Wie ein Mann« sozusagen weist die Klasse mit den Fingern zum Plafond: »Natürlich sehen wir die AK!« Dann die zweite Frage: »Und wer von euch sieht abends die TAGESSCHAU?« (Also das West-Fernsehen.) Die Kinder tun so, als wüßten sie gar nicht, um was es geht; keine einzige Hand, die sich auch nur zögernd rührt, alles sitzt stumm und wie erstarrt in den Bänken; obwohl jene Schüler, die die AKTUELLE KAMERA geboten bekommen von ihren Eltern, mit Sicherheit die Ausnahme sind, wenigstens im Prenzlauer Berg. (»Kaum ein Mensch sieht noch Ost!«) Keine einzige Hand!, zufrieden, Genossin Russisch-Lehrerin? Sämtliche Kinder, zehn oder elf Jahre alt, haben die harmlos kommende Erkundigung in Sekundenschnelle als listige Aufforderung zur Denunziation ihrer Eltern erkannt. Christoph bestätigt es: Diese frisch gebackene Russisch-Lehrerin sei für die Kinder für alle Zeiten »erledigt«, werde in dieser Klasse niemals auf einen »grünen Zweig« kommen, habe sich in wenigen Minuten alle Chancen verscherzt. – / / – Ellis dagegen, die Schwester Christophs (zwölf oder dreizehn Jahre alt), hat mit ihrer Klasse gelangweilt oder abgestoßen allerlei Polit-Geschwafel der Direktorin (der Schule an der Dunckerstraße) über sich ergehen lassen müssen, wie sie sagt. Der trockene Kommentar des Mädchens:

»Die X. hat heute wieder stundenlang *gehetzt!*« Das versetzt mir nun doch einen kleinen Schlag, wie selbstverständlich der Ausdruck »hetzen« verwendet wird in bezug auf solcherlei Agitationsbemühungen, und zwar von den Kindern einer Familie, die eher »links« eingestellt ist. »Hetzen« – woher haben die das?, wie sind sie an diese »belastete« Vokabel geraten, wie ich sie als Kind in der Nazi-Zeit so oft hörte, benutzt zur Charakterisierung der »Feindpropaganda«, der Äußerungen Chamberlains, Churchills, Stalins. (Wir Fünfzigjährigen führen diese Vokabel so gut wie nie im Mund.) Wiewohl die Presse des Landes gelegentlich von »Hetzkampagnen des Westens« spricht, wird das Hauptwort »Hetzer« wie auch das Verb »hetzen«, wenn ich es richtig sehe, weithin gemieden. – »Unsere Direktorin hat heute wieder stundenlang *gehetzt* ...« Erklär' mir, Liebe! – / / – Judith zu Christophs Bericht: »Morjens Einschulung mit Zuckertüte – abends die Rocknacht in der Waldbühne, vom Fernsehen übertragen – det kieken ooch schon die Kleenen; na, die *janz* Kleenen vielleicht noch nicht! Sollten wir uns nicht endlich ooch 'n Fernseher besorjen?« – »Nee!«

PEN-CHARTA / / »Das ist die Charta des PEN, und jeder, der in den PEN-Club aufgenommen wird, unterschreibt diese Charta. Die Anerkennung dieser Charta ist eine notwendige Bedingung der Zuwahl.« – Per Zufall in einem westdeutschen Literaturkalender gefunden: Die PEN-Charta, uns Mitgliedern des PEN in der DDR offenkundig vorenthalten von Sekretariat und Präsidium. Da ich das hoch-edle Dokument wieder und wieder und immer erstaunter lese, kristallisiert sich immer schärfer die Frage heraus: Mensch, bist du überhaupt richtig »drin« im Club, sind es die Mitschwestern und Mitbrüder aus Berlin/DDR, aus Potsdam, aus Rostock oder Leipzig alle? Zweifellos, meinen Beitrag habe ich treulich sieben oder acht Jahre lang entrichtet, selbst in den Zeiten materieller Bedrängnis, selbst als »Underdog«-Existenz; besucht habe ich die Veranstaltungen des Vereins freilich von Jahr zu Jahr seltener. Doch das ist es nicht, das mich auf und ab grübeln läßt, auch nicht der Umstand, daß unser spezielles PEN-Zentrum seinen Aufgaben vor allem im Hinblick auf die inneren Verhältnisse in der DDR schwerlich gerecht wird (und im Hinblick aufs Ausland nur in quasi ausgewählten Fällen). Ich ziele mit meiner vielleicht ein wenig absonderlich klingenden Frage auf einen gravierenden und für die Verhältnisse überaus charakteristischen *Formfehler* bei der »Zuwahl«: Weder sind wir (bin ich) über die Existenz einer PEN-Charta aufgeklärt noch ist sie uns zur Unterschrift vorgelegt worden, diese, gemessen an den Gesetzen der DDR, zu allerlei Untaten ermunternde, ja, *verpflichtende* internationale Charta des PEN. Eines weiß ich genau: *Mein* FriedrichWilhelm steht nicht unter diesem Dokument. Wessen Unterschrift überhaupt? – / / – Oh, wunderschöne und ritterlich-edle PEN-CHARTA, der Heilige Gral dieser literarischen Artus-Runde gewissermaßen, ach, wie fern, wie weltenfern dem letztendlich immer noch stalinistischen Statut des literarischen UNTERHAUSES, des Schriftstellerverbands der DDR! Genau betrachtet, schließen die beiden mehrteiligen Schwüre sich gegenseitig aus – wer im UNTERHAUS sitzt, dürfte nicht außerdem noch im OBERHAUS, im PEN-Club Mitglied sein; und doch ist die dubiose Doppel-Mitgliedschaft die Regel. Man stelle sich etwa den 4. Punkt der PEN-Charta als Teil des Verbandsstatutes vor, ohne der Verführung zu erliegen, lauthals loszuwiehern: »Der PEN steht zu dem Grundsatz des ungehinderten Gedankenaustauschs *innerhalb* einer jeden Nation und *zwischen* allen Nationen, und seine Mitglieder verpflichten sich, *jeder Art* der Unterdrückung der Äußerungsfreiheit in ihrem Land oder in ihrer Gemeinschaft, in der sie leben, entgegenzutreten. Der PEN erklärt sich für die Freiheit der Presse und verwirft die Zensurwillkür überhaupt und erst recht in Friedenszeiten. Er ist des Glaubens, daß der notwendige Fortschritt zu einer höher organisierten politischen und wirtschaftlichen Ordnung hin eine freie Kritik gegenüber den Regierungen, Verwaltungen und Einrichtungen gebieterisch verlangt.« (Dieser Passus allein schon läßt einen ahnen, weshalb der PEN-Club der DDR seinen Mitgliedern die CHARTA lieber nicht gezeigt hat, was diese Mitglieder ehren würde, wenn nicht ...) Weiter im Text: »Und da die Freiheit auch freiwillig geübte Zurückhaltung einschließt, verpflichten sich die Mitglieder, solchen Auswüchsen einer freien Presse wie wahrheitswidrige Veröffentlichungen, vorsätzliche Lügenhaftigkeit und Entstellung von Tatsachen, unternommen zu politischen oder persönlichen Zwecken, entgegenzuwirken.« (Nebenher: »Freiwillig geübte Zurückhaltung« fällt den Autoren des DDR-PEN in der Regel nicht schwer, ja, man könnte derlei als ihre oberste Tugend bezeichnen.) Es folgt die schon vorgezeigte Schlußformel, *der* Point und die *Pointe* zugleich: »Die Anerkennung dieser Charta ist eine notwendige Bedingung der Aufnahme und Zuwahl.« – / / – Tja, sind wir überhaupt Mitglieder des internationalen PEN? Gaukeln wir uns die Mitgliedschaft nur vor, von den *führenden* Gauklern dazu animiert? Wie ich der entsprechenden INFORMATION entnehme (aber vielleicht ist selbst *der* nicht zu trauen), wurde der geschmeichelte Verfasser – Schande über mein Haupt! – im November 1975 der unerwarteten Pseudo-Ehre teilhaftig, von den zwei prominenten Bürgen Peter Hacks und Sarah Kirsch vorgeschlagen und dann tatsächlich von der Mehrzahl der Anwesenden gekürt zu werden (zusammen mit Rainer Kirsch und anderen), sicher eine Spätfolge jenes legendären VIII. Parteitags der SED, welcher kurzfristig und möglicherweise unwillentlich einige Lockerung auf dem Gebiet der Kultur beschert hatte, am zögerlichsten »ausgenutzt« die Situation vom Verband der Autoren. Hätte man schon damals gewußt, daß im gleichen Berichtszeitraum »VIII. Parteitag« (und quasi als Gegengewicht zur intendierten »Liberalisierung«) damit begonnen wurde, die Stasi-Truppe zu verdoppeln (und zu verdoppeln und zu verdoppeln?), wäre man von vornherein etwas weniger hoffnungsfroh gewesen ... Ich sehe jetzt: Auch schon der INFORMATION des PEN-Zentrums DDR, die Rainer Kirschs und meine »Zuwahl« bekanntgibt, hätte man ohne Mühe entnehmen können, daß sich die ideologische Wetterlage in diesem Jahr 75 schon längst wieder verschlechtert hatte: Das wieder einmal grundlegende Referat des Sekretärs Henryk Keisch handelte von der Geschichte des PEN sowie seines ostdeutschen Zentrums, als »dessen Auftrag« vermutlich im ruhigsten biedermännischen Ton trotz sicher bewußter Negierung des eigentlichen PEN-Auftrags eine Art Public-Relations-Tätigkeit im Interesse der DDR fixiert wurde, nämlich die Aufgabe, »die Literatur der DDR in ihrer Eigenart *nach außen* zu vertreten, *insbesondere gegenüber der nichtsozialistischen Welt* ...« (Wie deftig diese INFORMATION eine noch weitere Distanzierung des PEN-Zentrums DDR von den eigentlichen, in der PEN-Charta niedergelegten Aufgaben und Zielsetzungen des internationalen PEN signalisiert hat, kann ich freilich erst heute ganz deutlich erkennen.) Daß die Hebel wieder umgestellt waren, läßt sich auch daraus schließen, daß dem weniger demokratisch gesonnenen Keisch gerade an dieser Wahl von 75 einiges arg mißfallen haben muß; er glaubte nämlich hinzufügen zu müssen: »Daraus wird sich auch die *künftige* Praxis bei der Zuwahl neuer Mitglieder ergeben müssen.« Das ist die Stimme der Herrschaft, der Macht, die diktieren will. – / / – Summa summarum: Obwohl damals »zugewählt«, gehe ich davon aus, daß ich *kein* PEN-Club-Mitglied geworden bin; ich werde mich hüten, es weiterzusagen. Ich wäre schön blöd, das Schutzschild »Mitglied des PEN-Clubs« leichtfertig niederzulegen.

DIE FLUCHT / / Micky, die sich mit über-lauter Rockmusik betäubt, und zwar auf beängstigende Weise; sie steckt ihren sechzehnjährigen Kopf zwischen die eng zusammengeschobenen Stereo-Boxen, ihren Schläfen »angelegt« wie zwei riesige Ohrenschützer – und die Musik ist ohnehin schon so laut, daß die Nachbarin sich krakeelend beschwert –, besser, ich sag' es anders: Sie hat den Blondschopf einem Schraubstock ausgeliefert, einem Schraubstock hämmernden Schlagerlärms (bevorzugt wird irgendwelcher Disco-Sound); und dieser gefesselte Kopf singt die meistens englischen Texte fast maschinenhaft mit, Micky kann sie auswendig und in perfektem Englisch, ohne ein einziges Wort dessen übersetzen zu können, was sie singt ... Es klingt übrigens wie das plärrende Gequäk eines kleinen Kindes: »Hits«, wie ich erfahre. – »Micky«, sage ich, »das kann nicht gesund sein.« – »Ihr versteht unsere Generation nicht.«

DER STERBENDE DICHTER (ERICH-ARENDT-NOTIZEN) / / Noch einmal die seit Wochen unbeantwortete Frage an den fast achtzigjährigen Erich Arendt gestellt, ob er nicht doch noch etwas schreiben möchte, Gedichte oder Prosa. Dieses Mal antwortet der nach dem kürzlichen Schlaganfall »verstummte« und apathisch gewordene Dichter zu unserem Erstaunen: »Ich möchte nichts mehr schreiben ... Und wenn, dann müßte es ganz anders sein ... Aber eigentlich möchte ich überhaupt nicht mehr ... Mh!« Die Auskunft, mit langen Pausen zwischen den Sätzen und Wörtern erteilt, braucht zwei oder drei Minuten. Ich nicke ihm stirnrunzelnd zu und bestätige: Er habe ja, wie man sehen könne, sein poetisches Gebäude zu Ende gebaut bis zum letzten Dachziegel, bis zur letzten Türklinke ... »Wer kann sich dessen schon rühmen in diesen Zeiten, Herr Arendt?« Er stimmt sofort zu (und daß er zu dieser Einsicht plötzlich fähig ist, erstaunt uns nicht weniger als sein Bekenntnis): »Ja, zu Ende gebaut ...« – Heller Riß im Gewölk; und siehe, es war gut getan. Vielleicht steht es doch nicht ganz so schlimm mit seinem Abgang von der bewußt erfahrenen Lebensbühne? Vielleicht ist doch noch ein Comeback zu erhoffen? Hat er nicht eben »und wenn« gesagt?, »und wenn, dann ...«? Was arbeitet in dem verstummten Dichter? Spricht er wieder mit Ben Wolff? Andererseits: Weshalb ist es eigentlich so ungemein wichtig, daß ein Poet bis zum letzten Atemhauch »produziert«? Mag sein, daß wir es nur schwer ertragen können, einen Dichter so oder so als »Besiegten« zu erleben, seine (und unsere) Feinde als »Sieger«. Solange noch etwas poetische Sprache werden will, sind wir nicht verloren ... Mh, spricht der alte Arendt wieder mit Ben Wolff? – // – ... weiter ausgeholt: Die Schwierigkeiten des späten Arendtschen Werkes liegen sicher nicht zuletzt darin begründet, daß es sich über weite Strecken hin quasi um Gespräche mit Toten, mit Umgebrachten, mit Verschollenen, mit Unbekannten handelt (»innere Dialoge«, wie Arendt es selber genannt hat, mit dem Rücken zu uns gesponnen); der Dichter hat so seine Geheimnisse mit seinen in der Regel toten Freunden, und er tauscht sich mit ihnen über diese Intimitäten aus; wir finden uns oft nur halb eingeweiht, wenn überhaupt: »... stolzer Name Ben Wolff – vergessen, Sand rinnt durch die unaufhaltbare Uhr ...«; wer mag Ben Wolff gewesen sein?, ein Mitkämpfer in Spanien? Die Schwierigkeiten vergrößern sich dank unterschiedlicher Verschlüsselungstechniken, einem ganzen System solcher Techniken, das zu erklären der Hinweis auf die Furcht vor dem Zensor nicht ausreicht – oft naiv ausgeheckt, oft wie schlafwandlerisch in Gang gesetzt, gründen derlei Geheimniskrämereien wohl vor allem in der während langer Jahre verinnerlichten und nicht mehr aufzulösenden Angst vor dem stalinschen Terror, wie sie viele ältere Kommunisten, ich betone: Kommunisten!, so oder so geprägt hat. Manchmal nimmt das bei Arendt geradezu skurrile Züge an, z. B. in dem Prosagedicht »Hafenviertel« (in MEMENTO UND BILD von 76), einem durch Zeiten und Räume schweifenden Text, in vielem eine Auseinandersetzung mit der Niederschlagung des Prager Frühlings, poetische Prosa, in der es an einer Stelle heißt: »Allende starb nicht ...« – »Irgendwer müßte einmal meine Gedichte seit 1960 unter politischen Gesichtspunkten zusammenstellen«, ließ Arendt seinerzeit wie beiläufig, aber allen Ernstes fallen, »haben Sie bemerkt, daß ich eigentlich *Dubček* gemeint habe, als ich von Allende geschrieben habe ...?« – »Herr Arendt, das merkt wahrscheinlich kein Mensch ...!« – »So? Aber deutlicher durfte ich doch wohl nicht werden.« Hin und wieder beschleicht mich das unbehagliche Gefühl, daß die Mühsal und die manische Konsequenz, der sich Arendt bei der Verschlüsselung, der »Verfremdung«, ja, auch Einnebelung seiner »Botschaften« unterzogen hat, nicht ganz unschuldig sind an seinem jetzigen Zusammenbruch; natürlich nicht allein ... – / / – (Möglicher Prolog für eine Arendt-Memoire.) Vor mir das Exemplar eines Mandelstam-Buchs mit der Widmung Paul Celans für Katja und Erich Arendt, datiert 1959; der Widmungsspruch in Celans so zarter (dünner) wie entschieden wirkender Schrift eine Zeile aus Mandelstams Gedicht »Januar 1924«: »O Eid, den ich dem vierten Stand geschworen ...«; eine Zeile, die daran erinnert, daß in Celans Lyrik u. a. auch das »No Pasaran« des spanischen Bürgerkriegs eingegangen ist. *Diese* Seite der radikalen Ästheten Celan, Arendt, Mandelstam wird zu selten erinnert, dieses Etwas, das sie alle drei z. B. von Gottfried Benn deutlich entfernt trotz mancher Verwandtschaft; man muß nur scharf hinsehen wollen: Oh, die Eide, die verhöhnten und in den Wind geschlagenen, in die Leere wehenden schließlich, dieser dem Gedanken der Revolution wenigstens zeitweise nahen Dichter – und sie sind ihren Eiden, will es mir scheinen, treu geblieben auf ihre fragile Weise ... Die Marseillaise dürfte auch heute noch von Arendt als »seine« National-Hymne empfunden werden, das »Deutschland-Lied« als etwas Unangenehmes und Fremdes; für die Becher-Hymne hatte er immer nur Spott übrig, für Text und Melodie gleichermaßen ... »Na, hören Sie 'mal, Becher!« – Enttäuschungen indessen noch und noch, wie wir wissen, Abschiede zur Genüge, immer wieder die schließlich vollzogene Trennung. Man könnte Arendts spätes Œuvre, das er sich einmal im Gespräch mit dem Diaristen unter strikt politischen Aspekten zusammengestellt wünschte, – »Das wäre 'mal etwas, lieber Eddi, im Ernst!« –, man könnte dieses mehr als schwierige Werk unter anderem auch als eine Kette von Abschieden und abschiednehmenden Reminiszenzen eines »Kämpfers«, der verraten worden ist, beschreiben.

ENGPASS // E. L. über die »Nachwuchssorgen« des Parteiapparats, speziell in Cottbus, seit Mitte der siebziger Jahre von Jahr zu Jahr »beunruhigendere«; andernorts mag es ähnlich sein. Kaum ein jüngerer Mensch will noch »Berufsrevolutionär« werden, wie der Job in den Werbegesprächen nach E. L. noch immer genannt wird. »Berufsrevolutionär« – als wäre es auch heute noch die Welt der malrauxschen »Condition humaine«!; und dann guck' sie dir an, diese mickrigen, geistverlassenen, dämlich auftrumpfenden, dann wieder duckmäuserischen Bürovorsteher! – »Willst denn nicht wenigstens *du* Berufsrevolutionärin sein, Gertrude?« – »Nee, Willi, ich werde lieber Friseuse ...« E. L. kommentiert: »Wenn die zu häufig belabert werden, treten die aus der Partei aus.« Die alt-vertraute Negativauswahl für den Partei-Apparat bedarf solcherweise nicht einmal mehr der schlauen Manipulation; sie ergibt sich von selber. Meist sind es, wenigstens in Cottbus, schlicht und einfach die Mitarbeiter des Staatssicherheitsdienstes – das Stasigebäude liegt in dieser Stadt der

Kreis- oder Bezirksleitung eng benachbart –, welche in
»letzter Not« in den Funktionärsapparat der Partei hin-
übergezogen werden, die »letzte Reserve«, natürlich auch
die am bequemsten in Bewegung zu setzende ... »Da müssen wir dem Genossen Mielke echt dankbar sein – *für so
ein Entgegenkommen!*«

QUADRATISCH / / Dann aber auch Herr Schenck aus der
Stargarder Straße, der von »Kakteen-Kugeln« schwärmt
und ein recht inniges Verhältnis zur »Fachgruppe Kak-
teen/Sukkulenten« im KULTURBUND ZUR DEMOKRATI-
SCHEN ERNEUERUNG DEUTSCHLANDS unterhält, in
dessen Auftrag er wohl aus eher merkantilen denn kultur-
fördernd-humanistischen Gründen für den »Anlauf der
Produktion quadratischer Pflanztöpfe« Sorge trägt ... Na,
jedenfalls 'mal wieder eine ermutigende Nachricht!

STILLE TAGE AM PRENZLAUER BERG (II) / / Der mählich verwahrlosende Autor indessen hockt im »abgelegenen« 5. Stock mit zersplissenem Gebiß vor seinem
schmuddligen Schreibpult, in besseren Tagen »Willi Wupp-
dich« getauft, und starrt über seine gleichfalls verwahrlo-
senden Manuskripte und Zettelkastentürme hinweg wie ins
Leere bzw. in verzweifelt-hoffnungsvoller Erwartung der
plötzlichen und meistens auch kaum erklärlichen Phasen
fast vollkommener Stille – ach, könnte man sie durch
magische Einflußnahme dehnen und dehnen! –, da die
ein wenig besinnlicheren Gespräche und Ehestreitigkeiten
zu ihrem Recht kommen dürfen. Es sind die kostbaren
Viertelstunden, in denen (wie ich annehme) der Straßen-
zustandsbericht aus Nordrhein-Westfalen durchdiskutiert
wird, die letzte Hochrechnung von den Wahlen in Schles-
wig-Holstein, das Wahre oder Irrige im WORT ZUM SONN-
TAG von einem brummigen, dichtbrauigen Kirchenmen-
schen aus dem Schwarzwald ... Es sind die Viertelstunden,

während derer ich mich endlich dem konzentrierten Studium der bei Erich Arendt einkassierten Wochenzeitung DIE ZEIT hingeben kann, z. B. der Bemerkungen Marlies Menges über die mysteriösen Abende in Berlin/DDR, vor kurzem erst niedergeschrieben: »Meine Freunde schenken französischen Wein ein ...« – es muß sich um die Freunde in der feinen Leipziger Straße handeln –, »den es neuerdings in der Kaufhalle gibt, über zehn Mark die Flasche. Westliche Zigaretten liegen auf dem flachen Tisch. *Fünf* Männer, *drei* Frauen sitzen auf den niedrigen Sesseln drumherum und schweigen. *Ost-Berliner Abende fangen immer so an* ... Ich bin *stolz*, daß ich das Stillesein inzwischen *aushalte* ...« Na, ick weeß nich'! Ostberliner Abende fangen immer so an? Dann jedenfalls, liebe Marlies Menge, dann fliegen und jodeln die Fetzen, wenigstens in den Straßen um dem Helmholtz-Platz herum ... – / / – »Also, mit euch *Arschsäuen* bin ich immer noch fertig geworden ...« – »Hühlfä!!! Hühlfä!!!« – »Zementmixer, batzi, batzi!« – »Hühlfä!!! Hühlfä!!!« – »Notwehr! Is' doch eindeutich klar: Notwehr is' det!« – »Was bist du denn anders als 'n *Specklecker*, Franz!« – »Na, janz jut! Ick kann nich' meckahn!« – »... ummppp ...« – »Pollessai! Pollessai!« – »Wer leitet das alles eigentlich an?« – »Rechts fließt die Moldau, links fließt die Elbe, Melnik liegt am Zu*sam*/Menfluß ...« – »Verbrecher, nichts als Verbrecher, ganz simple Verbrecher!« – »... ppllttth ...« – »Hallihallo, ick bün k. o.!« – »Sie können sich gar nicht vorstellen, wie wir leiden, Signora!« (Ein Hör-, ein Fernsehspiel?) – »sssrrtt ...« – »Hühlfä!!! Hühlfä!!!« – »Allerdings, vollkommen konspirativ, Lutz, konspirativ bis zum Gehtnichtmehr, Ulrike!« – »Rummenigge, Rummenigge all night long ...« – Und ich glaube in weiter Ferne und vom Rauschen etwelcher Wasserfälle übertönt endlich wieder einmal die lange vermißte Stimme meines Dauer-Romanhelden Bubi Blazezak zu vernehmen, wie aus immer entfernteren Schluchten, fast unirdisch klingt sie und sciencefictionhaft bleu: »It's Ma...cum...ba... Time now!!!«; wie tief aus Aspik heraus Bubis Zungenschlag, mochte der eine denken, dem anderen mochte vielleicht die heimatliche Ostsee mit ihren verwesenden Badestränden bei jenem Hall in den Sinn kommen, einem dritten der unerbittliche Fahrstuhl hinab zu den Ausnüchterungszellen im Polizeipräsidium Keibelstraße, dem vierten, das bevorzugte Sternbild der Kassiopeia im Kopf, aller Wahrscheinlichkeit nach ... Ach, lassen wir das! – So viel zu den Voraussetzungen meiner mehr phantasmagorischen Prosa!; einleuchtend, nicht?; in der Duncker 18 im Unterschied zur stilleren Lychener 22 jedoch, wie bereits angedeutet, besonders günstige.

MERKHILFE / / Heute, am 20. September, feiere ich Geburtstag; ein leicht zu merkendes Datum, da einen Tag vorher, am 19., regelmäßig der *Tag der Werktätigen des Bereichs der Haus- und Kommunalwirtschaftlichen Dienstleistungen* begangen wird, was mir allerdings erst jetzt auffällt: Wahrscheinlich hatte ich zu selten »Ursache«, ob dieser Dienstleistungen am allgemeinen Ri-Ra-Rutsch teilzunehmen. Zwei Tage Kopfschmerzen hintereinander wären ja auch zu viel, Brigitte!

WÖRTERHAUFEN / / In einer Rezension zu der inzwischen vom Mitteldeutschen Verlag (dank Uwe Kolbes Beitrag »Kern meines Romans«) *zurückgezogenen* Anthologie BESTANDSAUFNAHME ZWEI (Debütanten 1976 bis 1980) – ja, man hat's nach wie vor nicht leicht mit den »Debütanten«! –, in dieser in der Nummer 9/82 in der Zeitschrift »Deutschunterricht« veröffentlichten Rezension schreibt Dr. sc. Elke Mehnert aus Zwickau im Vogtland: »... Bisweilen hatte ich den Eindruck, daß die Autoren der Versuchung erlagen, die ... Seiten zum Schaufenster ihrer Originalität zu machen; – so vermag ich beispielsweise der abschließenden *Assoziationsreihe* in Uwe Kolbes Gedicht ›Kern meines Romans‹ ebensowenig wie den vorausgegangenen Zeilen eine Mitteilung zur poetischen Konfession zu entnehmen: ›Revolutionieren Erfinden Verführen Ordnen Lachen Umerziehen Trampeln Isolieren Offenhalten Nacktbaden‹ ...« Und schüttelt noch 'mal empört den Kopp und versteht nix und hat unfreiwillig genau auf die Wörtelchen in diesem Quasi-Gedicht gewiesen, deren Anfangsbuchstaben – ein Akrostichon also! –, hintereinander gelesen, ein anderes, ein gewaltigeres Wort bilden, nämlich dieses, auf welches das ganze »Gedicht« zuläuft: R/E/V/O/L/U/T/I/O/N. – Naja, könnte man fragen: Seit wann gehört denn das »Trampeln« o. ä. zu dem, was »wir« unter »Revolution« verstehen? Im Punk-bewegten Prenzlauer Berg gehört es eben dazu ..., das Die-Schnauze-Halten schon weniger. – / / – Circa 185 Wörter, ein Wörtersammelsurium, zu fünf mehr oder weniger hohen und ziemlich sperrigen Haufen zusammengeschaufelt, freilich keinesfalls *spontan* und allzu assoziativ (was die offenkundige Schwäche des Textes zur Folge haben mag), sondern nach bitterbösem Plan. Der dritte Wörterhaufen sieht z. B. so aus: »Entfettung Urlaut Rüssel Eltern / Einfrieren Hochrufe Mischmasch Anlage Lustgewinn Schwamm / Blut Lumpen Umstände Träger Irrlicht Gewalt Eingehen / Fluch Angebot Hosiannah Nachruf Ebene / Bäuche Lungen Ärsche Haut Typhus / Sucht Ischias Circus Holzwurm / Tran Raffgier Ängste Genugtuung Einkaufen / Zunder Ulk Makel / Braten Ablecken Umhäkeln Chose Haufen.« – Als Akrostichon gelesen, ergibt die vielleicht absichtlich so trostlos »gestaltete« Reihe der Wörter die befremdliche Mitteilung: »Eure / Ehmals / Blutige / Fahne / Bläht / Sich / Träge / Zum / Bauch.« Die Botschaft, die nicht sonderlich originelle, aber gewiß unerwünschte, die »Message« aller fünf Worthaufen zusammen: »Eure Masse (Maße) sind elend. / Euren Forderungen genügen Schleimer. / Eure ehmals blutige Fahne bläht sich träge zum Bauch. / Eurem Heldentum, den Opfern widme ich einen Orgasmus. / Euch mächtigen Greise zerfetzte die *tägliche* Revolution.« – / / – Als »Botschaft« dünn und banal, wenn auch nicht falsch, als poetisches Gebilde irrelevant – Uwe Kolbe wird es kaum anders sehen: »Assoziationsreihen« sind im Unterschied zu Papenfuß und anderen seine Sache nicht! Der »Skandal«, der von Rostock bis Suhl belacht wird, besteht eigentlich nur darin, daß es keiner bemerkt hat im Verlag oder sonstwo, welches krumme Kuckucksei ihnen untergeschoben worden ist von diesem Herrn »Debütanten«, was einiges über die Qualität und Gründlichkeit der Gutachter besagt; wenn ich richtig informiert bin, ist die »Entlarvung« Kolbes letztendlich aufgrund seiner eigenen sozusagen »verzweifelten« Winke erfolgt, ich halte es für wahrscheinlich ... Da tiftelt sich einer unter Zuhilfenahme des Duden und des Fremdwörterbuches eine Bombe von der Art aus, wie sie per intensivem Blickkontakt durch das Opfer hochgehen soll; und dann blickt niemand so richtig hin ... »Seid ihr denn blind?«, glaube ich den Bombenleger rufen zu hören, »schaut auf dies Gedicht!« Oh doch!, es läßt sich ohne Schwierigkeit denken. – Der Roman, dessen »Kern« Uwe Kolbe uns darzubieten verspricht, könnte vielleicht »Der Schuß in den Ofen« heißen, nicht wahr?, zumal sogar nach der Zurücknahme der Anthologie BESTANDSAUFNAHME ZWEI von verbandsnahen Typen mit zäher Beharrlichkeit von einem »Dummejungenstreich« gesprochen wird, den man nicht »überbewerten« dürfe ... In diesem Moment miauen in unserem Hinterhof zwei verschimmelnde Katzen.

GAMBRINUS / / Wütiger Streit über den inflationär verwendeten Kneipennamen »Gambrinus«, wie man ihn mehrere Male auch im Nordosten Berlins findet: Wer ist eigentlich dieser Gambrinus, auf dem oder jenem Werbe-

Gemälde dargestellt als mittelalterlich-fürstliche Erscheinung, die sich nicht entblödet, ein lockendes Bierglas in der Hand zu halten? Die allzu selbstsichere Erklärung Opa Poensgens: »Sankt Jambrinus, det is' der für die Brauereibetriebe und den Bierausschank zuständije Heilije, der Beschützer des Bierjenusses ...« – Ich hatte inzwischen als gründlicher Rechercheur in einem älteren Lexikon nachgeblättert und konnte deshalb kaum weniger selbstsicher einwenden, daß dieses umstrittene Bild keinen anderen als den angeblichen »Erfinder« des neuzeitlichen Gerstensafts, den sagenumwobenen Herzog von Brabant *Jan Primus* darstellen soll, »Jan Primus, verderbt zu Gambrinus, Jan Primus – zwölfhunderteinundfünfzig bis zwölfhundertneunzig ...« – Opa Poensgen: »Auch nich' sehr alt jeworden, der Mann!«

OKTOBER 82

GEBURTSTAGSGESCHENK / / Gerd Adloff bringt mir als »nachträgliches Geburtstagsgeschenk«, wie er sagt, ein UNO-Dokument plus gereimtem Kommentar; sicher etwas, das ich demnächst einmal sarkastisch umspielen werde. Das Dokument: »4. Oktober 1974 / Botschafter Peter Florin hinterlegt beim Generalsekretär der UNO die Beitrittsurkunde der DDR zur Konvention über die Privilegien und Immunitäten der Vereinten Nationen vom 13. Februar 1946 (...) – Außerdem wird die *Wiederanwendung des Abkommens zur Bekämpfung der Verbreitung unzüchtiger Veröffentlichungen vom 4. Mai 1910* (...) in entsprechenden Noten erklärt. / / DEUTSCHE AUSSENPOLITIK / Uno-Bilanz 1974–1975 / Dokumente und Materialien (S. 156/ 157) ...« – / / – Und Adloff reimt hans-sachsisch die Glosse dazu: »Das ist die Vorschrift / Der noch nachzuschreiben wäre / für Sittlichkeit & Tugend & auch Ehre / Sonst kommt es noch am End / ler soweit und der Skribent / des Nebbich, eklig & verderbt / entkommt uns, ohne daß er erbt / verdienten Lohn / für seinen Hohn / & kratzt so weiter unsrer Jugend / an ihrer freien deutschen Tugend ...« – Mein Unzuchts-Unbotmäßiges, häufiger verschlagen angekündigt als realisiert, wäre demnach als »jugendgefährdend« erkannt. – / / – Hernach erzählt Adloff von einer Kollegin, die für die BERLINER ZEITUNG Kulturberichte und Kritiken verfaßt; einer ihrer Berichte gilt einer Staatsaktion Dichterlesung mit 15 bis 20 Autoren, darunter auch Leute wie Karl Mickel. In der Redaktion wird ihr vor der Veranstaltung bedeutet: »Über Uwe Berger und Günther Deicke dürfen Sie nichts Kritisches schreiben, das sind unsere *Freunde* ...« – ironische Redakteurin?, oder ganz und gar dumme? –, »über alle anderen, naja!«

DER ALTE VAGANT / / Wieder mit Erich Arendt spazierengegangen heute mittag. – Abends, die dunkle Raumerstraße hinauf, komme ich am Fenster der arendtschen Parterrewohnung vorüber, weit geöffnet die Flügel, obwohl das Thermometer sinkt und sinkt; mildes Lampenlicht im Hintergrund des Zimmers, das Bild einer kolumbianischen schwarzen Schönheit über Arendts Schlafstätte gerade noch erkennbar. Am Fenster steht Arendt, mit halbblindem oder abwesendem Blick aufs Trottoir hinunterstarrend, nach vorn geneigt, fast wie stürzend, als zöge ihn eine unsichtbare Kraft heraus, als wolle er sogleich ... (Tatsächlich darf man den alten Dichter selbst in seinen vier Wänden nicht mehr allein lassen; wenn man es dennoch tut, findet man die Wohnung schon nach kurzer Zeit leer; Arendt, u. U. in verwahrloster Kleidung, irrt in der Gegend umher und weiß nicht mehr zurück). Irgend etwas zieht oder treibt ihn in die Straßen der Stadt hinaus bzw. heraus; und es ist keinesfalls die Stampe, die Eckkneipe des Dr. Benn, sondern etwas Weithorizontiges, Fernes, schwer zu Benennendes, etwas ohne genau erfaßbares Zentrum, wie die vagen Auskünfte Arendts erahnen lassen. Was ihm geblieben ist: Die Spaziergänge mit behutsamer Begleiterin, mit lenkendem Begleiter, zuweilen zwei bis drei solcher pedestrischen Bemühungen am Tag, doch jede nur ein paar hundert Meter weit reichend und selten mehr als eine Dreiviertelstunde lang (dann schwankt, dann wankt er); ganz, ganz langsames Gehen, aber kein krankes *Geschlurf*, wie man es von Greisen kennt, die der »Schlag« getroffen hat, kein widerwilliges und zerquältes Dahingeschlurf, sondern Gehen! Doch auch bei diesen winzigen Touren um drei Straßenecken herum wird es spürbar: Im Grunde will er weit weg, sozusagen »ins Freie«, wie es ihn sein Leben lang in die Ägäis, nach Kolumbien, nach Nordafrika zu flügeln verlangt hat (ja, auch Nordafrika!, vor wenigen Jahren von Arendt »illegal« bereist, ohne Genehmigung der

DDR-Behörden also, ein kiezbekanntes Geheimnis!), wie einem suggestiven Zwang ausgeliefert, »- - - zu leben im Zwielicht der Geschichte / unglücklich glücklich«, um aus FEUERHALM zu zitieren, und »verschworen den offenen Horizonten«. Hannelore Teutsch hat den ihr nahen Erich Arendt in ihrem schlichten Bild »Ein Vagant begegnet sich« als ein mit keck gezipfelter Baskenmütze dahinfliegendes und gleichzeitig sich spiegelndes Schwebewesen gemalt, ungewissen Fernen zustrebend, da sie ihn schon nicht als den Anarchisten malen konnte, der er endlich geworden, vielleicht sogar unausgesprochen immer gewesen ist. Das Bild hat Arendt dank intimster Kenntnis besser erfaßt, als es mir früher erschienen ist ... Jetzt erst leuchtet es mir ein nicht nur als Spielerei, da ein Bild »Der gefesselte Vagant« gemalt werden müßte. – / / – Das alles resignativ, traurig und ein bißchen ironisch bedenkend, fällt mir wieder ein, wie Erich Arendt in den Monaten vor seinem Zusammenbruch häufiger davon gesprochen hat, er wolle »in den Busch«, die antiquierte Formel für das äquatoriale Afrika verwendend, eine appellhafte Selbstaufforderung geradezu, »in den Busch«, und zwar einigermaßen endgültig, als ginge es um den Tod, um das Sterben, um das Sterbenwollen, um die Modalitäten des Sterbens, außerdem vielleicht darum, sich nun doch angesichts des leprösen Zustands des Landes »in die Büsche« zu schlagen: Nur weg von hier! Einmal oder zweimal durchkreuzte Verzweiflung sein Mienenspiel, da er von seinem noch undeutlichen Plan zu erzählen begonnen hatte (auch J. bemerkte diesen Verzweiflungsschimmer); wir »blockten« sie rasch mit irgendeiner läppischen Bemerkung ab, sicher im Sinn Erich Arendts ... »In den Busch« also wollte er; und er hatte, wie wir dann erfuhren, Borneo oder Papua-Neuguinea, kurz, die Südsee im Sinn, und tatsächlich speziell die magischen Todes- bzw. Sterberiten gewisser Eingeborenen-Stämme, von denen ihm ein holländischer Freund detaillierten Bericht erstattet hat: Ja, im schwellenden Dicht-Grünen zu sterben!, nein, nicht zu sterben recht eigentlich – oh!, der Todesangst des Sinnenmenschen Erich Arendt! –, sondern sozusagen ein- und überzugehen ins Dichtgrüne, ins Lichtgeflirr, umwuchert von pausenlosem hölzernem Getrommel! – Ist er nun angelangt dort unten »im Busch«?, da er zu keinem Buch mehr greift, kein Bild mehr ins eingetrübte Auge faßt, keinerlei Musiken lauscht, da sich in der Ecke des Zimmers auch DIE ZEIT stapelt, unberührt und verstaubend, die ihm dank Fritz J. Raddatz regelmäßig übermittelt wird? Wo ist er, wo treibt es ihn umher, da er im Sessel sitzt und in seine müden Hände hinabblinzelt? – / / – Dieser Tage, plötzlich auftauchend aus undefinierbarem Gemurmel, die hoffnungslos-hoffnungsvolle Bemerkung: »Ich habe noch drei Adressen, wo ich unterkommen kann ...« Nein, wahrlich, die Adressen der Akademie der Künste, des Schriftstellerverbandes, des Kulturbunds etc. sind nicht gemeint, »Adressen«, die ihn so vollständig vergessen zu haben scheinen, als wäre er schon lange nicht mehr unter den Lebenden. Arendt meint, wenn er von seinen »drei Adressen« spricht, wie sich dann ergibt, die von drei ihm wichtigen Frauen; er nennt die Vornamen (immer nur die Vornamen), ordnet sie dieser oder jener Ortschaft zu, verhaspelt sich dabei, verwechselt die Frauen gelegentlich, wie es scheint. Eine der drei, schließe ich aus Arendts widersprüchlichen Signalen, muß allerdings »sehr weit weg« wohnen – »*zu* weit weg«, läßt sich Arendts Äußerung interpretieren –, wo genau, bleibt ungeklärt bis zum Ende des Gesprächs: Denkt er vielleicht an das fern-ferne huchelsche Wilhelmshorst bei Potsdam und das Mädchen R.? Nein, es muß eine in noch größerer Ferne auf ihn wartende »Adresse« im Spiel sein, möglicherweise jene nicht-existente und nur für die Visa-Polizei der DDR erfundene Nichte o. ä. in München, mählich sich materialisierend in Arendts Tagträumereien, möglicherweise jene stolze griechische Inselschönheit, die er vor wenigen Jahren ernstlich zu heiraten gewillt war (samt ihres bäuerlich-kargen Anwesens auf schroffem Eiland) ... Ich überlege: Es deutet sich ein gleichsam vorzivilisatorisches »Orientierungssystem« an; es wäre zu prüfen, ob es nicht für Arendts ganzes Leben und Schreiben eine Rolle gespielt hat und vor allem natürlich in den Jahren des Exils mit seinen u. U. lebensrettenden »Adressen« auf diesem oder jenem Kontinent, eine Art »Adressen«-Geographie, die ihm seine Fahrten durch die Welt erst ermöglicht hat, dem Exilanten, dem Vaganten, ja, sprechen wir es ruhig aus, dem Heimatlosen bis heute ... – / / – Nebenher gesagt: Es wird mir zuweilen etwas peinlich, solche Notizen hinzukritzeln, fast so, als würde ich mich eines Vertrauensbruchs schuldig machen. Pardon, Erich Arendt!

»UND« / / Nein, von einer Wendung zu Gottfried Benn hin, wie sie von Raddatz auch mit dem Blick auf die jungen Autoren in der DDR behauptet wird, nein, von so 'ner Wendung keine Spur! Der Hauptbeiträger der jüngsten Nummer der (in höchstens zwanzig Exemplaren verbreiteten) Underground-Zeitschrift UND aus Dresden, von dem Jazzmusiker und Percussionisten Lothar Fiedler (Fidi) herausgegeben, ist mit sechs Gedichten kein anderer als wieder Kurt Schwitters, was doch wohl einem Bekenntnis gleichkommt. – Ist es nicht auch schon der Name der Zeitschrift?, vermutlich dank Schwitters' »UND«-Bild gewählt? U-N-D, A-N-D, E-N-D, U-N-D!; redet der Umschlag des Heftes dieses Mal auf uns ein. Kurt Schwitters ist für diese Mädchen und Knaben in Dresden-Neustadt und Berlin-Prenzlauer Berg lebendiger denn je, obwohl er nun schon seit 35 Jahren tot ist (Benn spielt vielleicht für Uwe Kolbe eine gewisse Rolle); Ähnliches gilt kurioserweise, wie man andeutungsweise hört, für die »Szene« in New York und Tokio! Zwickau auf dem Weg zum Weltniveau? – Nein, nicht die winzigste Zeile Gottfried Benns in diesen Heften, in diesen Selbstverständigungsgazetten. Demnächst (1983; sic!) soll jedoch eine größere Auswahl von Gedichten Benns im großen Volk-und-Welt-Verlag erscheinen, was für den Außenstehenden den Eindruck erwecken könnte, es müßte da wohl ein dringendes Bedürfnis »abgedeckt« werden, wie es im metzgerhaften Fachjargon heißt ... Keine Red' davon! Die Auswahl kommt um mindestens 15 bis 20 Jahre zu spät.

KULTURKONFERENZ DER FDJ / / Eine Woche vor der am 21. Oktober in Leipzig eröffneten »Kulturkonferenz der FDJ« Hans Jacobus, Chefredakteur des SONNTAG (»Gedanken zur Zeit«): »Beim Anblick einer *12jährigen Schülerin*, eines *jungen Soldaten*, eines *Bauarbeiterlehrlings* oder eines *Theaterhochschülers*« – wieso denn eines Theaterhochschülers? – »überlege man einmal: *Ob das wohl vielleicht später einmal ein großer Künstler sein könnte?* Gefühl, Verstand und Moral aus vollem Herzen, mit *allem*, was in einem steckt, einsetzend. Und wie *wir* das heute vorbereiten ... Da haben wir auch *Geduld mit Suchenden* zu zeigen, Verständnis für *neue Experimente*, aber: *dem Feind keine Farbe, keinen Klang!*« (SONNTAG 42/1982) – / / – Egon Krenz in seinem Referat auf der Kulturkonferenz (ND vom 23./24. Oktober 82): »Aber eindeutig vorbei an unserer Auffassung von einer vielseitigen Kultur und Kunst gehen jene Werke, die die *Weltoffenheit, in der wir leben*, als Einladung zum geistigen Pluralismus mißverstehen; Werke, in denen die Geschichte durch den Schmutz gezogen und in denen die Entwicklung der DDR verfälscht wird; Werke, in denen der Mensch ein *Sandkorn* ist, von den Stürmen der Zeit mal hierhin, mal dorthin getrieben, immer hilf- und ahnungslos. Nein, ein solch fatalistisches Verhältnis zu dem, was gestern geschah, heute geschieht, und morgen geschehen wird, hat *keinen Platz in unseren Begriffen von Kultur und Kunst*. Für derartige Positionen gibt es bei uns in der Freien Deutschen Jugend *keinen Ton, kein Blatt Papier, keinen Pinselstrich Farbe!*« – / / – ... und Jürgen Rennert erklärt mir im Vorbeigehen und mit besorgter Miene: »Das mit dem SANDKORN geht eindeutig gegen dich ...« – »Kann ich nicht glauben!« – »Doch, doch, sei sicher!« – Mh, das soll wirklich auf mich und meinen vor sieben oder acht Jahren erschienenen und dann totgeschwiegenen Gedichtband »Das Sandkorn« gemünzt sein? Es würde die alte Regel bestätigen: Das Tot-Geschwiegene lebt länger. – / / – »... dem Feind keine Farbe, kein Klang!« – »... gibt es bei uns in der Freien Deutschen Jugend keinen Ton, kein Blatt Papier, keinen Pinselstrich Farbe!« Und endlich finde ich den Schluß meines bislang ins Offene hängenden Anti-Stasi-Poems »Wir Jungs von Ypsilon-Acht oder der Lagebesprechungswimpel«; er geht so: »Kein einziges noch so krummes Halbsemikolon für Verstörnis, Zerschlagenheit, rotze Verulkne hinfort! Kein einziger noch so verhehlter Pendel- und Pinselschlag im Interesse des Niederziehenden und Verkrachten in unserer Gesellschaft, wie es sich leistungsschwach vordrängeln will bei der Nacht! Kein einziger Knalltütenknall für die Verherrlichung des provokatorisch Kränkelnden inmitten all des Gesundgeschriebenen und Starken zwischen Rostock und Suhl, zwischen Görlitz und Magdeburg, zwischen Prenzlauer Berg und Marzahn ... Die DDR – eine unverrückbare HOCHBURG DES HAUSBUCHS!« – / / – Die nächste »Wohnungslesung« ist gerettet. / *

PEN-CLUB-TAGUNG / / ... zunächst das obligatorische »Friedensreferat« des Präsidenten Heinz Kamnitzer, in dem zu betont von »Prioritäten« im Hinblick auf die Aufgaben des PEN die Rede ist – wo die Vokabel »Prioritäten« aufklirrt, erwacht sofort der Mißtrauensteufel in mir –; Orientierung wiederum auf die außen-kulturpolitischen oder kultur-außenpolitischen Aktivitäten. Nun muß man, um

Kamnitzers Darlegungen überhaupt kapieren und bewerten zu können, zumindest ein bißchen vertraut sein mit dem Inhalt der PEN-CHARTA. (Bei mir zu Hause klebt die Charta inzwischen an der Tür der Arbeitsbude, hineinmontiert in ein großes Charlie-Chaplin-Poster, eine Kombination, die manchen Besucher fragend die Stirn runzeln läßt – oder ist es die Charta an sich, die irritiert?) Ein böser Gedanke blitzt mir während der Tagung durchs Hirn; ein Gedanke, der zur Folge hat, daß ich die ungefähr dreißig Teilnehmer von einem zum anderen wandernd mit einer offenkundig mit Verblüffung aufgenommenen kleinen Um- oder Anfrage nerve. Wenig später bitte ich ums Wort – abwehrend: Kamnitzer, Keisch, die Schlimmes zu ahnen scheinen –; ich erhebe mich und verkünde nicht ohne Hohn in der Stimme das Resultat meiner Befragungstour durch den Raum. Es hat sich herausgestellt: Weder Rennert noch Rainer Kirsch, weder Mickel noch Kusche, von den anderen nicht zu reden, kennen das die internationale PEN-Club-Tätigkeit bestimmende Dokument, das mit der Floskel schließt: »Die Anerkennung dieser Charta ist eine notwendige Bedingung der Aufnahme und Zuwahl ...«; eine Floskel, welcher man in der Regel per Unterschrift Genüge tut an anderen Orten der Welt. Es hat sich herausgestellt: Mindestens achtzig Prozent der anwesenden Autoren, prominente und weniger prominente, weiß nicht einmal nebelhaft, wozu man sich verpflichtet hat, als man in den PEN-Club eingetreten ist; schlimmer noch: Nicht wenige der Kolleginnen und Kollegen haben jemals irgend etwas von einer PEN-CHARTA vernommen ... Es ist schwer zu fassen (wird aber von den meisten auf die leichte Schulter genommen): Die sicherlich als »problematisch« erachtete PEN-CHARTA ist uns schlichtweg vorenthalten worden vom Präsidium und Sekretariat. Ein einziger, nämlich Jürgen Rennert, hegte ähnliche Ahnungen wie der Diarist: Er habe beim Eintritt bzw. nach seiner »Zuwahl« die Charta zwar erbeten, sei aber vertröstet worden mit dem Wahnsinns-Bescheid, im »Augenblick lägen leider keine Exemplare vor«; Papiermangel, keine Druckmöglichkeit. Die Herrschaften müssen uns wirklich für einen Idiotenklüngel sondergleichen halten (vielleicht sind wir's ja): Als hätte das Sekretariat keinen Vervielfältigungsapparat in der Hinterhand, der ja auch Monat für Monat allerlei Einladungen für die circa 80 PEN-Club-Mitglieder auszuspucken bereit ist! Eine Absurdität, ein Skandal! Um das Unglaubliche zu wiederholen: Sekretariat und Präsidium, der »innere Kreis« der Reisekader etc. haben dem ungleich größeren Rest des DDR-PEN die Charta nicht nur nicht ausgehändigt, sondern ihm sogar zu verschweigen versucht, daß sie existiert; als wären wir »nicht reif genug« für die heikle Lektüre ... Der kleine Tumult, den ich bewirkt habe, hat uns zumindest die Verheißung beschert, »so bald wie möglich« die Charta nachgeliefert zu bekommen. – / / – Auf jeden Fall bleibt die Frage: Was, um des Himmels willen, ist der PEN-Club seinen DDR-Mitgliedern eigentlich gewesen all die Jahre hindurch, was ist er ihnen heute? Ein geselliges Kränzchen derer, die sich beim jour fixe dank der »Zuwahl« in die Brust werfen können als die »*noch* besseren« Literaten des Landes, sozusagen »international vorzeigbar«, obwohl doch auch zu den landesüblichen Ohnmachtsempfindungen und Mäkeleien verurteilt, da der Stoßtrupp der repräsentierenden »Reisekader« stets winzig, gleichsam »handverlesen« gehalten wird? (Zumindest was das sogenannte »Sekretariat« und seine Geheimnistuerei betrifft, verdichtet sich mählich der Verdacht, daß es sich um eine Unterabteilung der Auslands-Stasi handelt, daß einige der PEN-Touristen nichts anderes als »Kuriere« in undurchsichtigem Auftrag sind.) Ja, was ist der PEN-Club für seine Mitglieder in der DDR eigentlich? Für die Eingeweihten gab gewiß jener Verlagsleiter G. die Antwort, als er im Verlauf der Diskussion sie beiseite zu wedeln versuchte mit dem Bescheid, es gelte, den PEN-Club – »also, Kollegen, was reden wir eigentlich so viel darüber?« –, da es ihn nun schon einmal gebe, naja, »*für unsere Zwecke zu benutzen*«, die des Staates, die der Partei selbstverständlich ... Rasch und wie beiläufig war es ausgesprochen, der spürbare Versuch, den spontanen Redefluß noch zu stoppen, mißlungen! Nein, es konnte nicht mehr zusammengeknüllt und schnell wieder verschluckt werden wie ein verräterischer Brief. Ich rufe kaum weniger spontan: »Na, dann treten Sie doch am besten gleich aus!« Beifall ernte ich so gut wie keinen; dagegen wird mir ein reichhaltiges Sortiment der feindseligsten Blicke dargeboten, die mich zu fragen scheinen, weshalb ich denn nicht »für unsere Zwecke« einzutreten und zu mauscheln bereit bin. – / / – PS.: Da es am gleichen Tag Beschwerden hagelt ob der sogenannten »Kulturkonferenz der FDJ« – immerhin sind Volker Braun und andere unflätig attackiert worden in Leipzig –, ist es wieder dieser Verlagsleiter, der mit einem Rechtfertigungsversuch entzückt: Die Partei – bzw. die FDJ – müsse doch *wenigstens noch* (sic!) ihre Meinung sagen dürfen zu den Fragen von Kunst und Literatur; das müsse man ihr doch *wenigstens noch* gestatten, nicht wahr? / *

SPAZIERGÄNGE / / Regelmäßiger Morgenspaziergang bei jeglichem Wetter mit dem sauerstoff- und bewegungsbedürftigen Erich Arendt, zeitlupenhaft langsame Spaziergänge, in der Regel zwischen elf und zwölf Uhr absolviert (nach einer Dreiviertelstunde baut Arendt spürbar auch körperlich ab): Vier bis fünf Straßenecken, vielleicht sechshundert bis siebenhundert Schritte insgesamt, das Viertel ist umwandert und Arendt wieder vor seiner Tür in der oberen Raumerstraße, die er allein nicht mehr findet; einige Male haben wir uns auch über die verkehrsreiche Prenzlauer Allee geschlängelt (ein Abenteuer, der Überquerung eines klippenreichen Flusses gleich), um die schmale Grünanlage neben dem an ein altes Schulgebäude erinnernden Stasi-Trakt zu erreichen – Bezirksverwaltung der Stasi o. ä.? –, zweihundert Schritte von Arendts Ladenwohnung entfernt ... Zweihundert, sechshundert, tausend Schritte sind es bis zu den bröckelnden und schimmligen Quartieren des literarischen und künstlerischen »Underground«, darunter auch meines, bis zu der Dachwohnung des dauerrenitenten Protest-Menschen Gerd Poppe, bis zu den Kneipen der desperaten Säufer und »Assis« des Viertels. In dieser Gegend liegt alles ganz nah zueinander geschoben und wie ineinander verkeilt, politischer oder literarischer Konspiration ebenso dienlich wie außergewöhnlicher sexueller Promiskuität: »Habe ich Ihnen schon einmal von der ›Prenzlauer-Berg-Krätze‹ erzählt, Herr Arendt? *Das* zentrale Thema zur Zeit!« – Bei fast jedem Spaziergang treffen wir ein halbes Dutzend Bekannte, Rüdiger Rosenthal etwa – der gerade aus politischen Gründen seines »Vertrauenspostens« als Krankenwagenfahrer verlustig gegangen ist, bis 1980 ist er noch ein »geachteter« Ingenieur gewesen –, den Lyriker und Erzähler Bernd Wagner (ehemals Lehrer) mit Manuskripten für die Underground-Zeitschrift MIKADO unter dem Arm, den staksig humpelnden Alkoholiker-Zar Mühle, der sich als »siebtbesten, wenn auch gescheiterten Architekten der DDR« bezeichnet, die Gebrauchsgrafikerin und Medaillengestalterin »Ganovenpaula« beim hastigen Vorbeimarsch in Richtung »Tripperburg«, in Richtung Christburger Straße, zum wieder einmal fällig gewordenen »Abstrich«, die ehemalige FDJ-Sekretärin Ulrike Poppe auf der Suche nach Unterschriften für irgendeines der zahlreichen Protest-Papiere dieser Zeit, für einen eindringlich mahnenden oder vorwurfsvollen Brief an Breshnew oder »Honni« z. B. – unsereins tendiert eher zu undiplomatischen Schmähungen und »Pfui«-Gedichten –, die bestechliche graue Maus Frollein X. von der Kommunalen Wohnungsverwaltung (auch ehemals schon bestechlich); und wir treffen nicht wenige mysteriöse Gestalten *ohne Schatten*, flatterhaft hierhin und dorthin surrend, als suchten sie ihn, den verlorenen, unter dem oder jenem Hinterhofbaum unseres Kiezes ... Erich Arendt und ich bereichern das pointillistisch schwirrende Gemälde um eine neue bedenkenswerte Nuance: Nach mehreren Wochen zähen täglichen Spaziergangs, höre ich ringsher, zählen wir zu den bekanntesten und meistdiskutierten »Kiezoriginalen«, zwei müßiggängerisch-müde, zuweilen haltlos kichernde »Straßenbegeher« unterschiedlichen Alters, sinnvoll-absurde Antwort auf die Zumutungen des Jahrhunderts. – Oh dieses arendtsche Lachen, bei dem sein Greisengesicht zu dem eines alten alpenländischen Bauern zerknittert – und Arendt stammt doch aus Neuruppin –, eines schlauen Bäuerleins, das soeben auf dem Viehmarkt jemanden 'reingelegt hat: Aus welchen Tiefen ist es gekommen nach dem Schlaganfall? – Prenzlauer Allee, dann in die Stubbenkammer oder Hiddenseer (wo früher B. K. Tragelehn wohnte), die Senefelder zurück, insgesamt sechshundert, höchstens siebenhundert Schritte; in der Raumer dann der kurze Halt vor den Auslagen der Bäckerei – »Es gibt kein richtiges Marzipan mehr!« –; kurz darauf die arendtsche Ladenwohnung. Erich Arendt: »Hier wohne ich? ... Wo wohne ich denn? ... Hier soll ich wohnen? ... Hier wohne ich doch nicht ...« – Oder *will* er seine Wohnung nicht finden? Auch das wäre möglich.

OPFERGANG / / ... »Das erfindest du doch«, glaube ich es aus einer bestimmten Ecke flüstern zu hören. Aber auch das ist nichts als die schlichte Wahrheit, daß die Porträtfotografin, die ein paar Häuser weiter wohnt, gestern nach meinem Besuch zum Verlag Neues Leben zu fahren bestellt war, um dort einige populäre Autoren zu fotografieren, und daß ihre Abschiedsworte lauteten: »Ich ekle mich vor dem Auftrag ...« Heute mittag treffe ich die Dame wieder und erfahre von ihr: »Mich haben diese Gestalten so sehr angewidert, daß ich mitten in der Arbeit abbrechen mußte ... Ich konnte ganz einfach nicht mehr!« Die schlichte Wahrheit, G. und S. und W.!!! Natürlich weiß sie, daß ich von diesen Leuten vor einiger Zeit aus dem Verband ausgeschlossen worden bin; das allein aber kann es nicht sein, was ihre Abneigung erklärt. Ist es die Aura des Nichtigen und gleichzeitig frech Gespreizten, der Anmaßung und des Verlogenen, die sie gelähmt hat? »Mir ist noch jetzt spei-übel davon«, sagt die Schlanke und Bleiche, die mit derlei »kleinen Aufträgen« ihren Lebensunterhalt bestreitet. Ach, es wird ihr nichts anderes übrigbleiben, schließlich doch noch W. und S. und G. zu fotografieren, ein »Opfergang«, wie mir ihre Erzählung bedeutet; zwei kleine Kinder, die ernährt sein wollen.

BERUFSVERBOT / / Einer der möglichen *Gründe*, weshalb der Dichter (und ehemalige Ingenieur) Rüdiger Rosenthal keinen Krankenwagen mehr fahren darf und nun endgültig arbeitslos ist: Da der Krankenwagen am städtischen Funkverkehr »hänge« (erwägt J.), könnte der in vielfacher Hinsicht verdächtige Protest-Poet R. R. »bei irgendeiner Gelegenheit ja 'mal etwas durchgeben ...«, ein Risiko, das man nicht eingehen wolle wahrscheinlich.

NOVEMBER 82

MEMORIES / / Freund »Fokus«: »... die guten alten Zeiten, als es noch ernsthaft um unsere Köpfe ging ...« – Und er meint, wie Sie sich denken können, die Stalin-Zeit.

U-BOOT / / Andreas Lammle, der eigenbrötlerische junge Technik-Freak, der mich von Zeit zu Zeit besuchte, ist zusammen mit seiner schwangeren Freundin festgenommen worden und in Untersuchungshaft – wegen versuchter oder geplanter »Republikflucht«, was denn sonst? Gestern haben die ratlosen Eltern Lammles frühere Freundin Bille besucht: Erhoffen sie sich Hilfe von dem »Funktionärskind«? – / / – A. L., man hält es zunächst für einen schlechten Witz, hat tatsächlich ein richtiges *U-Boot* gebaut draußen in einem abgelegenen Künstler-Atelier in Marzahn, ein Unterseeboot, mit welchem er – auf welcher Route nur?, durch die Havel, die Spree? – in den nächsten Tagen abhauen wollte mitsamt seiner »neuen« Freundin und »noch irgend so'm Basteltyp«, wie Judith sich ausdrückt: »Aber keenem sagen! Weil se den anderen vielleicht noch janich haben ...« (Ich erinnere sofort, daß neulich im WIENER CAFÉ bedeutungsschwanger gemunkelt wurde, Andreas Lammle wäre »untergetaucht«, ja, das ist der Prenzlauer Berg!) – / / – Verraten worden ist das Terzett von einem hier unten im Nebenhaus wohnenden älteren »Kunstmaler« (wie in Windeseile der ganze Kiez weiß), einem früheren SS-Mann (wie der Kiez plötzlich außerdem weiß), der mich neulich gefragt hat, ob ich nicht auch der Meinung wäre, daß irgend etwas geschehen müßte mit den schmutzigen und »disziplinlosen« Punkern rings ... Ich frage Kurt Mühle, der mich mit dem Biedermann bekannt gemacht hatte; er bestätigt, daß es sich nicht um Gerüchte handelt, auch das mit der SS treffe zu. Der Name des Denunzianten (der sich vorsichtigerweise nach Thüringen verdrückt haben soll): ...

HEROES / / Wieder Spaziergang zwischen elf und zwölf mit Erich Arendt, der heute besonders schnell ermüdet und sehr blaß aussieht (Witterungsumschwung). – Später, wieder bei sich zu Hause, beginnt er in Bruchstücken von einem verschollenen Buch zu erzählen (seinem ersten?), einem vermutlich propagandistischen Prosabuch, das er während des Spanischen Bürgerkriegs als Berichterstatter der Division »Carlos Marx« geschrieben hat; es scheint damals auch veröffentlicht worden zu sein. »Heroes«, er nennt grübelnd den Titel und nickt dann und nickt: »Das habe *ich* geschrieben, Eddi!« Weder aus Arendts noch aus anderem Mund habe ich bis heute von diesem Buch gehört; in keinem Essay, in keiner mir bekannten Werkliste scheint es auf. Alarmierend, wie dieses ganz Frühe, vielleicht sogar von ihm Verdrängte, aus den Tiefen der Erinnerung aufsteigt, während er nahe liegende Ereignisse restlos zu vergessen scheint: »Heroes, Heroes; wo ist das denn nur ...?« (Denn auch er selber hat das Buch offenkundig nie wieder irgendwo auftreiben können, trotz aller Reisen. Man darf annehmen, daß er gar nicht danach gesucht hat. Aber jetzt quält ihn der Verlust, als habe er seinen Paß, seine Ausweispapiere verloren: »Irgendwo muß es das doch noch geben!«) Und immer wieder gebetsmühlenartig die gleiche Frage, mit bedrängender, ängstigender Körpergestik gestellt, als hinge von der Wiederauffindung dieses Früh- oder Erstlingswerks seine künftige Existenz ab: »Heroes ..., wo ist das denn? Wo ist das denn eigentlich geblieben?« – »Man wird es schon finden in der nächsten Zeit«, versuche ich ihn zu beruhigen, »irgendwo, in Spanien vielleicht, in Moskau! Der Jan Gielkens fahndet ja nach Ihren frühen Publikationen!« Freilich, daß Jan Gielkens vom International Instituut voor Sociale Geschiedenis in Amsterdam (in diesem Institut gibt es erstaunlicherweise auch ein *Archief Georg Weerth*), daß dieser junge alte Freund Jan Gielkens mit seiner Frau vor etwa zehn Tagen hier im Prenzlauer Berg und bei ihm zu Besuch war, das hat Arendt vollkommen vergessen: »Jan Gielkens, ja, Jan Gielkens, richtig, wann kommt der denn? Ja, mit dem muß ich darüber sprechen. Wo ... ist ... das ... denn?, ... dieses HEROES? Der Jan Gielkens, wann kommt der endlich?« – Ich wage nicht, Arendt darüber aufzuklären, daß der schon längst dagewesen ist. – / / – Am Fenster der Ladenwohnung Uwe Kolbe, der hereinblickt, mehrmals zum Gruß ansetzt und dann weitergeht ... Trauer.

UNTERSCHRIFTENSAMMLUNG (I) / / Mit zahlreichen Unterschriften versehen und unter anderem dem Ministerrat und der Volkskammer zugestellt: »Wir Frauen erklären uns nicht dazu bereit, in die allgemeine Wehrpflicht einbezogen zu werden, und fordern eine gesetzlich verankerte Möglichkeit der Verweigerung. Das Recht der Verweigerung ist notwendig, weil sich durch Erlaß dieses Gesetzes, das den Frauen die Pflicht zu einem allgemeinen Wehrdienst auferlegt, eine Einschränkung unserer Gewissensfreiheit ergibt.« Undsoweiter. – Seit Tagen dreht sich im Kiez so gut wie alles um die Unterschriftensammlung der Frauen gegen die nun auch nach ihnen greifende Wehrpflicht; Hunderte von Unterschriften, manche überraschend, z. B. diejenigen einiger Lehrerinnen, die auf diese Weise gegen die Verpflichtungen verstoßen, auf die sie eingeschworen worden sind bei ihrer Einstellung. Auch Judith hat ihre Schwestern und Freundinnen abgeklappert und vierzehn oder fünfzehn Namen auf ihrem Zettel, den sie bei Ulrike Poppe abgeben will. Eine Antwort wird man wohl schwerlich erhalten – wird sie erwartet? –; statt dessen wird es nicht mangeln an »ernsten Aussprachen« mit der oder jener Dame. Das einzige, das bislang durchgesickert ist –

man müßte wissen, aus wessen Mund –: Auch bei der letzten Sitzung des Magistrats sei über die Angelegenheit am Rande gesprochen worden; man wolle aber jetzt noch nichts »unternehmen«, wenigstens so lange nicht, wie die sogenannte »Friedensdekade« der Kirche noch dauert; außerdem erwarte man eine »Bombe« aus der Ecke des Pfarrers Eppelmann ... Die »Friedensdekade« endet in der nächsten, der über-nächsten Woche? – / / – Einer unserer Gewährsmänner von der Kirche hat das Papier, wie man hört, juristisch prüfen lassen; das rührende Ergebnis: Es enthalte nichts, das eine Strafverfolgung rechtfertigen würde ... Danke!; eine Botschaft, die wohl niemanden ruhiger schlafen lassen wird. – Verblüffend die Gleichgültigkeit so vieler Frauen – einige von ihnen in guter, ja, »gehobener« Stellung – gegenüber ihrem beruflichen Schicksal; nach aller bisherigen Erfahrung drohen Entlassung oder zumindest Abschiebung auf eine untergeordnete Position! Solche Laxheit gegenüber der eigenen Karriere, solches »No Future« der anderen Art empfinde ich als die besondere Nuance bei dieser Unterschriftensammlung, nicht der ersten, die ich erlebe ... Was ist mit den Leuten, mit diesen Frauen passiert in den letzten zwei bis drei Jahren, was ist mit dem Prenzlauer Berg und seinem Umfeld passiert? (Klar, mit der Biermann-Sache hat es angefangen.) Es ist so, als wären für nicht wenige der eben noch »nach oben« strebenden Leute die von diesem Land, in diesem Land angebotenen »Karrieren« und »Lebenswege« keinen Pfifferling mehr wert. Natürlich denken bzw. »fühlen« nicht alle so; fast ebenso verblüffend wie die Desperatheit, mit der die Unterschriften gegeben werden, ist die Abwesenheit inhaltsbezogener Argumentation in den Fällen, in denen die Unterschrift verweigert wird, ist die früher eher als tollkühn empfundene »Offenheit«, die zugibt, man fürchte um seinen Arbeitsplatz – so einige Leute, die bei der Akademie der Wissenschaften angestellt sind –, man habe Angst, seine »Existenz« zu vernichten mit solcher Unterschrift. Was für 'ne Existenz! – / / – »Doch«, sagt Judith, »*eine* Ausnahme gibt es!, *eine!*« Diese Frau habe (nach der Beratung mit ihrem Mann) die Unterschriftensammler weggeschickt mit der kargen Begründung: »Entweder: Man *ist* für den Staat – oder *nicht!*« Der Gegenpol: Brigitte Struzyk, die das Papier nicht unterschreiben will, weil es ihr als zu verwaschen, zu wenig körnig erscheint; sie plädiert für eine *schärfere* Fassung des Textes.

GEBRÜLL / / T., der Repräsentant des giftigsten »stillen menschlichen Anstands«, der gehässigsten »neuen Höflichkeit«, betulich und altväterisch zum krakeelenden Verfasser: »Wer brüllt, hat unrecht!« (Ich brülle ihm zu oft und zu heftig; und das auch noch per Telefon!) – »Wer brüllt, hat unrecht«, unterbrach er wieder einmal und kaum vernehmbar eine meiner schrillen Telefoniaden über die Post, die Polizei, die Partei, über Gott und die Welt ...; und flüsterte, nachdem es in der Telefonleitung Knacks! gesagt hatte, noch kränkelnder, noch betulicher, noch leiser, ja, geradezu wortlos ... – Ich legte brüll-fluchend auf, wildesten Groll gegen Matthias Claudius und Konsorten im Herzen.

GRENADIERSTRASSE / / Ja, auch in der Grenadier-, der jetzigen Almstadtstraße lebte ich in den Sechzigern für einige Jahre. P. W.: »Dann mußt du die Lisbeth gekannt haben, die Tille, aber großzügig, kein Stück knickrig, ein großer Tip für die Binnenschiffahrt, ihr Name ein Begriff auf den Kähnen zwischen Oder und Elbe, Havel und Spree ...« – Das vergißt man immer; daß Berlin auch seine Häfen hat, samt der dazugehörigen »Seemannskneipen«, samt der dazugehörigen »Bräuten«; vor dem Mauerbau war das allerdings spürbarer ... »Ja, natürlich hab' ich die Lisbeth gekannt: Das ist die mit dem ›ägyptischen Blick‹ gewesen ... Die hat mir gegenüber ihre Wohnung gehabt!« Dunkel erinnere ich mich, daß der Topf mit den Primeln auf ihrem Fensterbrett als einladendes oder wegweisendes Signal für ihre Kunden diente; wenn die Blumen draußen standen, bedeutete das: »Besetzt!« P. W.: »Ja, Mensch, das stimmt! Ich bin für eine kurze Zeit ihr *Kellermann* gewesen ...« – »Kellermann?« – P. W., längst »ordentlich« geworden und im VEB Narva tätig, erklärt es mir: »Kellermann, das ist der Typ, der kellt oder kellert, der abkassiert, der Lude, der Loddo, der Zuhälter ...« – »Hat die Lisbeth nicht zu gerne ihre Kunden beklaut, vor allem die aus dem Westen? Ich erinnere mich dunkel, daß es da 'mal eine höllische Prügelei gegeben hat ...« – »Ja, stimmt; das war wie 'ne Krankheit! Deshalb habe ich mich ja auch von dem Mädchen getrennt! Das ist so 'ne unausrottbare Angewohnheit von der gewesen, ihren Besuchern eiskalt die Matte zu zucken.«

UNTERSCHRIFTENSAMMLUNG (II) / / Rüdiger Rosenthal, von den Frauen in Berlin nach Dresden ausgesandt, um dort Unterschriften gegen die Frauenwehrpflicht einzusammeln, ist nach dem Besuch, wie er mir erzählt, wegen des hier und da herumgezeigten Papiers für vierundzwanzig Stunden in die unangenehmste Haft und Mangel genommen worden – und zwar aufgrund der Denunziation durch eine Galeristin, wie er vermutet ... Aber weshalb, wenn solche Unterschriftensammelei, wie mir auch Poppe wieder bestätigt, *an sich* nicht strafbar ist? Weshalb wird *einer* der Durchschläge (mit vier Unterschriften) von der Stasi in der Lesbenkneipe im Friedrichshain beschlagnahmt, obwohl auch der Inhalt des Protestschreibens eine »Strafverfolgung nicht rechtfertigen würde« nach juristischem Bescheid? Bei den Lesben ist das Papier ganz offen auf dem Kneipentisch herumgeweht und lesbenhaftlaut diskutiert worden, als gäbe es keinen Polizeistaat ringsum. (Mensch, gerade in derlei Spezial-Stampen ist die Stasi noch sicherer präsent als anderswo.) Zwölf Damen, wird mir berichtet; vier hatten unterschrieben, acht wollten es noch tun – und, hummstibummsti, aus den Händen gerissen ward ihnen der Brief ... »Jute Arbeit, Jenossin P.!« Die Jagd beginnt?

KRÄHWINKEL / / In beinahe regelmäßigen Abständen Gerüchte, ich wäre »drüben geblieben«, wäre »abgehauen«, hätte »den Antrag gestellt«; dieses Mal erkundigt sich Peter Gosse. Ich schreibe nach Leipzig: »... eine merkliche Verschiebung dieses fetten Problemknäuels, das ich auch noch darstelle, ist vorerst noch nicht in der Plandiskussion! Nenne mir, bitte, den Weltwinkel, welcher der genießenden Lust am Zerfall und an geistiger Selbstzermatschung so viel zu bieten hat im Augenblick wie dieser mitsamt seinen Eselsohren sowie Trauerrand! So etwas gibt man nicht leichtfertig auf ...« – Brief aus dem einen Krähwinkel in den anderen.

BILLE / / Die zweiundzwanzigjährige Bille, die zur Zeit Symptome des quartalsweise auftretenden »Stasi-Thrillers« zeigt: Fast jeder Besucher wird mißtrauisch beäugt, vorsichtig abgehorcht (ganz so, wie es ihr und uns gegenüber vermutlich die Stasi tut), z. B. Miguel, ein alter Schulkamerad von Judith und ihr, Miguel, welcher unvermittelt fragt: »Na, hier wird doch jetzt allerhand in Sachen Friedensbewegung getan, was?«; womit natürlich die sogenannte »kirchliche«, die inoffizielle Friedensbewegung gemeint ist, die nach Kant und Wogatzki eigentlich überhaupt nicht existiert. Der vielleicht ganz harmlose Miguel, da Bille keine Antwort gibt oder ihn ratlos anstarrt, fragt weiter und nun in wirklich alarmierender Weise: »Na, Kirche undsoweiter! Macht ihr da auch mit?« – »Nee, wieso?« – / / – Aber Bille vermeidet seit einigen Tagen sogar Gespräche mit ihrem eigenen Mann und in den eigenen »vier Wänden« in der Lychener Straße; ihre Furcht, per Wanze o. ä. abgehört zu werden, nachdem ihr »über ihre Schwester *gestochen*« worden ist, sie solle sich ja hüten, irgend etwas Hilfreiches für ihren früheren Freund Andreas zu unternehmen, der wegen Vorbereitungen zur sogenannten »Republikflucht« im Untersuchungsgefängnis sitzt; wenn doch, müßte sich das »äußerst negativ« auswirken auf ihr künftiges Berufsleben (sie will Kunsterzieherin werden), auf das ihrer Verwandten, vor allem aber auf die »Existenz« ihres Vaters und ihrer Mutter, beide »Genossen seit ewigen Zeiten«, der Vater »Kader« und Parteisekretär in Weißensee durch viele Jahre bis heute, sozusagen »partei-« und »staatstreue« Leute, wie sie im Buch stehen. Allerdings deuten sie seit neuerem, wie Bille uns erzählt, wachsende Angst an, und zwar Angst vor einer quasi »faschistischen Entwicklung in der DDR« – »faschistisch?«, frage ich etwas ungläubig; ja, die Vokabel »faschistisch« wäre tatsächlich verwendet worden von ihrem Vater –; es käme da etwas Dumpfes und Trübes auf uns zu, empfänden sie, es wuchere da etwas schwärzlich heran in der Republik, in der Gesellschaft, im Parteiapparat, im »System« ... Bille erzählt: Schon seit langem sitzen die beiden, zwischen fünfzig und sechzig Jahre alt nun, »bewährte Parteiarbeiter« in Weißensee, nach Arbeitsschluß so gut wie wortlos beisammen und trinken Hochprozentiges Tag für Tag, Abend für Abend, nach wenigen Sätzen verstummend, sich gegenseitig anschweigend ... – / / – Bille und die nirgendwo differenziert notierten verworrenen Erlebnisse dieser Generation; Bille, die auch als Schreiberin nicht unbegabte, hat Angst davor, »irgend etwas aufzuschreiben«. Sie fürchtet sich auch davor, allzu bohrende Fragen zu stellen. Trotzdem will sie natürlich begreifen, wie und was das eigentlich ist mit der offenkundigen

Misere ringsher, mit dem dunstigen Unglück ihrer Eltern, das ja im schrillen Widerspruch steht zu aller offiziellen Nachricht. Einmal fragt sie ihre Eltern ganz vorsichtig: »Was war eigentlich eure schönste Zeit?« Und die Mutter antwortet: »Damals, im Krieg, in Frankreich ...« (Sie ist Telegrafistin bei der Nazi-Armee gewesen.) Und der Vater murmelt etwas, das mit Norwegen zu tun hat, wo er damals als Soldat »gelegen« hat. Nach mehr als dreißig Jahren DDR grübeln sich die beiden die triste Summe her: Unsere schönste Zeit war eigentlich im Krieg ... Und dann hervorbrechend: »Widerständler waren wir keine!« Nach Billes Auskunft hat sie bis jetzt ein völlig undeutliches Bild von ihren Eltern gehabt, niemals vorher sind sie so »offen« gewesen. – Eine späte Tapferkeit nun doch, wenn auch nicht »gegenüber dem Feind«, sondern gegenüber dem Kinde ... – / / – Jedenfalls sind das die wahren DDR-Geschichten; aufgeschrieben werden sie so gut wie nie: Ganze Jahrgänge der Zeitschrift NEUE DEUTSCHE LITERATUR handeln von einer anderen Welt und Realität. (Und Bille hat sich doch vorgenommen, sich für ihren inhaftierten Freund Andreas auf die Socken zu machen und Hilfe zu organisieren; ebenfalls kein ernsthafter Stoff für DDR-Literaten, darf man vermuten.)

ARBEITSTREFFEN / / Uwe Kolbe durfte dieser Tage nach langer Zeit wieder einmal öffentlich seine Texte vorlesen, »lesen« also – in irgendeinem großen Industriebetrieb weit draußen im Land; die Dreher und Fräser werden hingerissen gewesen sein ... Und Elke Erb wird sensationellerweise eingeladen zu einem viertägigen »Arbeitstreffen« der Autoren des Aufbau-Verlags. – Während eines Telefonanrufs von dort berichtet Elke, sie habe *mitgezählt*: In der letzten Stunde, in einer einzigen, sei aus ganz verschiedenen Mündern *genau sieben Mal* und abstürzend die Vokabel »Ohnmacht« geflattert –

UNTERSCHRIFTENSAMMLUNG (III) / / Eine Antwort auf die Unterschriftensammlung gegen die Damen-Wehrpflicht ist bis jetzt ausgeblieben; statt dessen setzen in den Straßen ringsum die erwarteten systematischen »Befragungen« der Unterschriftlerinnen ein. Es sind immer zwei (meistens relativ freundliche) Frauen, die vor der Türe stehen, »die eine *vom Magistrat*, die andere offensichtlich *von der Stasi*«. (Bei Kathi spielt die »freundlichere« der beiden während der Unterhaltung zurückhaltend-demonstrativ mit dem Polizei-Ausweis oder etwas Ähnlichem.) Ungewöhnlich lange und entsprechend enervierende »Gespräche«, während derer jedoch nach allgemeinem Urteil weniger deutlich gedroht wird als früher bei ähnlichen Gelegenheiten. (Trotzdem bleibt die Drohung spürbar.) Allerdings scheint die Bearbeitung dieses Mal differenzierten Mustern zu folgen: Tina Krone (eine der mutigen Lehrerinnen) wird sehr viel bösartiger und schroffer »angefaßt«; zwei Verhöre vom Übelsten an ihrer EOS in Mitte ... Da sie nicht bereit ist, ihre Haltung auch nur um Nuancen zu ändern, muß sie sich morgen beim BETRIEBSARZT einfinden: Wer so eine Sache unterschreibt, wer sich so verhält wie T. K., der kann ja wohl *nicht ganz gesund* sein. (Tina: »Meine Krankheiten kenn' ich schon: 1. Unreife; 2. Hysterie; 3. Basedow ... Die nächste Station ist der Nervenarzt!«) - / / - Eine der Fragen, die der »Zweier«-Besuch stellt, ist wieder einmal die, welche sich die Pazifisten schon seit ewigen Zeiten anhören müssen: »Was würden Sie denn aber tun, wenn einer mit dem Gewehr vor Ihnen steht und Ihr Kind erschießen will ...?« (Zweifellos ein Dilemma, dem die meisten Mütter der Welt im Lauf ihres Lebens das eine oder andere Mal ausgesetzt sind.) Eine der befragten Frauen versucht dem besorgten Besuch wagemutig deutlich zu machen, daß die Probleme heute recht anders aussehen, z. B. unter Umständen mit der viel wirklichkeitsnäheren Frage zu bezeichnen: »Möchten Sie, daß

Ihr Kind später als Soldat an der Mauer irgendeinen armseligen Flüchtling erschießt und auf diese Weise zum Mörder wird ...?« Über die Reaktionen der Besucherinnen ob solcher Unverschämtheit ist nichts bekannt geworden. – / / – Tina Krone, als Lehrerin dazu verpflichtet, hat soeben Johannes R. Bechers »Tagebuch 1950« gelesen und ist vollkommen schockiert ob der Nichtigkeit und leeren Verträllertheit dieses quasi »Werkes«: »Und *ich* soll angeblich unreif sein ...«

KINDERFRAGE / / »*Glühende Verfechter* ... – kannst du mir 'mal erklären, was das bedeutet, Mama?« – Bald Asche, allzu bald Asche, mein Kind!

KELLERASSELN / / Breton gesteht seine (zustimmende) Betroffenheit ein, da er erfährt, daß Gustave Flaubert nach dessen eigenem Zeugnis mit der »Madame Bovary« hauptsächlich etwas machen wollte, »was die Farbe des Schimmels in jenen Winkeln hat, wo es Kellerasseln gibt ...«, und daß ihm alle übrigen, z. B. sozial- oder gesellschaftskritischen Überlegungen relativ fern lagen. (So etwas nenne ich seit längerem provisorisch »Ästhetische Vision«, unsichtbar für die Augen unserer LiteraturwissenschaftlerInnen.) Andere sind dem schwärenden Zauber der Schutthalden und Müllkippen verfallen (z. B. unsereins). Daß es ernsthafter Literatur vor allem um so etwas geht, nicht nur die Partei-Ästhetiker, sondern auch die letztendlich kaum weniger auf den »Realismus« eingeschworenen bürgerrechtsbewegten Widerständler ringsum werden es schwerlich akzeptieren, ja, als etwas »Unmoralisches«, wenn nicht fast schon »Verbrecherisches« empfinden. – / / – Um so mehr hat es mich überrascht, Gerd Poppe als begeisterten Fan von Huysmans bzw. dessen Roman »Wider den Strich« zu erleben. Der Versuch, ihn mit dem desperaten schwarzen Humor und der provokanten Werbespruch-

Sprache eines Kurt Vonnegut zu »beglücken« – wumm!, macht es im Karton! – ist allerdings daneben gegangen; er hat mir Vonneguts Buch zum größeren Teil ungelesen und mit deutlichen Zeichen des Widerwillens gegen derlei höhnisches und schnödes Endzeit-Geskribbele zurückgegeben. Mit solchem Schietkram will er nichts zu schaffen haben ... (Daß Huysmans wirklich der bedeutendere Autor ist, steht auf einem anderen Blatt.) Wumm!, macht es im Karton. – / / – Was bin *ich* eigentlich für diese Leute? Nehmen die mich ernst?, der ich vielleicht als etwas Flackerndes zwischen Huysmans, Vonnegut, Jarry und Karl Kraus gelten könnte? Ich will lieber nicht dringlicher fragen.

BESUCH IN LEIPZIG / / Einer, der den Ausreiseantrag gestellt hat, wird auf dem Weg zu seiner Arbeitsstelle von drei Ledermantel-Herren abgefangen, im Auto auf den Friedhof gefahren, von harschen Händen in die Leichenhalle gezerrt: »Sehen Sie sich es gut an; *so* werden bei uns die Leichen aufgebahrt ...« Das ist alles, was er hört. Dann wird der Mann wieder freigelassen; und er fährt mit der Straßenbahn wie betäubt nach Hause ... – / / – Nachts darüber nachgegrübelt, daß ich keinen Augenblick lang an der Wahrheit dieser makabren Horror-Story gezweifelt habe. Auch von den neun oder zehn Personen des Kreises in Leipzig-Connewitz heute abend, welchem es berichtet wurde, hat keine einzige den leisesten Zweifel geäußert. – Das ist der Point: Niemand zweifelt daran, daß »die« zum Aller-Schwärzesten fähig sind.

BECHER / / Für mich die widerwärtigsten Notizen Bechers in seinem Tagebuch von 1950 – das ganze Buch eine unfreiwillige Selbstverurteilung der öligsten Art – die Aufzeichnungen vom 28. April und vom 2. Mai. Am 2. Mai heißt es: »Albert Ehrenstein gestorben. Ein guter Kamerad vor allem, mit dem ich einmal kurze Zeit in Leipzig beim

Kurt-Wolff-Verlag als Lektor arbeitete ... (...) ... Später wurde Ehrenstein ein steriler Kauz, er hat es mit einem Minimum an Leistung zu einem gewissen Namen gebracht. (Ähnlich wie Wolfenstein) ...« Welch wahnhafte Überhebung über unglücklichere (?) Kollegen aus der Expressionisten-Zeit, von denen übrigens am Ende vielleicht nach gründlicherer Prüfung mehr bleiben wird als von dem pausenlos »produzierenden« Becher; ich ziehe die schrillen und zynischen frühen Gedichte Ehrensteins dem von Verteidigern Bechers herangezogenen »wogenden« Frühwerk durchaus vor; und was die Exil-Lyrik Bechers betrifft (eine Riesensammlung von Untermittelmäßigkeiten), so finde ich in ihr kein einziges Gedicht, das man so ernst nehmen müßte wie das eine von dem vereinsamten Wolfenstein, das kurz nach dem Krieg in Alfred Döblins Zeitschrift DAS GOLDENE TOR abgedruckt war, »Der Gefangene« heißt, im Gestapo-Gefängnis von Paris geschrieben worden ist, »ein Minimum an Leistung«, in dem sich u. a. die Zeilen finden: »Gut, daß mir mein Nachbar schreiben kann: / mit den Knöcheln, die ich nun schon kenne, / klopft er manchmal herzlich tönend an – / wie ich dann zu ihm hinüber renne! / Und ich stoße auf die Wand ...« (An »Johann Ohneland« Yvan Goll darf man schon gar nicht denken!) – / / – Die gleiche Tonlage wie in der Glosse zu Wolfenstein und Ehrenstein, nur noch verschärft, in der Notiz Johannes R. Bechers vom 28. April: »In der ›Aktion‹ geblättert. Viel Vergessenes hervorgeholt. Namen und Bilder tauchen auf aus der ›Tiefe des Lebens‹. Tief, unendlich tief. Welch ein In-sich-selbst-Verlorensein. Bedeutende Begabungen scheinbar spurlos dahingeschwunden ... *Ich war keineswegs begabter als sie, aber meine besondere Begabung bestand eben darin, daß ich mich durchsetzte, daß ich sie alle überlebt habe, daß ich übriggeblieben bin. Und daß ich mich als Dichter fortsetzte, während die meisten der Verschollenen nur Dichter eines beschränkten Zeitabschnitts* waren, mit dessen Ende auch sie selber ihr Ende fanden. Auch über 1945 habe ich mich noch fortgesetzt, und noch immer kann ich verkünden: Fortsetzung folgt. –« Spricht so ein Dichter? Glaubt man nicht eher die Stimme eines Trust-Bosses zu hören, der seine Schulkameraden irgendwo in der Tiefe zurückgelassen hat? Das Paradoxe ist, daß sich hier ein offenkundig vollkommen zerstörtes Talent mit Hilfe der Partei und der ihr angeschlossenen Literaturwissenschaftler (Liwis) als Triumphator aufspielen darf. – Elke Erb, die Becher-Hasserin: »Wenn der Begriff ›Dekadenz‹ jemals einen Sinn gehabt haben sollte, dann hätte er in bezug auf Becher angewendet werden müssen ...« – »Fortsetzung folgt ...«? Die Stocherei in diesem trostlosen und schimmligen »Gesamt-Trümmerhaufen«, als den ich das Werk Bechers begreife, wie lange wird sie noch währen?

SCHULZE / / Nachdem man den Punk-Poeten Dada Schulze hat »laufen« lassen, d. h. vorerst nicht eingesperrt hat trotz seines »asozialen Verhaltens«, nachdem man also den Beschwörungen und dem Druck Christa Wolfs und Franz Fühmanns nachgegeben hat, soll (nach verläßlicher Information) der zuständige und in die Enge getriebene Staatsanwalt wütend ausgerufen haben: »Na, dann sollen doch *die* ihn *erziehen*!«; also Christa Wolf und Franz Fühmann ... – Fragt sich natürlich sofort, zu welcher Art Mensch dieser staatsanwaltliche Erziehungsfanatiker den Dieter Schulze im Knast hat machen lassen wollen, zu solch einer Type wie dem Herrn Staatsanwalt selber – *zu solch einem Vieh?*

DEZEMBER 82

DIE BOMBE, DIE GASTÜRME / / Damals, so um 1960 herum, hat am Alex als Anti-Kriegs-Mahnmal eine große und zerborstene Mehrzentnerbombe vermutlich »angloamerikanischer« Herkunft gestanden; plötzlich, im Halbschlaf fällt es mir ein. Hat nicht sogar eine jüngere Dichterin seinerzeit ein Gedicht über diese Memorial-Bombe geschrieben? Irgendwann ist sie stiekum beiseite geschafft und aus unserem Bewußtsein herausgeschnitten worden, »geschleift« sozusagen, in ähnlicher Weise, wie es mit den alten und geliebten Gastürmen im Prenzlauer Berg geschehen soll; gegen den heftigen Widerstand der Bevölkerung dieser Gegend. – Wie viele Gemälde, Grafiken, Kunst-Fotos seit einiger Zeit, welche provokant diese Gastürme zeigen, die der Kiez erhalten sehen möchte als »Industrie-Denkmäler« o. ä.! – Statt der rostigen und kaputten Bombe hat sich jetzt ein riesiger Bauarbeiter aufgestellt am Alex, das Hochhaushotel und den Fernsehturm mit Blick und Hand taxierend, der verkörperte Hinweis, wie man die Dinger am besten in die Luft sprengen könnte. (Zugegeben, *meine* Interpretation!) Auf dem Terrain des Gaswerks am Prenzlauer Berg soll es ein Thälmann-Denkmal werden, zusammengeknäuelt von sowjetischem Meister, da ein deutscher sich nicht finden lassen will. Der Plan, die Gastürme, »unsere Gastürme« zu »schleifen«, wird freilich allgemein als ein direkter Angriff auf den stachligen Prenzlauer Berg empfunden; und ist höchstwahrscheinlich genauso gedacht von Herrn Konrad Naumann, dem Bezirksboß der Partei; sie *stiekum* zu »liquidieren«, wird schwerlich gelingen.

SCHAUFENSTER / / Das Schaufenster der F.-C.-WEISKOPF-Buchhandlung vis-à-vis von der S-Bahn-Schönhauser hat sich weihnachtlich herausstaffiert, von buchhandelslehrlingshafter Laienkünstlerhand unterstützt: Bild eines Kleinstadtmarktplatzes, quasi »urdeutsch« von Tannenbaumlichtern und wärmstens leuchtenden Fenstern beschienen, Advent, Advent! Dazugemalt mit Farbstiften ein Gedichtlein mit dem Titel »Draußen« – Moment, das kenn' ich doch! –, das nach der Vorstellung der Kollegen von der Buchhandlung offenkundig gut zur Adventsstimmung und zu dem Bild aus der weihnachtlichen Kleinstadt paßt in all seiner schlichten Volksliedhaftigkeit; »Draußen« überschrieben, gehen die Verslein so: »Mein Herz dreht sich baß / Draußen geht etwas / Jetzt bleibt das stehn / Jetzt ists wieder am Gehn / Mein Fenster wird verhängt / Das ist vorbeigegangen / Mein Herz ist schnapsversengt / Mein Fenster ist verhangen –« Klar, die Überschrift könnte auch »Lied des vereinsamten Säufers« heißen; es ist ein Textlein aus meiner, aus *meiner* Feder, 1966 nicht ohne Sarkasmus dem Komponisten Friedrich Goldmann dargewidmet; wir waren ja damals staatlicherseits aufgefordert, der volkstümlichen Lied-Dichtung Reverenz zu erweisen ... (Das Liedchen könnte auch heißen »Ein Spitzel geht vorbei«, Variante zu Erich Arendts »Einblick das Spitzelgesicht«, ungefähr in der gleichen Zeit entstanden.) Was es mit Weihnachten und der erhofften Weihnachtsbescherung zu tun hat, bleibt indessen unerfindlich. Soll es, so tannenbaumzweiglein-umrahmt, an die Vereinsamten und Vergessenen *auch in unserer sozialistischen Gesellschaft* gemahnen?, die Rentner, die Greise und Greisinnen, die Siechen? Hat das Buchhandlungspersonal bei dem Vers »Draußen geht etwas« an das liebe alte Vortragsstück »Von drauß' vom Walde komm ich her« denken müssen? Jedenfalls fühle ich mich dazu animiert, mit einer *verbesserten*, einer erweiterten Fassung aufzuwarten, die folgendermaßen lautet: »Mein Herz dreht sich baß / Frohe Weihnachten / Draußen geht etwas / Frohe Weihnachten / Jetzt bleibt das stehn / Frohe Weihnachten / Jetzt ists wieder am Gehn / Frohe Weihnachten / Mein Fenster wird verhängt / Frohe Weihnachten / Das ist vorbeigegangen / Frohe Weihnachten / Mein Herz ist schnapsversengt / Frohe Weihnachten / Mein Fenster ist verhangen / Frohe Weihnachten« – (Da habt ihr's!) – / / – PS.: J. macht mich auf die Doppelbedeutung des Gedichts und des Titels »Draußen« aufmerksam: Ist nicht jener, der da hinter »zugezogenem« Fenster und »drinnen« singt, im übertragenen Sinn »draußen«?, der Einsame, der »Ausgeschlossene« gleichsam? Heiliger Nikolaus, habe ich mich tatsächlich schon 1966 als so sehr »draußen« empfunden?

NICHTS MEHR STIMMT / / Und M. sagt: »Die janze Dialektik is' im Eimer – was jetzt? Da spielt sich einfach nüscht mehr ab!«

GESCHLOSSEN / / »Entmannt / steht / das Licht.« – »Bald vorm Gesicht / das Leersegel, breit gespannt ...« – »... dies war / nichts als und / unabänderlich Nirgendwo / Haltlos Verschweben.« (Verse aus Arendts FEUERHALM von 1973.) – Und Erich Arendt versteht nach Schlaganfall und Hirnverwüstung die eigenen Gedichte nicht mehr, und nicht etwa nur die riskant-komplizierten, die seinen Zustand so hellsichtig wie undurchdringlich-rätselhaft vorwegzunehmen scheinen; auch der sogenannte »Einstieg« über die schlichteren Texte des Bandes FEUERHALM mißlingt, nachdem Arendt von D. dazu angehalten worden ist. Für den nun bald Achtzigjährigen ist die Tür zu seinen eigenen Gedichten, zu all seinen Gedichten, ob einfach oder hochartifiziell, jählings zugeschlagen. – »Was bedeutet das?«, sieht er einen mit verschleiertem Blick ratlos und hilfesuchend an, »ich verstehe das nicht! Was soll das?« (Manchmal begreift er noch nicht einmal, daß er selber es verfaßt hat.) Trotz der Traurigkeit solcher Momente ist man geneigt zu witzeln: »Jetzt also auch Sie, Herr

Arendt!« – Solcherlei kühne Vertraulichkeiten, sarkastisch-verschwörerische »Grenzüberschreitungen« und Taktlosigkeiten, wie ich sie mir zuweilen gegenüber dem Dichter erlaube, sind mir nur möglich, weil ich immer beim distanzierenden »Sie« geblieben bin und Arendts Angebote, ihn zu duzen, zurückgewiesen habe, und zwar mit dem auch ihm einleuchtenden Argument: »Wissen Sie, Herr Arendt, das ›Du‹ ist so unpersönlich geworden; ich bleibe lieber beim intimeren ›Sie‹, wenn Sie erlauben ...« – / / – Da es also mit FEUERHALM oder selbst dem früheren GESANG DER SIEBEN INSELN nicht klappt, kaufen wir während unseres obligatorischen Spaziergangs um den Block herum in der Volksbuchhandlung an der Prenzlauer etwas Einfacheres, ein ABC-Buch der Lyrik gleichsam; wir erwerben eine philologisch penible neue Nachdichtung der wahrlich auf bravste Weise verschlüsselten un-braven Sappho-Fragmente: »Ich habe ein schönes Kind, so anmutig wie / Blumen aus Gold...« Da Arendt keine Anstalten macht, das Buch zu öffnen, versuchen wir es zu dritt mit dem Dichter zu lesen; kein Ergebnis; Arendt bleibt »abgetreten« und unverständig. Wahrscheinlich begreift er nicht einmal mehr – aber begreift man das jemals ganz? –, weshalb ein Mensch dazu kommt, Gedichte zu schreiben, ein Dichter zu werden und zu sein. (Die quälende Grundangst jeder Poeten-Existenz bis in die Träume hinein: Daß von einem Moment zum anderen vergessen werden könnte, was ein Gedicht recht eigentlich darstellt oder der Welt bedeuten soll; und da nützt auch der Gedanke ans »Handwerk« und die penibelste Metrik-Schulung nicht mehr, Peter G., Rainer K.!; die Angst davor, aus den »Hexenringen« des Poetischen herauszufallen oder auch hinausgestoßen, herausgezerrt zu werden, um jenseits dieses magischen Zirkels nur noch als frierender Kümmerling dahinzuleben.) Glücklicherweise wird der Vorgang dem zerfallenden Erich Arendt nicht mehr so recht bewußt; ein bauernschlaues

Grinsen hin und wieder nur, das einen stutzig macht und für Sekunden verunsichert; dann wieder Pupillen, wie von grauem Regengewölk »gesättigt« ... Leersegel, Leersegel!, mit den FEUERHALM-Gedichten hat der damals etwa Siebzigjährige vor zehn oder zwölf Jahren die letzte (für mich interessanteste) Phase seiner Arbeit eingeleitet und gleich in die Richtung weisend seiner jetzigen Auflösung (könnte man spekulieren), da Arendt seine riesige poetische Welt allein gelassen hat ... - / / - Dabei wollte man vor kurzem noch hoffen, ihn über das Lesen schließlich auch wieder zum Schreiben zu bringen: Keiner wollte akzeptieren, daß Arendt nicht mehr der alte luzide Grandseigneur sein kann, »der letzte dieses Schlages«, wie Elke Erb meinte. »Ich werde nichts mehr schreiben«, hat Arendt vor einigen Wochen gesagt; jetzt denkt er nicht einmal mehr daran (ist vielleicht nicht mehr dazu fähig), solch eine Entscheidung zu formulieren. Trotzdem versucht der engere Kreis der Freundinnen und Freunde Arendts wie in eifernd-unermüdlicher Polemik von Tag zu Tag neu, ihm die eine oder andere Literatur wieder aufzuschließen; Dorothea - deren Namen Arendt leicht amerikanisiert als »Dorothy« ausspricht, wie er überhaupt die deutschen Frauennamen gern fremdsprachlich ummodelt -, Dorothea hat ihm z.B. vergeblich Musil vorgeschlagen - weshalb gerade Musil?, weil dem geistigen Rang Arendts gemäß? -, in dieser Woche Robert Walser (was mir auch keine glückliche Wahl zu sein scheint): Arendt blickt zu »Dorothy« hoch, dann blickt er zur Seite ... irgendwohin! Zuweilen lacht er listig auch über derlei Angebote und in einer Weise, als wäre ihm Unsittliches präsentiert worden. Ja, lesen mag er (oder kann er) nicht mehr; aber hintergründig zu grinsen oder zu lachen, wie schon gesagt, das gelingt ihm noch ganz gut, mir kommt es sogar vor, häufiger und besser als früher: Ganz und gar unglücklich scheint er nicht zu sein - »dort drüben«.

STADTGESPRÄCH / / »Probleme« mit der riesigen Fichte auf dem Weihnachtsmarkt in Berlin, der *Hauptstadt*: »Die ist ja viel kleiner als der Baum in Dresden ...«, der Nur-*Bezirkshauptstadt*. (So angeblich Konrad Naumann, der Parteiboß von Berlin, und sein aufgeregtes Konsortium.) Diskussion auf höchster Ebene: »Das geht nicht an, daß Berlin einen kleineren Baum als Dresden oder Halle zeigt.« – Ja, und so spielen wir alle in einem Stück von Alfred Jarry! – Und die halbe Stadt lacht sich krumm über die Sorgen der »Spitze« und den diktatorischen Beschluß – wie sich das alles nur immer so schnell 'rumspricht!? –, per Polizeisirene und Blaulicht, also tempo-tempo aus Thüringens Bergen eine Weihnachtstanne heranzerren zu lassen, welche dem führenden Rang der Hauptstadt entsprechen mag bzw. ihn akzentuiert. – Jetzt juchzt es an jedem Stehbiertisch: »Wir haben den größten ...«; wobei offengelassen wird, ob der Baum, ob Konrad Naumann oder noch etwas anderes gemeint ist.

DIE ERKLÄRUNG / / Endlich habe ich das Geburtsjahr jener bis heute wirksamen (und gelegentlich wiederholten oder modifizierten) Definition eruiert, nach welcher sich zunächst in der Sowjetunion wie dann in der DDR usw. »eine bis dahin noch nicht dagewesene *moralische und politische Einheit* des Volkes herausgebildet« habe, besser noch, »die moralische und politische Einheit der sozialistischen Gesellschaft ...« Man hätte es sich denken können: Die Formulierung wird zum ersten Mal verwendet – und zwar von Molotow – in dem gleichen ruhmreichen Jahr 1937, das uns auch die Gründung des ruhmreichen STAATLICHEN VOLKSTANZENSEMBLES DER UDSSR, des sogenannten Moïssejew-Ensembles beschert hat (und einiges andere mehr). Hinzu gesellt sich der Molotow-Formel einleuchtenderweise eine zweite, welche A. Mikojan in der PRAWDA vom 21. 12. 37 kundgetan hat: »Jeder Bürger der

UdSSR – ein Mitarbeiter des NKWD.« – / / – Zumindest was den zweiten Punkt betrifft, scheint sich die DDR diesem Idealzustand allmählich annähern zu wollen; vor kurzem glaubte mir ein etwas undurchsichtiger Besucher enthüllen zu müssen, unter den Bewohnern des Ländchens gäbe es nicht weniger als *eine Million* Mitarbeiter der Staatssicherheit ... – Ich bin bisher stets nur von einer *halben Million*, von etwa fünfhunderttausend Exemplaren ausgegangen! – Ein anderer Besucher hat mir, übrigens in volltrunkenem Zustand, das Top-Secret-Geheimnis verraten, die DDR »verfüge« über *eine Million* AlkoholikerInnen, Alkohol-Kranke im engeren Sinn ... Da springt natürlich die Frage hoch: Ob das eine mit dem anderen zusammenhängt? – / / – Hurra, Hurra, Hurra der »politischen und moralischen Einheit des Volkes« im Zeichen der Schnapsfahne und des Ehrenbanners der Tschekisten, wie die Stasi-Typen neuerdings wieder genannt werden, Lenin und der Frühphase der Revolution zu Ehren!

»EIGENES BEGEHREN« / / Neulich sind Uwe Kolbe und der Maler/Bildhauer Hans J. Scheib bei Erich Arendt zu Besuch gewesen, um ihm ihre gemeinsame Lyrik-Grafik-Mappe zu überbringen, als Geschenk des künstlerischen Undergrounds sozusagen, für den Arendt als ein geheim strahlender Mittelpunkt der literarischen »Gegenwelt« im Lande gilt. Nun sitzt der Alte, da ihm das früher schön gepflegte »silberne« Haar verwahrlost über den Hemdkragen lockt, vor der Scheib-Kolbeschen Mappe und starrt durch sie hindurch, den Kopf in die Hände gelegt, die Fingerspitzen leicht in die Schläfen gebohrt, ein Bild, das der Scheib zeichnen müßte. Er blickt hindurch auch durch das grafische Gitter des kolbeschen Sonetts »Ab/An/sage« von 1979, einen noch ziemlich klapprig gebauten Wortkäfig: »Alte Männer verraten, es tät ihnen leid / – Als wenn ich schon Arme und Beine los wär, / Reichen sie mir eine Vor-

schrift her –, / Für eigenes Begehren sei nicht die Zeit.«
Nein, diese Beschwerde gilt gewiß nicht Erich Arendt!; seit
langen Jahren ist Arendt fast der einzige »alte Mann« im
Revier, der »eigenes Begehren« der Jüngeren auch dann
herausfordert, wenn es seinen eigenen künstlerischen
Idealen eher hohnspricht; in diesem Punkt erheblich aufgeschlossener und beweglicher als die ja auch nicht zu unterschätzenden Dichter der »Mittleren Generation«, der
»Sächsischen Dichterschule« von Rainer Kirsch bis Heinz
Czechowski, die lieber dem Angepaßt-»Ordentlichen«
(nicht Schlechten natürlich) ihre Zustimmung geben statt
dem wüst alle Regeln Zerfetzenden der literarischen und
künstlerischen Outlaws. (Der alle Richtungen der Welt-Moderne beobachtende Erich Arendt hat sogar der allgemein
verfemten Form des »Happening« o. ä. seine zustimmende
Aufmerksamkeit geschenkt, ist hinmarschiert wie ein Junger, hat geklatscht oder Fragen gestellt; Kirsch, Czechowski, Gosse sind nicht denkbar als »Happening«-Publikum,
als mit-agierendes schon gar nicht!, Heiner Müller ja, auch
Mickel, Elke Erb sowieso ...; seltsame Unterschiede, nicht
zu gering zu veranschlagende.) Es will mir heute sogar so
vorkommen, daß es – »Lesungen« in christlichen Haushalten beiseite gelassen – mit den »illegalen Wohnungslesungen« bei Erich Arendt in der Raumerstraße begann (so
etwa in der Mitte der Siebziger), überspringend dann zu
Frank-Wolf Matthies in der Lottum-, zu Henryk Bereska in
der Scharnhorststraße, zu Gerd Poppe in der Ryke, zu Ecke
Maaß in der Schönfließer undsoweiter, undsoweiter –
heute ein groß entwickeltes vibrierendes Geflecht nicht
nur im Prenzlauer Berg, von welchem unsereins getragen
und weitergetragen wird. Ja, gewiß, bei Erich Arendt hat
es seinerzeit angefangen; hier habe ich auch (um 1976) die
ersten Lebensäußerungen meines Pseudo-Romanhelden
und »Schelmen« Bubi Blazezak einem verwunderten Publikum aus Ost und West bekannt gemacht, immer wieder

unterbrochen von kleinen Schreien: »Das gibt's doch gar nicht!«

STRASSENBAHNEN / / Im »Café Mosaik« mit einem »Straßenbahnforscher« gesprochen – das hätte auch mir als Beruf gefallen –, welcher für die Verkehrsbetriebe »seit ewigen Zeiten« über Sinn und Unsinn der und jener »Linienführung« etc. nachdenkt und allerlei Schnurren aus der Geschichte der Berliner Tram zu erzählen weiß, z. B. die kabbaleske, daß es vorzeiten eine Straßenbahnlinie »93« gegeben habe, die ulkigerweise tatsächlich genau dreiundneunzig Haltestellen tangierte. Käuze dieser Art, wie den Erzählungen Paul Gurks entsprungen, gehören auch jetzt noch zum faszinierenden »Inventar« der Kneipen in Mitte und Prenzlauer Berg vor allem. (Jüngst ist es ein manischer »Lampensammler« gewesen.) Mißmutig stimmt den Straßenbahn-Menschen und »Phonometer« (?) eine neue Verfügung, wonach die großartigen Neubau-Viertel à la Marzahn (die Viertel der »neuen Menschen« sozusagen) nur mit den neuen und modernen Straßenbahnwagen, wie sie z. Z. eingeführt werden, angesteuert werden sollen, während die klapprigen alten und verwahrlosten den entsprechend verwahrlosten Stadtbezirken zugeteilt sind, also etwa den Linien, die von Mitte hinaus nach Pankow oder Niederschönhausen bzw. nur bis Weißensee führen ... »für uns hier bleibt der Schrott!«

ALLES FÜR MARZAHN / / Und auch solche Künstler gebiert der Prenzlauer Berg: L., der mit der serienweisen Produktion von »Mini-Gemälden« für die Leute »in Platte«, also in den hoch-modischen Plattenbauten in Marzahn, in Hohenschönhausen etc. begonnen hat, angepaßt seine »geschmackvollen Sächelchen« der Enge der Wohnungen und dem schmalen Tapetenstreifen neben dem obligatorischen Wandschrank: »'n janz jutes Weihnachtsgeschäft!« –

Ein anderer dieser konsequenten »Realisten« will sich, ebenfalls von der geringen Höhe der marzahner Wohnungen dazu herausgefordert, auf friesartige »Landschaften« spezialisieren, zwanzig Zentimeter hoch und bis zu einem Meter breit! (?) – L. begründet seine offenkundig lukrative Idee psychologisierend: »Bei diesen zugewanderten Sachsen, Thüringern, Mecklenburgern werd' ich die Dinger los wie warme Semmeln; diesen Leuten aus der Republik ist das alles zu kalt und ungemütlich da draußen in ihrer Plattenbau-Siedlung, die möchten ein bißchen HEIMAT in ihrer Bude vorfinden, wenn sie am Abend ...« – Ich nicke dem fleißigen Malersmann sarkastisch zu: »Endlich 'mal wieder Kunst, die auf den Menschen zugeht; das hat uns lange gefehlt!« – »Denen male ich«, erwidert L., ohne mit der Wimper zu zucken, »denen male ich zum Beispiel irgend so'n Ententeich oder, wie gerade jetzt, das Bildchen ›Mecklenburgische Endmoräne‹; das ist es, was die da draußen kaufen, verlass' dich darauf!« Und also pinselt L. seit Tagen Endmoräne um Endmoräne, immer die gleiche »warme« mecklenburgische Endmoräne fürs erwartungsvoll harrende Marzahn und die beklagenswerten Dösköppe dort.

OBERLAUSITZ / / »Dos sind Kinschtler« – und das bedeutet in der Oberlausitz (im Ubr-Lande): »Das sind Schlaumeier«.

UNSERE MANNHAFTEN IDEALE / / Dieser Tage ausgeschnitten aus einem Leserbrief von Waltraud B. (?) an die Zeitschrift SONNTAG, ausgeschnitten für den derzeitigen »Bausoldaten« und Dichter Bert Papenfuß-Gorek, welcher sich dem Dienst an der Waffe feige verweigert; der Brief bezieht sich auf eine Verfilmung des »Götz von Berlichingen«: »... So ein verfilmtes Schauspiel, ein Drama Goethes auf der Leinwand – das wirkt nachhaltig ... Goethe wollte dem *herrschenden, aber zum Untergang verurteilten Feudaladel Vorbilder schaffen* ... Und so wird der GÖTZ zu einem ›positiven Helden‹, der besonders den jugendlichen Filmbesuchern *mannhafte Ideale* vermittelte ... Waltraud B., Camburg ...« – Ein Leserbrief, der dem »Geist« entspricht, der z. Z. hierzulande offiziell »kultiviert« wird; man sehe sich um! – PS.: Vielleicht ist Waltraud B. nichts anderes als ein Pseudonym des »Literaturwissenschaftlers« Dr. sc. Werner Neubert, des Theodor-Körner-Preisträgers par excellence?

JANUAR 83

RUHM DER FREIHEIT / / Der Übersetzer, Bulgarist und enge Arendt-Freund Norbert Randow erzählt, daß er im Gefängnis (in den sechziger Jahren) sich und seinen Leidensgefährten zum dubiosen Trost einen Vierzeiler Apollinaires in die Zellenwand gekratzt hat, und zwar diesen, »Der Karpfen« betitelt: »In euren Teichen, euren Gräben: / Wie mögt ihr, Karpfen, lange leben! / Holt euch der Tod am Ende nie, / Geschöpfe der Melancholie?« Bei der stumpfsinnigen Arbeit (in einer Spinnerei?), die ihm auferlegt war, habe er sich stundenlang wortlos zugerufen: »Rip van Winkle, Rip van Winkle, Rip van Winkle ...« – / / – In den Siebzigern, mischt sich jemand in das Geplauder bei der Silvester-Feier ein, habe irgendwer in der Gemeinschaftszelle immer wieder und mit Vorliebe aus meiner allzu »linken« Nachdichtung des Gedichts »Petrograd 1918« von Ossip Mandelstam zitiert: »Ruhm der Freiheit sie ist *über uns gekommen* / Eine Sonnenfinsternis verworrner Zwirn ...«, um sodann in schrilles Gelächter zu verfallen ... Soll ich das nun für eine »erfolgreiche« Nachdichtung halten? Zweifellos, die »Gebildete Nation« Alfred Kurellas bis ins grauseste graue Zuchthaus hinein, »Leseland DDR!« – / / – PS.: Und Karpfen sollen wirklich bis über hundert Jahre alt werden, wenn man sie läßt.

STIELER / / Einer, der an manchen Tagen statt meiner mit Arendt die Runde um den Raumerstraßen-Kiez macht: Helmut Stieler, noch nicht dreißig Jahre alt, ein elternloses Heimkind, das sich verbissen in die Position des sogenannten »Heimerziehers« hochgearbeitet hat. Seine Diplomarbeit: Eine mit schockierenden Fotos illustrierte Streitschrift gegen das derzeitige System der »Heimerziehung«, das geeignet sei, die Kinder zu Kriminellen zu machen. Am Ende seines hektisch-kurzen Wegs als Spezialist auf seinem Gebiet ist dieser neue Michael Kohlhaas selber im Gefängnis gelandet und in Frankfurt/Oder eingesperrt worden, zu sieben Monaten Haft verurteilt – schwarze Pointe! – aufgrund des »Herabwürdigungsparagraphen« 220, verurteilt wegen der »Herabwürdigung« der von ihm attackierten »staatlichen Einrichtung«, des seinen hochherzigen Verbesserungsplänen widerstrebenden Kinderheims, in welchem Stieler gearbeitet. Während der Verhandlung kommt der Denunziationsbrief des Direktors des Kinderheims zur Sprache, in welchem mitgeteilt worden ist, Stieler werde seiner Aufgabe als »sozialistischer Erzieher nicht gerecht«, außerdem sympathisiere er mit dem »polnischen Konterrevolutionär Wałęsa« und sei »befreundet mit Biermann« – doppelt genäht, hält besser! –, purer Unsinn das eine wie das andere, dennoch bestätigend unterschrieben das Machwerk von sämtlichen Kollegen Stielers – mit Ausnahme der einen Kollegin, inzwischen entlassen, die ihn über die Unterschriftensammlung informiert hat! –; das Übliche also inklusive der beinahe schon obligatorischen »einen Ausnahme«, in der Regel weiblich, welcher dann die KollegInnen klammheimlich auf die Schulter zu klopfen geneigt sind: »Wenigstens eene, die et ihnen jezeicht hat; haste richtich jemacht, Meechen!« So viel zur sittlichen Reife des DDR-Durchschnittsmenschen! Open the door, Richard! – / / – Jetzt, da Stieler längst wieder »frei« ist, schiebt er mir alle vierzehn Tage oder noch häufiger einen mahnenden und seine Probleme darlegenden langen Brief in den Briefschlitz, offensichtlich in der Hoffnung, einen flammenden Mitstreiter zu gewinnen so oder so – äußerst quälend, da meine Ohnmacht kaum geringer ist als seine –; dem alten Erich Arendt wird es bis vor kurzem kaum anders ergangen sein ...; allerdings dürfte Arendt, das Akademiemitglied, der »Nationalpreisträger«, Opfer des Faschismus zudem, erheblich größere Einflußmöglichkeiten gehabt haben als ich Outcast, und zweifellos hat er sie genutzt: Stieler, der anarchistische »Einzeltäter«, wie er im Fachbuch steht, muß eine Gestalt nach Arendts letztlich ebenfalls schwarz beflaggtem Herzen gewesen sein. Inzwischen hat der für des kinderlosen (!) Dichters Hilfe auf verzückte Weise dankbare Stieler damit begonnen, Gedichte zu schreiben, und zwar Oden, die denen Arendts aus der Zeit vor zwanzig Jahren partiell zum Verwechseln ähnlich sind; *seine* Art, sich zu »revanchieren«, da der alte Erich Arendt der einzige Mensch gewesen sein mag, der zu dem inhaftierten Einzelgänger Kontakt gehalten, auch mehrere Male ein Paket ins Gefängnis geschickt hat (wie viele sind angekommen?), Briefe und neue Gedichte, der »Nationalpreisträger« dem »Zuchthäusler«, wie sich der Stempelfetischist neuerdings auch in seinem Briefkopf-Stempel trotzig und hohnvoll nennt. (Stieler dreht und wendet den Begriff beinahe wie eine ehrende Berufsbezeichnung, wie einen Doktortitel oder den Hinweis auf ein Diplom: »Zuchthäusler – wie stolz das klingt!«, »Ich bin Zuchthäusler – wer ist mehr?«) Nicht zu entschärfen die permanent tickende Bombe, ein manischer Psychopath?, dem es sogar gelungen ist, sich während seiner Haftzeit 80 oder 81 mit ein oder zwei Kassibern bei Arendt in Erinnerung zu bringen, wie der Dichter seinerzeit zart und verschwörerisch angedeutet hat. – Ha!, wo mit Kassibern o. ä. »gearbeitet« wird, schießt es, schoß es einem durch den Kopf, ist der fast Achtzigjährige in der Raumerstraße selbstverständlich dabei – im Unterschied zu fast allen anderen honorigen Honoratioren ringsum in Stadt und Land, die in solchen Fällen vor sich hin nuscheln mögen: »Tut mir leid, ich habe heute wieder meine *Nierenkoliken* ...« (Nein, anblicken will ich niemanden, da ich's zitiere.) – / / – Wieder entlassen, hat diesen Michael Kohlhaas sein erster Weg natürlich zu Erich Arendt geführt, und zwar zunächst »illegal«, wenn ich es richtig verstanden habe, weil Stieler »Berlin-Verbot« aufgebrummt bekommen hatte, seinen Fuß also lediglich auf den Boden der »Republik«, nimmermehr aber auf den der »Hauptstadt« setzen durfte. Vermutlich nicht zuletzt aufgrund der Interventionen des Großmeisters Arendt wieder im Prenzlauer Berg – ich erinnere dunkel die geheimnis-krämerische Geschäftigkeit Arendts in dieser Zeit –, hat er augenblicklich seinen Brief- und Eingabenkrieg wieder aufgenommen, als stete »Belästigung« der Behörden auch schon wieder von Strafe bedroht. (Welche Nummer trägt noch 'mal der entsprechende Paragraph?) Zu den letzten schwarzen Geschichten, die der nun kaum noch aufnahmefähige Erich Arendt bei wenigstens noch halbwachem Bewußtsein mitgekriegt hat, dürften die Berichte Stielers über dessen widerwärtige Erlebnisse im Gefängnis gehört haben, z. B. die Beschreibung des Augenblicks, da dem »Zuchthäusler« Numero Sowieso alias Stieler die Post überreicht wird von einer höheren Charge aus der Gefängnisleitung: »Und hier ein Brief von einem Erich Arendt ... Aha, das ist 'n Schriftsteller, dieser Arendt!« – »Schriftsteller« habe geklungen wie »Zuhälter«, versucht Stieler zu erklären. – Und dann: »Liegt auch etwas bei, was wohl 'n Gedicht sein soll ... Das kann ich Ihnen leider nicht aushändigen ... Das muß ich leider vernichten!« Und man zeigt dem erwartungsvollen Helmut Stieler das Blatt, auf dem das Gedicht geschrieben steht, hebt es hoch und zerreißt es in viele kleine Fetzen ... Nach Stieler hat die Gefängnisdirektion wahrscheinlich vermutet, daß es sich bei dem Gedicht um eine »verschlüsselte Nachricht« gehandelt hat. Als Kenner der arendtschen Poesie wird man sich fragen müssen: Ob der Verdacht der Gefängnisleitung wirklich ganz und gar unbegründet gewesen ist? Verschlüsselte Nachricht, zerrissenes Gedicht – und jetzt auch Erich Arendts Bewußtsein zerrissen!

G. G. / / Immer wieder diese jungen Autoren, die sich bei mir dafür entschuldigen, weil sie sich darum bemühen, in den Schriftstellerverband aufgenommen zu werden; jetzt G.: »Im Grunde interessiert mich der Verband überhaupt nicht! Es geht mir nur um die Steuernummer! Hingehen braucht man dann ja nicht mehr!« Eine Haltung, die ihn sofort aus dem Kreis der *eigentlichen* »Prenzlauer-Berg-Autoren« ausschließt; weiß G. das nicht? Und er möchte doch von Papenfuß, Kolbe etc. »anerkannt« werden ..., ja, leidet ein bißchen darunter, daß er von ihnen quasi als ein »Ausgeschlossener« anderer Art behandelt wird. Die unsichtbare flirrende Trennungslinie zwischen den jungen Autoren des Viertels, zwischen den zwei großen Gruppen junger Autoren; auch wenn einer im Prenzlauer Berg beheimatet ist, gehört er noch längst nicht zum »Prenzlauer Berg«.

SCHNITTMUSTERBOGEN / / Gerd Poppe erzählt mir davon, wie er als Knabe mit seinen Eltern gelegentlich zu Besuch bei dem damals berühmten Dichter Kurt Barthel (Kuba) war, »bei den Barthels«, wie Poppe sich ausdrückt; eingeprägt hat sich dem Kind jedoch weniger die etwas zombihafte Erscheinung des dauer-stalinistischen »großen proletarischen Lyrikers« als das bei Kaffee und Kuchen von Hand zu Hand gereichte Foto-Album des damaligen Chefs des Schriftstellerverbands, prall gefüllt mit Erinnerungsfotos, einige von ihnen jedoch »bearbeitet« mit Messer und Schere. Doch auch die Fotos an sich (»Gruppenaufnahmen« mit den Großen der Zeit in der Regel) sind für die Erinnerung Poppes längst schon verblaßt – im Unterschied zu den Lücken, den Löchern in diesen Fotografien, im Unterschied zu der makabren Seltsamkeit, daß der als Inbegriff proletarischen Widerstandsgeistes geltende Volkstribun aus den aufgenommenen Grüppchen und Gesellschaften immer wieder die eine oder andere Person, zuweilen auch mehrere, ohne Zweifel herausgeschnitten hatte, Gestalten, von denen gleichsam nur noch ihr Schattenriß zeugte ... Man vermag es kaum zu glauben und schüttelt skeptisch den Kopf; aber Gerd Poppe ist bereit, es zu beschwören: Kuba hatte tatsächlich aus all diesen Beweisstücken für seinen »Aufstieg« in den vierziger, fünfziger Jahren all jene berühmten Köpfe heraustranchiert – und offenkundig mit der peinlichsten Sorgfalt und kleingärtnerischer Entschiedenheit! –, welche sich seiner oder der Meinung der Partei zufolge als »Verräter« entpuppt hatten, als »Renegaten« und »Revisionisten«, kurz als »ekles Geschmeiß« (siehe: Ungarn); und das sind ja bekanntlich nicht nur zwei oder drei Genossinnen bzw. Genossen gewesen ... – »'rausjeschnibbelt det Feindes-Antlitz – und *ohne* wieder 'rinjeklebt in't Album, ohne Herrn Déry, ohne Mister Lukács!« Man grübelt: Hat den Literatur-Heroen letztendlich die Angst bestimmt, zur großen Schere zu greifen und so metzgerhaft zu verfahren? Aber dann hätte er die Fotos ja auch zerreißen und verbrennen können. Allerdings wäre sein eigenes stolzes und geradlinig blickendes Konterfei mittenmang des krummen Verräter-Gesindels, das Bild des getreuen Kuba, dann auch im Eimer und hin gewesen, zusammen mit dem der anderen bewahrenswerten Helden der Zeitgeschichte ... Man will zu der Ansicht tendieren, daß es tatsächlich vor allem der »gerechte Zorn« des linientreuen Verfassers des »Lieds vom Menschen« gewesen sein wird, welcher ihn die »Schweine« auf so messerharsche Weise zu »liquidieren« und »für alle Zeiten« auszulöschen geheißen hat! Man kann nur froh sein, daß dieser Dichter niemals einem Erschießungskommando vorgestanden hat; einige von uns würden jetzt mit Sicherheit nicht »Hier« brüllen können, wenn man sie aufruft. – / / – Ich stelle mir den kleinen neugierigen Poppe-Poppow vor, wie er vorlaut um eine Erklärung für die Schattenrisse in Kubas Erinnerungsalben bittet, wie er vielleicht sogar nach den Namen der so akzentuiert Getilgten fragt; und ich stelle mir den strubbligen Kuba vor, wie er die Tasse Kaffee auf den Tisch stellt und antwortet: »Habe ich vergessen! Braucht man auch nicht zu wissen! Möchtest du noch 'n Stück Streuselkuchen, du kleiner Trompeter?«

SO ODER SO / / Der wenig mutige Bildhauer P. zu seiner Rechtfertigung: »Entweder man ist als Künstler Speerspitze wie der Scheib ... oder steter Tropfen!« (Soll sagen: wie P.)

GESTRÜPPE / / Gestern der Werbegrafiker, d. h. bei der DEWAG angestellte Michael L., der sich anmeldet als potentieller Käufer meines in Kreuzberg erschienenen Handpressenbuches BUBI BLAZEZAKS GEDENKEND. (In der Regel verschenke ich meine Belegexemplare, in Ausnahmefällen verkaufe ich das fußmattenförmige Werk Eins zu Eins für einhundert oder einhundertzwanzig Mark, also zum »Westpreis«; M. L. scheint über Moneten in Hülle und Fülle zu verfügen; und ich kann sie wahrlich gebrauchen.) Nach Erörterungen darüber, wie schwierig es ist, die breitweiten und schwergewichtigen zwanzig Belegexemplare, die man statt eines Honorars erhält, in den Prenzlauer Berg »herüberzukriegen« – oh hilfreiches Zweites Deutsches Fernsehen!, oh, poesiebegeistertes Diplomatisches Korps! –, beginnt M. L. zum zweiten Mal in drei Wochen mir eloquent und im Stil eines Schnurren-Erzählers darzulegen, auf welch allerdings schwer erklärliche Weise der ausgeflippte Architekt Kurt Mühle, stadtbekanntes »Original«, sich durchs rätselhafte Leben zu schlagen versteht; eine zentrale Rolle in L.s gelächternd zum Vortrag gebrachten Anekdötchen spielt der KREDIT, den Mühle im renovierten und eigentlich jetzt ungenießbar gewordenen KEGLERHEIM beim NEUEN WIRT genießt, im STASI-FENGLER also; er bekäme sogar, unser alter Freund Mühle, falls er wieder 'mal pleite ist (und das ist er eigentlich immer), hin und wieder vom NEUEN WIRT einfach so 'n Pfund (zwanzig Mark) oder sogar 'n Fuffi (fünfzig Mark) zugeschoben, versteckt der Kies zwischen zwei Bierdeckeln, Mensch, als eine »Art Monetensandwich«, wie L. sich ausdrückt: »Wie findest du das?; was sagst du dazu?« Meine Antwort (sinngemäß): »Da wollen wir lieber nicht tiefer bohren, was?« Und vielleicht ist der NEUE WIRT unseres ehemals lieben schmuddligen FENGLER ja wirklich von der Heilsarmee oder der Jungen Gemeinde ... Indessen stellt sich die Frage: Weshalb erzählt gerade der L. mir solche den Mühle madig machenden Stories?, dieser Michael L., der bis vor wenigen Jahren, wie mir nun wieder der Mühle geflüstert hat, zur Bewachung bzw. *Überwachung* (kurz, »zum Schutz«) der BRD-Vertretung an der Friedrichstraße eingesetzt gewesen ist, inzwischen angeblich »hundertprozentig« ausgeschieden aus solcher Wach- und Schließgesellschaft (was man nur mühsam zu glauben bereit ist), 'raus aus der Stasi also, »'raus bis zum Tezett«; gibt es das überhaupt? – Ach, weshalb L.s vieldeutige Anspielungen auf diesen und jenen, dieses und jenes?, und weshalb das spürbare Interesse an meiner Reaktion auf seine Gespinste ob des möglichen »Verrats« durch ein schräges Kiez-Original, einen seit »ewigen Zeiten« immer 'mal wieder als Stasi-Zuträger o. ä. verdächtigten, dann wieder gänzlich harmlos bedünkenden Alkoholiker-Fürsten, partiell Vorbild für meinen ulkigen Dauer-Roman-Helden Bubi Blazezak? (»Dauer-Roman-Held«; abgeleitet von »Dauer-Wurst«!) – / / – So zu fragen, heißt natürlich, den mißtrauischen Blick auf keinen anderen als den munter plaudernden Michael L. zu richten; und plötzlich wird einem bewußt: Eine Menge »Zeit«, ungewöhnlich viel Zeit hat der Lüstlingsknabe offenkundig für seine Besuche bei Tag und bei Nacht; ein »Bummelant« nur, der seine neue Stellung bei der Werbeagentur DEWAG vernachlässigt und nicht sonderlich ernst nimmt? Gestrüpp,

Gestrüpp ... Oder: Hat der L. mich lediglich testen wollen, ob nicht auch *ich* unter Umständen bei der »Firma« in Sold steh' bzw. installiert bin?, da meine kuriose »Existenz« doch für so gut wie jeden einigermaßen mysteriös sein muß: »Wie kommt der überhaupt durch?« Und seit neuerem läßt er sich, dieser seltsame Heilige Endler, kaum noch irgendwo blicken, sozusagen »wie auf Befehl ...«, da er doch früher fast täglich in den Kneipen gesessen vor seinem Doppelten Korn und unbesorgt Notizen, Notizen in sein Schulheft geschmiert hat, »angeblich Gedichte«!, als ginge ihn das Getöse ringsum nicht die Bohne 'was an. – »Komm«, fordert L. mich auf, »gehen wir einen heben! Der Mühle sitzt schon seit Stunden im WIENER CAFÉ!« Und er muß allein wieder abziehen, wie seit Wochen, seit Monaten all diese Suffköppe der unterschiedlichsten Couleur (einer von ihnen hat mir vor einer Weile in Volltrunkenheit seine »Dienstwaffe« präsentiert und von deren Tugenden geschwärmt – so wie M. L. von den Vorzügen seines früheren »Diensthundes«, den der Hundenarr jetzt missen muß), wie all diese tollen »Renaissancemenschen«, die hin und wieder ächzend und schwitzend »hochkommen«, um mich früher so leicht verführbaren Alkoholiker 'runterzuholen« aus dem fünften Stock im dritten Hinterhaus, 'runter ins WIENER CAFÉ, ins CAFÉ MOSAIK, auch »Café Moçambique« genannt ... Fluch allerdings, ewiger Fluch dem Kurt Mühle, dem es als einzigem noch einmal gelungen ist, mich loszueisen aus meiner schnatternden und wispernden Papierhölle, und herauszureißen mitten aus der Lektüre von HUNDERT JAHRE EINSAMKEIT (das man sozusagen in einem Zug lesen muß); und ich bin dann nie wieder richtig hineingekommen in den ungeheuren Roman: *Das* vergess' ich dem Mühle *nie!*

WENN JOURNALISTEN TRÄUMEN / / A. W. im SONNTAG (3/83): »Es drohen manchmal Träume, da kommt das Aufwachen wie eine Erlösung. Und andere wünscht man sich immer wieder, sogar bei Tag. Lieblingsträume. Einer meiner Lieblingsträume handelt von einem riesengroßen Fest, einem Friedensfest. Ich brauche Zeit, wenn ich diesen Traum beginne, denn die *schmückenden Details nehmen kein Ende.* Ich träume mir Menschen verschiedener Hautfarbe und Rasse und Religion herbei, und *da ist* nichts tödlich Trennendes zwischen ihnen. Soweit das *Grundmuster* meines Friedensfest-Traumes ...« – Und Biermann wird singen bei dieser Fête, Biermann wird singen?; um wenigstens nach einem der möglichen »schmückenden Details« zu fragen.

ARENDTS MÜLLEIMER / / Um 54, ein/zwei Jahre nach dem Slansky-Prozeß, der ihm bis in die jüngste Zeit nicht aus dem Kopf gegangen ist, höchstens ein Jahr nach dem 17. Juni 53 erklärt Erich Arendt in einem pathetischen Statement (und es mag ein Stück »Wahlpropaganda« gewesen sein): »*Freiheit und Menschenwürde*, in vielen so arg verschüttet, da im Verlauf der deutschen Geschichte sie mit Füßen getreten wurden von denen, die in unserer Republik *keinen Platz mehr haben*, wurden hohes Ziel der Politik. Daß für den Deutschen erstmalig das Nationale gleichzusetzen sei mit der Menschlichkeit, das ist das vornehmlichste Bemühen und die *Größe* der von unseren Bürgern an die Spitze des Staates berufenen Männer ...« – Schaudernd erkennt man sich selber wieder und die eigene Verblendung; und man rätselt und rätselt, wie man dazu fähig sein konnte als Fünfundzwanzigjähriger, als Dreißigjähriger noch, sich solchen Kokolores in die Tasche zu lügen. Erich Arendt, als Nachdichter vor allem auch damals schon von unsereinem verehrt – und *diese* Verehrung braucht man nicht zu bedauern –, ist damals fünfzig Jahre alt gewesen, als er der »Größe« Piecks und Ulbrichts auf diese Weise Tribut gezollt; vier Jahre später bereits hätte er's nicht mehr getan. Er hätte auch den sehnsüchtigen Seufzer nicht mehr über die Lippen gebracht, der sich in der gleichen Werbeschrift findet: »Daß Vertrauen Grundlage werde unter den Deutschen selbst und im Kreis der anderen Völker!« Er hätte kurz und höhnisch aufgelacht, wenn man ihn daran erinnert hätte. Zwanzig Jahre später in dem Band FEUERHALM die endgültige Revision: »Angstweiß: / zerfasert der Blickhorizont, / das dünne Vertrauen.« – Vielleicht, sagt man sich, täte man besser daran, den Fund zu unterschlagen, das Flugblatt der Nationalen Front (auch Arnold Zweig auf ihm »verewigt«), das ich aus der Abfallkiste Erich Arendts gezogen, gewiß dazu bestimmt, bei Gelegenheit auf die Müllkippe zu flügeln; allerdings, »kleiner« macht es Erich Arendt gewiß nicht, wenn man zur Kenntnis nimmt, welche Sümpfe er seinerzeit durchwatet hat, um dann ...

NOSTALGIA / / »Ach, habt ihr auch immer bei Mahlemanns eingekauft ...?« Ein Denkmal für den winzigen Tante-Emma-Laden in der Lychener Straße, unser Visavis bis vor dreizehn Monaten. »Ja, natürlich, gibt es den Laden noch?« Wir wohnen jetzt nämlich in der Dunckerstraße, etwa 600 Meter von unserem früheren Hinterhausdomizil entfernt.

NACHRICHT VOM KUNSTHANDEL / / Sascha Anderson, der so etwas wie der DDR-Agent Pencks zu sein scheint, wandert – wie mir Rathenow erzählt – in diesen Tagen im Ländchen umher, um für eine illegale Ausstellung in Magdeburg die zahlreichen und weit verstreuten Bilder und Bildchen Pencks zusammenzuholen, die seit des Malers Flucht vor drei/vier Jahren eine enorme Wertsteigerung erfahren haben: Internationaler Ruhm hat sich eingestellt für den in der DDR »asozial« dahinradelnden Penck/Winkler, vermutlich auch Reichtum. Hier hat er, um existieren zu können, seine Produkte an der Peripherie von Pop-Konzerten o. ä. für zwanzig, dreißig Mark verramscht; dort wird er zum Helden der feinsten Galerien; und was einmal zwanzig Mark gekostet hat, kriegt man u. U. nicht mehr unter tausend ... Übertreibe ich? Aber kaum einer meiner Bekannten, der nicht wenigstens eines der Penckschen Werke besitzt (in der Regel Grafiken, klar), damals dem quasi hausierenden »abgekauft«, um ihn zu unterstützen; vielleicht sind einige der »Käufer« heute wohlhabend, ohne es schon genau zu wissen. Anderson, das Schlitzohr, hat mit Sicherheit seinen Schnitt gemacht; und man mißgönnt es ihm nicht ... Er tummelt sich ja zur Genüge! Natürlich widert mich das Gequatsche über die Preise im Penck-Handel an, das inzwischen die Kneipen durchflattert, als wäre nichts anderes zu besprechen: »Also, ick hab' mindestens drei Arbeiten von dem Mann; jede davon heute mindestens dreitausend Mark wert! Und werden noch teurer ...« So ähnlich auch R., während Elke Erb, auch sie Besitzerin mehrerer Pencke, aber allem Geschäftssinn verloren, auf derlei Anfragen antwortet: »So? Naja, naja!« /*

SPITZNAMEN UND PRÜGELVARIANTEN / / Die Spitznamen der Gefängniswärter hierzulande, in Bautzen, in Frankfurt/Oder, in Rummelsburg (von den Kriminellen im Kiez beschönigend »Rummeline« genannt), in Cottbus, in Waldheim sind oft die gleichen; sie heißen nach Helmut Stielers Auskunft z. B. »Grauer Wolf«, »Mona Lisa«, »Stiller Don« – der »Stille Don« relativ umgänglich und weniger zu psychischen oder physischen Quälereien aufgelegt als andere –, sie heißen »Baby-Arsch« (wegen des säuglingshaften Gesichtsausdrucks), heißen »Affe« bzw. »Äffchen« (so der prügelfreudigste Wärter in Frankfurt/Oder), sie heißen »Faschist« oder, ein ganz spezieller Fall, »Finger-Joe« (welchem von einem seiner zusammengeprügelten Opfer ein Finger abgebissen worden ist), und sie heißen ... Die

Liste ist lang und seltsamerweise zu nicht kleinen Teilen populärer Literatur und Kunst verpflichtet. – / / – »Es wird also auch ›geschlagen‹ in *unseren* Gefängnissen, ja? Das wird doch permanent bestritten ...« – »Nein, die Regel ist es nicht!« betont der genaue Stieler, »doch so einem wie mir passiert es *natürlich* immer 'mal wieder! Ich habe aber jedes Mal eine so riesige Wut gehabt, daß ich überhaupt nichts gespürt habe!« Ich bohre weiter und erfahre: Geprügelt wird a) mit dem Hartgummiknüppel der konventionellen, quasi steinzeitlichen Art, der allmählich »aus der Mode« zu kommen scheint, b) mit einem kleineren und »eleganteren«, einem zusammenschiebbaren Knüppel aus Glasfiber mit einer Metallkugel oder vielleicht einem Hartgummiknoten in der bösen Spitze, c) mit einem nur teilweise zusammenschiebbaren »Zwischending«, wohl eher zum Stoßen als zum eigentlichen Schlagen bestimmt, d) gelegentlich auch, wie man sich denken kann, mit der bloßen Faust, obwohl es »im Grunde« verboten ist ... – / / – Wir wollen es noch präziser beschrieben wissen (und ganz so, als möchten wir vorbereitet sein auf unsere eigene Zukunft): »Welches Buch, welche Gefängnisbeschreibung würde dir einfallen, wenn du die Verhältnisse im DDR-Knast charakterisieren müßtest?« – Nein, Hans Falladas »Wer einmal aus dem Blechnapf frißt« treffe die heutigen Zustände in keiner Weise, das Werk erscheine ihm überhaupt als »zu schleimig«, zu harmlos, zu »normal«; wiedererkennen könne er das DDR-Gefängnis indessen ohne größere Mühe in der Beschreibung des Nazi-Zuchthauses durch Julius Fučik (»Reportage, unter dem Strang geschrieben«). Doch auch dieser schockierende Vergleich wird ein wenig relativiert; um Genauigkeit bemüht und damit ich ja nichts Falsches schreibe, fügt Stieler hinzu: »Natürlich keine Folter, das nicht ... aber sonst!« – / / – Wie viele meiner Bekannten und Freunde beiderlei Geschlechts – ist es nicht der mit Abstand größere Teil? –

haben für kürzere oder längere Zeit im Gefängnis gesessen – »ja, wenn Sie hauptsächlich mit solchem Gesindel verkehren, Herr Endler!« –, zumindest in U-Haft, natürlich *nicht* wegen »krimineller Delikte«; und die Jüngeren fast ohne Ausnahme!, zehn Tage das Minimum wie bei Matthies und Rathenow!, Matthies allerdings mehrmals ... Hin und wieder empfindet man leise Scham, verschont geblieben zu sein von solcherlei »Auszeichnungen« der schärferen, ernsthafteren Sorte. Was könnte ich schon in die Waagschale werfen?: Eine Nacht im Ausnüchterungskeller im Polizeipräsidium in der Keibelstraße!, sonst gar nix!

KEIN ANSCHLUSS UNTER DIESER NUMMER // K. (nach dem entsprechenden Gemäkel von mir): »Du bist eben nicht im geringsten *telefonwürdig*, Mensch!« Die Bevölkerung der DDR bestünde demnach aus zwei »Klassen«, der größeren »telefonunwürdigen«, der kleineren, mehr als »würdig«, aufgrund »sauberen« Verhaltens ein Telefon installiert zu bekommen! »Wenn eener 'n Telefon hat, *schon faul!*« – Natürlich, d. h. *naturgemäß* gibt es auch andere Mittel und Wege, zu einem Anschluß zu kommen; neulich hat mir einer empfohlen: »Oder du blätterst – du weißt schon, wo – 'n Tausender in West hin; der wird dann aufjeteilt unter vier oder fünf Kollegen! Ganz sicheres Ding! Aber Westmark muß es sein, das ist klar!« – Zuweilen erweist es sich auch als zweckdienlich, wie wir inzwischen wissen, als »Dissident« aufzufallen, allerdings deftig!; wenn solcher einen Telefonanschluß beantragt, kann es passieren, daß er in einer Woche bedient ist, ob »telefonwürdig« oder nicht. – »Weißt du, eigentlich sind mir Telefone zuwider«, sage ich K.

FEBRUAR 83

KABÄUZCHEN / / Ein Wort aus der Kindheit plötzlich beim nächtlichen Spaziergang an der Mauer entlang: »Kabäuzchen«; das hat die Besenkammer oder so etwas bezeichnet, als ich zehn war, einen schmalen Wandschrank rechts in der Küche in Düsseldorf-Holthausen; Bohnerwachsdosen, der sogenannte »Mopp«, Schuhbürsten etc., auch das Stöckchen, mit welchem mein Bruder und ich von Zeit zu Zeit »verhauen« wurden. – Ich habe das Wort mindestens 35 Jahre lang weder gehört noch verwendet. – Der Sachse Richard Leising: »Kabäuzchen? Kenne ich nicht! Ist das gleichbedeutend mit Kabuff?« – »Nee, warte 'mal ...« – Und erst dann das Erinnerungsbild Besenkammer; die Vokabel war eher dagewesen, unvermittelt aufgestiegen wie eine schaumige Blase und die Lippen – »bbb« – auseinanderspringen lassend, eher da als das Bild; wie etwas vollkommen Selbstverständliches, täglich Gebrauchtes: »Kabäuzchen.« – Und dann weiß man mit einem Mal auch »Klümpchen« (für Bonbons) wieder. Und »Mach' die Türe zu!« hieß »Maahch de Poorts zo!« Und der Löwenzahn wurde »Ketteplösch« genannt, anders nie! – Oh poröses alkohol-lädiertes Gehirn, »durch das die unterwelthaften Stoffe sickern« (Piontek)! – Es wird Sie nicht verwundern, bester Freund, daß ich in meiner neuen Horror-Story »Wenn Kommunisten träumen« augenblicklich einen »Herrn Dr. Ketteplösch« installiere, zuständig dieses Männeken für »Nasen- und Ohren*leichen*«, nicht wahr? – »Klingelstreiche verüben«, dies am Rande, heißt auf Süd-Düsseldorferisch: »Schellemännekes maahche ...«

VERBOTEVERBOTE / / Seit Wochen Nachricht über Nachricht bezüglich des »Literaturkriegs« gegen renitente Autoren, auch gegen den sich entwickelnden »Underground«, vor allem natürlich gegen die »illegalen Wohnungslesungen«, ziemlich regelmäßig an bestimmten Orten veranstaltet: Kontinuierliche Präsentation dessen, was in unüberbrückbarer Distanz zum offiziellen Literaturbetrieb produziert wird. Ja, zweifellos, die haben uns auf dem Kieker, es soll uns an den Kragen gehen! Haben wir nicht damit gerechnet? Aber es bleibt schon ein befremdliches Erlebnis, wenn – wie neulich in Pankow in der Florastraße geschehen –, sämtliche Besucher einer Lesung im fischerschen Haus der ausgeschwärmten Polizei zwecks Aufnahme der Personalien ihren Ausweis auszuhändigen gezwungen sind; man hatte sich Texten von Sergej Jessenin hingegeben, nachgedichtet und vorgetragen von Elke Erb. (Von dem Filmautor Thomas Knauf, einem der Betroffenen, erfahre ich, daß in Dresden und im Bezirk Dresden neuerdings nicht nur die »illegalen«, sondern auch »legale Dichterlesungen«, mit den kommunalen Stellen vereinbarte und sogar bereits per Plakat und Presse angekündigte, ohne Rücksicht auf die irritierte Öffentlichkeit verboten, »gestrichen« worden sind, sobald sich erwiesen hat, daß ein Autor kein Verbandsmitglied ist.) Kennzeichnende Rabiatheit!: Was jetzt an vielen Orten so oder ähnlich geschieht, läßt die Vermutung zu, daß das gerüchtweise bekannt gewordene »Gesetz zum Schutz der Berufsbezeichnung Schriftsteller« (von Höpcke dementiert, das Dementi von nicht wenigen Lektoren mit sardonischem Gelächter quittiert) bzw. das, was mit ihm erreicht werden sollte, doch noch zur Geltung gebracht werden soll. Daß solch ein »Gesetz« tatsächlich erlassen werden sollte, daß da ernstlich etwas »im Busch« gewesen – Pech für den Satiriker, daß es als ausdrückliches »Gesetz« ad acta gelegt worden ist! –, bestätigt auch Thomas Knauf; er weiß von einer Arbeitsgruppe bei der Akademie der Künste, welche im Auftrag der Partei längere Zeit damit beschäftigt gewesen ist, das zweckdienliche »Material aufzubereiten«, also eine

»Definition des Berufsbildes Schriftsteller« zu liefern, handhabbar als Polizeiknüppel eventuell ... Knauf: »Aber dann sind sie doch gegen den Baum gefahren und zu keinem brauchbaren Ergebnis gekommen ...« Man wird sich also auch in Zukunft mit der Faustregel behelfen müssen: Mißliebige sind nicht als Schriftsteller zu betrachten!; im Zweifelsfall mögen Günter Görlich oder Hermann Kant die Entscheidung fällen! bzw. das sogenannte »Kritiker-Aktiv« des Verbands! Ach, ich hatte mich schon so sehr auf die Verkündung des »Gesetzes zum Schutz der Berufsbezeichnung Schriftsteller« gefreut; es hätte eine Weltsensation werden können, ein Festtagsschmaus für jeden schwarzen Humoristen ...

LITERATURKALENDER 83 / / Soeben bemerke ich, daß mir als Schreibunterlage wieder einmal der LITERATURKALENDER des Aufbau-Verlags dient, und zwar immer noch das erste Blatt mit dem ersten Januar (Theodor Kramer geboren; 1897) und dem zweiten (1783 ist Johann Jakob Bodmer verstorben), präsentierend einen Text des nicht uninteressanten Erzählers Konstantin Fedin über Puschkin, geschrieben zwischen 1936 und 1946, und ich traue meinen Augen nicht, da ich es endlich lese: »... ein Mann von sprudelndem Lebensüberfluß und offener Seele, hat Puschkin unter geheimer Polizeiaufsicht gelebt, seine Spitzel gekannt und immer wieder ihre Beteuerungen mitangehört, es gäbe keinerlei Aufsicht über ihn; Puschkin schrieb, unermüdlich von einem Zensor überwacht, dem man nicht widersprechen, mit dem man nicht rechten durfte und dessen Wink stärker war als jedes Gesetz ...; Puschkin war verpflichtet, um die Erlaubnis zur Veröffentlichung seiner Prosa nachzusuchen; er war verpflichtet, um Erlaubnis nachzusuchen, wenn er verreiste ... Uns sind schwerlich alle Fälle des Malträtierens, der Zurechtweisung, der Einschüchterung, der Bespitzelung und Denun-

ziation bekannt, die Puschkins Los so erschwert haben ...«
Etcetera. Und wirklich blickt Puschkin aus dem Aquarell
von P. F. Sokolow ein bißchen weh-desperaten Blicks in die
Welt, wenn auch die Arme und quasi adligen Hände mit
betonter Trotzgebärde vor den ordentlich zugeknöpften, mit
hohem Recht, wie wir jetzt wissen, zugeknöpften Rock
geschlagen. – Mh, will der Lektor, will der Verlag uns sagen:
Nehmt euch 'n Beispiel an Puschkin auch im Jahr dreiundachtzig!? Vielleicht soll der unverhoffte Abdruck des
fedinschen Textes uns lediglich bedeuten: Seht doch 'mal,
wie miserabel es dem Puschkin ergangen ist!, nun haltet
doch endlich 'mal die Lästerzunge im Mund! So toll sensationell ist das nicht, was ihr erlebt! ... Anregungsreicher
LITERATURKALENDER!; man kommt aus den Grübeleien
überhaupt nicht mehr heraus: Es könnte sich ja z. B. auch
um das Gesellenstück eines der neuen Schwarzen Humoristen handeln, wie ich sie seit Jahren in der DDR erwarte ...

GRENZER UND POET / / 1. Die »Befehlsverweigerung« des
jungen Krone vom Helmholtz-Platz (Germanist und Poet):
»Kommt gar nicht in Frage! Ich *bohnere* das Offizierskasino
nicht!!!« – Fünf Tage Knast; Dunkelkammer. – Krone: »Davon sind wir alle geprägt!«, vom Leben »unter der Fahne«
also, wie es so biedermeierhaft heißt. – Die »Dunkelkammer«-Generation? – / / – 2. Der etwa fünfundzwanzigjährige nicht unbegabte Lyriker hört im Verlag Neues Leben aus dem Mund des Chefs das qualmige Todesurteil über
seine Gedichte: »*Spätbürgerliche Renegatenlyrik* woll'n m'r
nicht ham'!« – Als die Mauer gebaut wurde, ist Krone etwa
zwei Jahre alt gewesen; inzwischen war er bei den Grenzsoldaten; dann hat er Germanistik studiert, unter anderem
bei der unsäglichen Frau Professor Löffler; und das Resultat: Spätbürgerliche Renegatenlyrik; na, heer'n Se 'mal!

DADA LEIPZIG / / »Dada lebt!!!«; von Kito Lorenc hoffnungsfroh entdeckt an der Pissoirwand im Leipziger Coffee-Baum. »Siehste«, nicke ich Heinz Czechowski zu, »da haste's!« Czecho unwirsch. »Das hast doch *du* dahin geschrieben beim Pinkeln.«

»MARZIPANLIPPE« / / ... verweht auch und wie nie gewesen, kaum noch vermittelbar die langwierigen Fachsimpeleien Erich Arendts mit der Bäckersgattin von nebenan über die Welt des Marzipans, über die wahrlich weit auseinanderklaffenden Welten des Marzipans und des Marzipanverschnitts PERSIPAN! »Es gibt kein richtiges Marzipan mehr!«, das Problem hat ihn durchaus besorgt, auch dann noch, als ihm der Arzt von Süßigkeiten abgeraten hatte. (Im kolumbianischen Exil haben Arendts Frau Katja und er selber eine Weile von der Herstellung und dem Verkauf hoch exquisiten Marzipans gelebt; Arendts Fleiß – und Genußsucht? – hatten ihn zum kennerischen Marzipan-Rezensenten gemacht.) »Das ist ja lächerlich, was die uns hier als Marzipan anzubieten wagen; eine ganze Palette von Zutaten fehlt – und die Mandeln fehlen natürlich, die vor allem, die Mandeln ...« Er steht gestikulierend im Hausflur in der Raumerstraße, in Schenkelhöhe geschmückt dieser mit einem Jugendstilfries aus viereckig stilisierten Blütenblumen (Gladiolen?), die mir plötzlich auch ziemlich marzipanig vorkommen: »Oder die *exportieren* das bessere Marzipan ...« Daß ich ihn aufgrund solcher Gespräche in einer Prenzlauer-Berg-Story als Erich »Marzipanlippe« Arendt habe auftreten lassen, das hat ihm allerdings trotz seiner Aufgeschlossenheit für ironische Rippenstöße der endlerschen Machart nicht sonderlich behagt: Ein Schrittchen zu weit gegangen ... Einmal, auf dem Nachhauseweg, visitiere ich kurz Arendts favorisierte Konditorei/Bäckerei und frage nach Marzipan; die Bäckerin böse und scharf wie ein Messer: »Marzipan ist *gesperrt*!!!« – Dieses Land ist dem Untergang geweiht.

MELDUNG / / Der wegen seines Protests gegen die Biermann-Ausweisung seit Jahren beschäftigungslose Filmer und ehemalige DEFA-Kameramann Sylvester – er arbeitet jetzt illegal an einem Dokumentarfilm über den Prenzlauer Berg, stolpert mit seinen Apparaturen auf den kaputten Dächern umher, kriecht mit ihnen durch die feuchten Schmuddelkeller des Kiezes –, dieser in Fachkreisen, wie ich höre, als geradezu singuläre »Spitzenkraft« gerühmte und dennoch von der DEFA geschaßte Sylvester kann in diesen Tagen dabei beobachtet werden, wie er mit einem modernen und einigermaßen mysteriösen Spezialgerät in den frühen und späten Dämmerungen für seinen Film die unterschiedlichen »Geräusche« des Viertels einzufangen versucht ... Er erzählt von seinen Abenteuern, Arbeits-Abenteuern sozusagen, unter anderem von diesem: Plötzlich tritt aus der halben Dunkelheit ein strammer jüngerer Mann auf den mit seinem Gerät einmal in diese, einmal in jene Richtung »horchenden« Sylvester zu, hebt brav die Hand an die Schläfe und äußert beflissen: »Melde: Keine besonderen Vorkommnisse im Mittelabschnitt der Dunckerstraße!« Sylvester, nach seinen eigenen Angaben »schlagfertig wie noch nie«, nickt und antwortet prompt: »Danke, Genosse! Weitermachen!« Und der junge Mann ist so plötzlich wieder im Dunkel verschwunden, wie er aufgetaucht, seine eifrige Stimme nun eines der vielen »Geräusche« in Sylvesters Lärm-Symphonie höchstwahrscheinlich! – Übrigens hat sich Sylvester vor kurzem samt seinem seltsamen Gerät auch schon einmal in meinem sogenannten »Arbeitszimmer« postiert, um die Vielzahl der Töne unseres pausenlos quasselnden und quäkenden Hinterhofs »aufzunehmen«; es wird sich gelohnt haben, möchte ich denken, da in diesem Moment wieder einmal der etwas hohläugig blickende und in der Regel etwas angetrunkene Kabelwerker aus dem ersten Stock unten im Hof überprüft, ob seine JAWA noch funktioniert (den Motor aufheulen, ihn verseufzen-verglimmen läßt), und solch eine Überprüfung dauert meistens zwei bis drei Stunden ... »Melde gehorsamst: Keine besonderen Vorkommnisse im Mittelabschnitt der Dunckerstraße, Bruder Sylvester!« – / / – Leider hat Bruder Sylvester für sich und seine Familie die »Ausreise« beantragt; das Herumgewusele dieses leidenschaftlichen Filmers in Straßen, Hausaufgängen, Kellern wird einem fehlen; wie so manches Gesicht, dem man im vorigen Jahr noch im SCHUSTERJUNGEN oder im FEUCHTEN ECK zulächeln durfte, und zwar bedenkenlos, einem heute auf Frieren machende Weise fehlt. DIE ÄRA DES WEG- UND WEG- UND WEG- UND WEGGEHENS WIRD MAN'S NENNEN; habe ich dieser Tage in einem Gedichtchen geschrieben.

STRAFE JOTTES / / Gerücht, ich sei »plötzlich katholisch geworden«. Ich muß dementieren. Zwar habe ich an der Ersten Heiligen Kommunion noch teilgenommen; aber bereits um die Firmung habe ich mich herumgedrückt. Wenn ich jetzt wieder »katholisch« wäre, müßte ich mich als erstes fragen: Vielleicht ist mein ganzes späteres Leben nichts anderes als die Strafe Jottes für die hohnvolle Läßlichkeit des Kindes? Das wäre immerhin 'mal eine einleuchtende Erklärung ... – Das Gerücht geht möglicherweise zurück auf gelegentliche ironische Anspielungen auf meine »katholische Erziehung« in meinen Texten; übrigens schwindet sie einem wirklich nie so ganz und gar »aus dem Blut«, will mir scheinen.

»HOHER BESUCH« SOZUSAGEN / / Das, was »Prenzlauer Berg« genannt wird, spricht sich herum; verwunderlich genug, daß die inzwischen ergrauten Häupter der Beat-

Literatur bzw. des ehemaligen US-»Underground« sich der »Szene« in der DDR zuwenden, vor allem der ober-laut unter-gründelnden. »Prenzlauer Berg« beginnt eine alarmierende Chiffre für irgend etwas noch schwer Faßbares zu werden, eine Chiffre wie »Lower East Side« o. ä. – Plötzlich hört man in der Eckkneipe: Burroughs ist heute abend in der Wohnung von X., Allen Ginsberg war vor'n paar Tagen mit seinem Freund bei Ypsilon (genauer: bei Ecke Maaß in der Schönfließer), demnächst will auch Ed Sanders in Erscheinung treten am Prenzlauer Berg. (In Amerika ist er womöglich schon wieder vergessen; in der Bundesrepublik sind andere Namen en vogue.) Nebenher: Vor Jahren ist Ginsberg, vermutlich wegen seines Rufes als Unruhe stiftender Exzentriker, an der Grenze der DDR noch kalt zurückgewiesen worden ..., weshalb eigentlich *jetzt* nicht mehr, fragt sich vielleicht der eine oder andere entrüstet. »Det sind doch allet Rauschgiftsüchtije!« – Und so sitzen sie, die Kollegen aus den USA, in der Bude von Eckehard Maaß, und sie sitzen in demselben rissigen Sofa oder Sessel, die noch warm sind von den melancholischen Hinterbacken des moskauer *Depressados* Bulat Okudshawa, noch überreichlich geschwärzt, wahrscheinlich nie mehr abzuwaschen, von den Farben seines trüb-trüb-trüben Weltbildes. Geklampft und gesungen haben beide, G. wie O., wenn auch der Herr aus dem spätkapitalistischen New York etwas wilder und quasi »lebenslustiger«. – / / – Die Bedeutung von Kerouacs »On the road« nicht nur für den Prenzlauer Berg, sondern für die jüngere Generation der DDR schlechthin, eines Buches, das natürlich der unerfüllten Reise-Lust dieser Jugend entgegenkommt. (Ich bin in dieser Beziehung eher zurückhaltend; ich reise auch nicht zu gern.) Ein anderer Fall, dem sich der artifiziell anspruchsvollere Prenzlauer Berg im großen und ganzen verschließt: Charles Bukowski, propagiert vor allem von den Suffköppen im Ländchen.

NACHRICHTEN AUS DEM SOZIALISTISCHEN DORF / / a) »Sagt auch Frau Schöne«, sagt Frau Urban, »bei Gewitter soll man nicht essen.« – »Aberglauben!« murmele ich. – Doch was vermag der Einwand des skeptischen Städtebewohners schon gegen die Fakten: Als Frau Zerpisch im vorigen Jahr es gewagt hat, bei Gewitter ihr Baby zu füttern (per Flasche nebenher!), hat es dorten sofort in der Scheune eingeschlagen. – Ich versuche, Genaueres zu erfahren: Sind es Messer und Gabel (oder unter Umständen auch das Fläschchen), die vor allem die Blitze hersaugen in die Wuischker Senke?, sind es die Geräusche, Geklirr und Geklack, wenn Messer, Gabel, Löffel zusammenstoßen oder im Teller scharren? »Bei Gewitter darf man nicht die Zunge 'rausstrecken«, sagt Frau Urban, »das weiß doch jeder!« – / / – b) Und selbstverständlich herrscht auch bei den Sorben hier kein Mangel an Gespenstern und Geistern, sogenannten »Drachen« vor allem, die das Haus beherrschen und mit dem schnittigen Namen »Smi« brillieren; »Smi« heißt der sorbische Haus- oder Poltergeist. Da die alte Frau Urban mir dieses Mal die Auskunft verweigert, frage ich die Viehzüchterin Frau Pannach (ihr Mann hat sich bei der Kollektivierungskampagne 1961 erhängt). Frau Pannachs giftige Auskunft: »Smi, Smi ... Ja, früher hatten die Leute hier solche Gedanken; jetzt haben sie *LPG-Gedanken*; aber die sind meistens auch nicht viel vernünftiger als früher ...« – / / – c) Schließlich die drei oder vier Warzen an meinem Körper, ach, wie krieg' ich die wieder los? – »Damals«, sagt Frau Urban, »damals haben wir unsere Warzen ganz einfach zum Verschwinden gebracht; von der Nachgeburt einer Kuh wurde bei abnehmendem Mond ein Stückchen abgeschnitten, mit diesem Stückchen die Warze bestrichen und das Gedicht aufgesagt: ›Was ich sehe, das bestehe, / Was ich streiche, das vergehe ...‹« – Ja, so ist es damals, in der vorsozialistischen Ära gewesen!, klingt es in der Beschreibung durch Frau Urban bedauernd und anti-sozialistisch mit. Ich werde mich mit meiner Warzenträchtigkeit abfinden müssen. – / / – PS.: Der in den Vorgebirgen streunende Maler Horst Bachmann hat zu verschiedenen Zeiten den »Smi« gemalt, den »kleinen Drachen«, den »großen Drachen«. Der »kleine Drache«: Ein vom Boden sich schlängelfüßig abhebendes und schwefelfarben umwabertes Schwebewesen, das einen science-fictionhaft mit geröteten und pupillenlos herausquellenden Augen anstarrt; zweifellos kein liebes Tier. Aus dem gehörnten Kopf läßt es zur weiteren Akzentuierung seiner Bösartigkeit einen hahnenkammartigen Schweif herausflattern – zu der blassen Mondsichel hinüber, gerade noch sichtbar.

BAUTZEN / / »Das gelbe Elend«, das berüchtigte Zuchthaus von Bautzen, von Kito Lorenc, dem Volksmund folgend, »das gelbe Elend« genannt in einer seiner Oden – und dann die schroffen Vorwürfe gegen Kito, er habe dem Ansehen der Stadt geschadet, er, der größte Dichter, den die Sorben bisher hervorgebracht haben. Nein, die Stadt will nicht identisch mit dem »gelben Elend« sein; und jedermann denkt doch bei dem Namen »Bautzen« zuallererst an das Zuchthaus – Bautzen, Waldheim, Schwedt – und weniger an die mählich verwesende Schönheit dieses »Nürnbergs des Ostens« (bewohnt, wie mir nebenher einfällt, von nicht wenigen Zuchthauswärtern, Zuchthausbelieferern ...) Aber jetzt find' ich die Stelle in Kitos Gedichten nicht mehr; hat er sie dann vielleicht doch noch getilgt? Nein, da ist sie ja, im »Exkurs III« des Gedichts »Bautzen – Neue Ansicht vom Proitschenberg«: »... erhöb meine Stimme, riefe / all die verdammten, irrsinnig singenden / schwarzen Vögel über dich: Raubritter Wegelagerer / Pest Cholera *Gelbes Elend* Hussitenflamme / Schwedentrunk ...« In die richtige Reihe gestellt das »gelbe Elend«; und man hat Kito Lorenc durch nichts dazu gebracht, das Zuchthaus der Stadt aus seiner Liste der Weltübel zu streichen ... »Es geht einfach nicht; es geht nicht!« Und so findet man es bereits in Kitos Band »Flurbereinigung« von 1973. Es ist beim »Gelben Elend« geblieben als einem der pestilenzialischen Übel der Welt – mitten in der DDR! Bitte, nicht weitersagen!

DAS GÖHRENER EI / / Die junge Autorin Beate Morgenstern überschreitet vom Friedrichshain her die Grenze zum eigentlichen Prenzlauer Berg, sie quert die Prenzlauer Allee in westlicher Richtung und bemerkt: »... zwei Welten: diesseits und jenseits der Allee, die Arbeiter, Asoziale, Studenten und Künstler von den *Bürgern* trennte.« (Von was für »Bürgern«?, zuckt man zusammen, von den »guten Bürgern«?) Nicht lange, und sie kommt – in Gestalt ihrer Heldin, kurz »die Frau« genannt – an einen Punkt, den wir alle gut kennen, eine Stelle an der Senefelderstraße: »Linker Hand ging eine kurze, aber breite Straße ab, die in einen großen betonierten Platz einmündete, eine Art Hof, an drei Seiten von hohen Häusermauern umgeben, wo es nachmittags von Kinderlärm hallte, wie sie es nirgendwo sonst erlebt hatte. Auch der mächtige Klang der Kirchenglocken fing sich hier. Eine schmale, *kaum sichtbare* Straße führte seitlich aus diesem Hof hinaus ...« (Wieder hinaus!, das spricht für Beate Morgenstern.) – Ach, das »Göhrener Ei«, trefflich ausgesucht von der (offenbar kinderreichen) Stasi als Wohnquartier für ihre Offiziere etc. und deren Anhang, wie sie »jenseits der Allee« in östlicher Richtung ihren trostlosen Dienst verrichten: Was Frau Morgenstern beschreibt, ist in der Tat das sogenannte »Göhrener Ei«, ein mit zweihundert Schritten zu umschreitendes Rondell, sind die Gebäude rings um den *Göhrener Platz* zwischen Raumer- und Dimitroffstraße, nicht nur meiner Informantin Maria K. zufolge als »Stasi-Kiez« par excellence bekannt; welcher z. B. »fast hundertprozentig flaggt« an Staatsfeiertagen Wohnung für Wohnung, während ringsum die langen, öden und bröckelnden Straßenzüge im Prenzlauer Berg kilometerweit so gut wie keine einzige rote oder sonstige Fahne mehr 'raushängen lassen – im deutlichen Unterschied zu früheren Zeiten! Daß den Stasi-Typen die Selbst-Denunziation per Fahnenschmuck noch nicht aufgefallen ist!, grübeln J. und ich gemeinsam: Vielleicht doch ein Zeichen letztendlicher Beschränktheit und »Blindheit«? – / / – Wenn »die Frau« (oder B. M.) den exotischen Prenzlauer Berg wieder verläßt, dann sieht sie natürlich als erstes »jenseits der Allee« ein langhin gestrecktes Gebäude, das folgendermaßen beschrieben wird: »Auf der anderen Seite lagen, hinter Grün versteckt« – hinter Grün und abschirmenden Sichtblenden, müßte es genauer heißen –; »Auf der anderen Seite lagen, hinter Grün versteckt, rote Backsteinbauten, von bewaffneten Posten bewacht ...« Ja, die Leutchen aus dem GÖHRENER EI haben es nicht allzu weit bis zu ihrem Arbeitsplatz; es ist nämlich eines der Gebäude der Staatssicherheit, von dem hier gesprochen wird. Balzac hätte nicht versäumt, es präzis zu bezeichnen, ich übrigens auch nicht! – Doch auch im GÖHRENER EI selber scheint das eine oder andere dunkle Geschäft abgewickelt zu werden. Helmut Stieler sagt mir: »In der Göhrener Straße Eins oder Zwei gibt es einen Treppenaufgang mit einem Spiegel rechts in der Ecke des ersten Treppenabsatzes – das ist die Stasi, die so beobachten kann, wer die Treppe 'raufkommt.« Ein Spiegel-Ei also ...

JENA / / Gestern bei Rathenow (kurz vorher ist de Bruyn mit dem gleichen Anliegen bei ihm gewesen), um Verläßliches über die Verhaftungen in Jena zu erfahren – von Rathenow weiß man, daß er die jenensische Truppe gut kennt –: Vielleicht muß etwas unternommen werden! Während meines Besuchs Telefonanruf, die 14 oder 15 jungen Leute wären freigelassen worden. Es bleibt jedoch:

Zwei der Inhaftierten sind verurteilt, der eine »wegen des Schwenkens« der polnischen Fahne, ja, der polnischen!, einer Demonstration per Fahrrad, der andere, weil er die Aktion fotografiert und dann die Fotos verbreitet hat. Unsägliche Urteile – ja, man braucht wirklich wieder einen Zeichner wie George Grosz, um diese »Juristen« karikaturistisch zu züchtigen –: Der Fahnenschwenker soll für zweiundzwanzig Monate in den Knast, der Fotograf für sechzehn ... Haß, Ekel! – / / – Rathenow spricht von einem im SPIEGEL bekanntgemachten geheimen DDR-Dokument, wonach es jetzt a) gegen die Punker/Rocker gehen soll, b) gegen renitente kirchlich orientierte jugendliche Gruppen und c) gegen den subkulturellen Untergrund o. ä. – Die Echtheit des Papiers ist kaum anzuzweifeln, mißt man es an dem, was wir z. Z. erleben. – Ekel, Ekel! Haß, Haß!

LILIA / / Lilia K. hat sich das Leben genommen, die Mädchenfrau aus Chabarowsk im sowjetischen Fernen Osten, verheiratet nach Halle/Saale im Tal der Trübsal und des Zerfalls. Um 1970 ist sie erwartungsvoll in die DDR gekommen, in einer Zeit leider, in welcher es den Dichtern der »Sächsischen Dichterschule« nicht sonderlich gut ging. Verbote, Schikanen noch und noch, für R. K. wie für uns alle. Natürlich hat sich Lilia die giftige Atmosphäre, kaum war sie in Schönefeld gelandet, versehrend mitgeteilt. Einer ihrer ersten Träume in Deutschland: Lilia und R. müssen sich auf dem Dachboden des Wohnhauses einfinden, der zum Erschießungsplatz umfunktioniert worden ist, und werden sofort exekutiert. (Lilias Vater, inzwischen Rentner und passionierter Schnapsbrenner wie viele ältere Herren in Chaborowsk, ist übrigens beim NKWD tätig gewesen: Ferner Osten!) R. hat sie bei einer Reportagefahrt an den Amur kennengelernt, ein schlaksiges, ein dürres Mädchen, das auf dem Bretterzaun einer Kolchose sitzt und die langen Beine herunterschlenkern läßt. (So ungefähr die Beschreibung seiner ersten Begegnung mit Lilia durch R. K.) Nach einigem Hin und Her dann die Heirat in Georgien, wo mit Hilfe der entsprechenden und genügend korrupten georgischen Stellen sowohl die sowjetische als auch die DDR-Administration, beide deutsch-sowjetischen Heiraten nicht gerade gewogen, einigermaßen locker überlistet werden konnten. Ich erinnere mich, wie Elke Erb und ich als Trauzeugen mit einem Strauß gelber Rosen aufs Standesamt in Tbilissi kamen – und wie die abergläubische Nelly Amaschukeli den Strauß blitzschnell aus Elkes Händen riß und ihn blitzschnell zum Fenster hinauswarf: »Gelb, mein Gott, gelb!« Das ist vor zwölf Jahren gewesen. Wir waren immer noch deprimiert wegen des Einmarschs der sowjetischen Truppen (und unserer) in die Tschechoslowakei. Lilia damals: »Was regt ihr euch so künstlich auf! Das ist doch *unser* Territorium!« Von der Hochzeit in Tiflis-Tbilissi sind mir die antirussisch getönten vorwurfsvollen Fragen in Erinnerung geblieben (»Weshalb hat der R. denn keine Georgierin geheiratet?«), vor allem aber die schroffen Gesten, mit welchen Nelly unsere Blumen auf die Straße hinuntergeschleudert hat, so ernst, so verbissen, daß sich ein Lachen über diesen Akt verbot ... Ach, Lilia, ach, Nelly-ko! Das ist vor nur zwölf Jahren gewesen?

MÄRZ 83

STERNAUSFALL / / Neuerliches Verhör, neuerliche »Befragung« des Punk-Poeten Dieter Schulze bei der Polente. Er verweist, um sich aus der Schlinge zu ziehen, auf seine Bekanntschaft mit Heiner Müller. Antwort des Beamten, der so tut, als ob ihm der Name Heiner Müllers noch nie begegnet ist: »... *wohnhaft?*« Dabei beschäftigt sich die »Firma« bekanntermaßen von früh bis spät mit dem für sie offenkundig verblüffenden Umstand, daß eine Reihe bekannter Autoren wie Franz Fühmann, wie Christa Wolf, wie Heiner Müller sich auf einen zähen, zeitraubenden und zermürbenden Kleinkrieg für den »Assi« Dieter Schulze eingelassen haben. »... *wohnhaft?*« – / / – Ähnlich eisig die Reaktion Inge Langes, da Tochter Katja ihr einen Brief Heiner Müllers überbringt, eine Art Bittschreiben, in dem um Verständnis für Dieter Schulze geworben wird; die Hohe Frau und Kandidatin des Politbüros bezeichnet während des erregten Gesprächs Heiner Müller tatsächlich als »Volksverräter« – was für 'ne verbale Antiquität! –, ja, als »Volksverräter«, und sie weigert sich, den Brief entgegenzunehmen: »Weshalb macht ihr euch immer zu Anwälten für *arbeitsscheues Gesindel?!*« Das Treffen findet sozusagen konspirativ im Gästehaus der Gewerkschaften am Märkischen Museum statt, und zwar, wie Katja poetisch beschreibt, bei »Sternausfall und Kerzenlicht«. Es endet mit Inge Langes mütterlichem Seufzer: »Und die DDR *ist* so ein schönes Land!« Katja darauf: »Naja, mit Einschränkungen ...« – / / – Volksverräter; arbeitsscheues Gesindel; schönes Land! Keine Tippfehler, seien Sie sicher – im Unterschied zu dem reizvollen »Sternausfall«, das mir statt »Stromausfall« von meiner Müdigkeit geschenkt worden ist.

»KNUFFEN« / / Verärgerung und Wut der Konsumverkäuferin Marietta über die ewig gleichen Argumente der staatlichen, der sogenannten »offiziellen« Friedensbewegung, die fast immer darauf hinauslaufen, Bürgerin und Bürger müßten mehr und besser arbeiten (um auf diese Weise den Sozialismus, ergo den Frieden zu »stärken«): »Die sagen immer nur: Ihr sollt *knuffen*, dann habt ihr ooch Frieden, wa? ... Mensch, Mensch, imma detselbe! Knuffen und knuffen und knuffen ...«

BOK ODER BUB / / Die Lehrerin H. W., die sich bitter über die Zumutung beklagt, neuerdings in verschärfter Weise als Werbetrommlerin für die Armee tätig sein zu müssen: Sie sei dazu »verdonnert« worden, mit jedem einzelnen Schüler der achten und neunten Klasse ein ausführliches Werbegespräch zu führen, ausgehend von der Fangfrage, ob einer lieber BUB (Berufsunteroffiziersbewerber) oder aber, zu Höherem strebend, BOK (Berufsoffizierskandidat) zu werden beabsichtige. (H. W.: »Und die VOLKSBILDUNG hat doch sowieso schon so einen verheerenden Ruf!«) – Apropos: Was für delikate Unterschiede: Bewerber, Kandidat!, die folgenreichen Rangunterschiede schon angedeutet, vorweggenommen mit solchen Bezeichnungen! – Außerdem müsse für jeden einzelnen Fall ein gesondertes Papier »angelegt« werden, vor allem bezüglich der *Gründe* bei der Ablehnung sowohl der BUB- als auch der BOK-Perspektive; vorherrschend übrigens die mäklige oder auch schneidende Unlust bei ihren Schülern, so oder so Berufssoldat zu werden – trotz aller zuckerbrot-artigen Vergünstigungen, die BUBS und BOKS versprochen sind, z. B. im Hinblick auf ein künftiges Studium (?). Da sich H. W. dagegen gesträubt hat, die seit Ur-Zeiten mit Recht verachtete Rolle des »Werbers« zu spielen – ihre Verwunderung darüber, wie selbstverständlich es von ihr erwartet wird –, habe man ihr stirnrunzelnd bedeutet, daß sie sich als Mitarbeiterin der VOLKSBILDUNG zu solcher Tätigkeit von vornherein verpflichtet, ja, sogar bei der Einstellung ein entsprechendes Dokument unterschrieben habe ... H. W.: »Hatte ich völlig vergessen; hab' ich wahrscheinlich nicht ernst genommen.« Tja, meine Liebe, so ist es immer mit dem Teufel! – / / – Am gleichen Tag erfahre ich durch den jungen Krone, daß der Schriftstellerverband um eine Wehrlit-Sektion o. ä. bereichert wird; Oberstleutnant Walter Flegel als Boß eingesetzt. Vermutlich ist es als dringlich empfunden worden, sich intensiver auch um die BOKS und BUBS auf dem literarischen »Feld der Ehre« zu kümmern.

NEUER DUDEN / / Es heißt nicht mehr »Zelle«, sondern »Verwahrraum« ... – Als der trotzige Helmut Stieler im Gefängnis von seiner »Zelle« spricht, antwortet der Wärter giftig: »Ihr seid doch keene Mönche, wat?«

EINMAL MAGDEBURG HIN UND ZURÜCK / / Elke Erb, die von den Abenteuern auf der Reise zu einer (nicht angemeldeten) Wohnungslesung mit Heiner Müller in Magdeburg erzählt, einer Reise zu viert in Müllers Automobil. Vermutlich schon vom Tierpark bzw. von Müllers Wohnung an verfolgt, wird der literarische Stoßtrupp knapp hinter der berliner Stadtgrenze zum ersten Mal gestoppt und für eine halbe Stunde festgehalten, angeblich wegen »Geschwindigkeitsüberschreitung«. Freilich, nicht nur der Fahrer (bzw. die Fahrerin) muß seinen Ausweis vorzeigen; *alle* Insassen – es handelt sich schließlich um das Kollektivvergehen »Geschwindigkeitsüberschreitung« – müssen ihre Pässe 'rausrücken, ja, »abgeben« sogar; die gründlichen Kontrolleure verschwinden mit den Papieren in irgendeiner Baracke am Straßenrand, nach mehr als einer halben Stunde tauchen sie wieder auf, die Papiere werden zurückerstattet, die Fahrt geht im gleichen und normalen

Tempo weiter in Richtung Fläming und Elbe ... – *Nach* der erfolgreichen Lesung vor nicht kleinem Publikum geschieht während der Rückfahrt das gleiche, kaum ist die Stadtgrenze von Magdeburg »überschritten«: Wieder mehr als eine halbe Stunde Stop, wieder müssen sämtliche Ausweise ausgehändigt werden, die Reisenden sind nun doch schon arg ins Grübeln geraten, wieder wird als Grund für die Schikane die von keinem wahrgenommene »Geschwindigkeitsüberschreitung« genannt. Das animiert mich Elke gegenüber zu dem Vorschlag: Sollte man in Zukunft »Dichterlesungen« nicht von vornherein als »Geschwindigkeitsüberschreitungen« deklarieren?; was sie in gewisser Weise ja auch sind, wenn sie ernst genommen werden wollen – Verstöße gegen das vorgeschriebene poetische Tempo ...

»AUSSPRACHE« / / Abends bei Bärbel Bohley; sie ist noch *nicht* aus dem Künstlerverband geflogen (wie erzählt wird), sondern vorerst nur aus der Sektionsleitung. Daß ihr etwelche Laienkunstzirkel »abgenommen« worden sind – viele Bildende Künstler bestreiten ihren Lebensunterhalt mit dieser Nebenbeschäftigung –, das sei zwar gerüchtweise auch bis zu ihr gedrungen, Genaues wisse sie jedoch noch nicht ... Sie hat sich beim Verband wegen der Beeinträchtigung ihrer künstlerischen Arbeit beschwert und eine »Aussprache« gefordert; die »Aussprache« gipfelt darin, daß ihr Gegenüber mit Bärbel Bohleys Verbandsausweis in der Luft herumfuhrwerkt und ihr bedeutet: Wenn sie *so* weitermache, dann verlöre sie ihn allerdings, dann müsse man sie *wirklich* ausschließen. – B. B.: »Soll das eine Drohung sein?« Der Verbandssekretär: »Nein, eine Warnung!«

»NAHBAR« / / Einladung für den 12. März zu einer Veranstaltung bei Dieter Schulze in der Lottumstraße 1b: »Anläßlich meines *fünfundzwanzigsten Geburtstages* lade ich zur EINTAGSAKADEMIE LIVE u. a. mit Rosa Extra / Bert Papenfuß / Elke Erb / Uwe Kolbe / Heiner Müller / Adolf Endler / Franz Fühmann / Dada Schulze. Beginn: 15 Uhr; Ende: ca. 03 Uhr ...« – Neidisch muß ich konstatieren: Anläßlich meines fünfundzwanzigjährigen Geburtstages ist »janüscht jeloofen«, auch zur Feier meines fünfzigsten Geburtstages nicht; ja, da muß man schon als so'n »Original-Genie« wie Dada Schulze oder als ein »Mir-zur-Feier«-Rilke sein Unwesen treiben, wenn einem solche Glitzer-Huldigungen zuteil werden sollen. – Klar, daß eine Großveranstaltung solcher Steilheit auch einen Leitspruch an der Stirn tragen muß; hier lautet das irritierende, vermutlich schulzische, ergo genialische Motto: »Uns ist die Zukunft *nahbar* geworden ...« (Und der bravere Leser assoziiert »Nachbar«, der frechere »*Nacht*bar«; ich gehöre zur zweiten Kategorie.) Es ist, glaube ich, die Frau Heiner Müllers gewesen, die gemeint hat, der Dieter Schulze möge sich nicht »Dada«, sondern besser »Didi« nennen, »Dada Didi Schulze«; er hört es wahrscheinlich nicht zu gern, der Präsident der EINTAGSAKADEMIE, eine Eintagsfliege?, bei der auch zwei »echte Akademiker« mitmachen sollen, nämlich Heiner Müller und Franz Fühmann, die den wahrlich wüsten Punk-Poeten und Krachschläger seit längerem moralisch und finanziell unterstützen (wie wir alle mehr oder weniger, einer bornierten Polizei zum Tort). – / / – Schulze, ein Uwe Greßmann oder Schröder-Sonnenstern des Punk-Zeitalters? Ein Exponent der literarischen l'art brut mit Sicherheit, welcher sich in grammatikalisch und orthographisch verwüsteter Schreibweise artikuliert: »... unsere ratte springt / dem wachtmeister ins / gesicht / krallt sich fest / so fest – das der wachtmeister / blut lassen muß / unsere ratte keifte / jetzt den wachtmeister / an – sprich nix mehr / komm mit auf dem hoff / graben ...! / der wachtmeister kämpfte / nur gegen sein eckel / blut und eckel und / eine ratte in seinem / gesicht – kein grund / um sich wohl zu fühlen / herr wachtmeister ...!« – Ein »Heimkind« wie Greßmann und Jahr um Jahr von der Polizei wegen »asozialen Verhaltens« verfolgt, das es allerdings auch seinen Beschützern, Christa Wolf darunter, nicht gerade leichtmacht. Schulzes meistens mörderisch-aggressiv gespannte Sprache ist im Grunde nicht weit von der jener zwei Putzfrauen entfernt, die mir neulich einen Zettel vor die Wohnungstür gelegt haben: »Sollen wir sammeln das Sie sich ein apptreter kaufen können Der Scheuerlappen liegt hofentlicht auch bald wieder da. Sonst gehs auch anders ...« Poesie aus diesem Geist, ist sie denkbar?, weshalb eigentlich nicht?, fragt meine gefährliche Neugier. »... mit einem hohen sprung / versetzte / sich unsere ratte vom boden / auf dem kopfe des wacht / meisters und krallte / sich in seinem schopfe / fest – aber *harre* zu sagen / wehre passender ...! / der wachtmeister wollte / zugern unsere ratte runter / reissen – weil sie / an seinen augen leckte –« ... Heiner Müller bezahlt Schulze, um ihn anzukurbeln auch, pro Zeile fünf oder zehn Mark; deshalb die Kurzzeilen seit neuerem bei Schulze! 200,– Mark erhält er Monat für Monat von Christa Wolf, wichtig nicht zuletzt im Hinblick auf die Polizei, die immer 'mal wieder nachfragt: »Wovon leben Sie eigentlich, Herr Schulze?« – Hilfeleistungen, die Dada Schulzes Selbstbewußtsein spürbar ins Unermeßliche wachsen lassen; trotzdem ... – / / – Am 11. 3., am Tag vor der großmächtigen EINTAGSAKADEMIE LIVE (zu welcher Schulze zu allem Überfluß und gewiß nicht aufgrund künstlerischer Erwägungen auch noch Repräsentanten der US- und BRD-Vertretung eingeladen hat): Haussuchung und Beschlagnahme zahlreicher Manuskripte; im gleichen Atemzug ausdrückliches Verbot der Lesung, für die auch Elke Erb und ich neue Texte parat gelegt hatten; wenn dem zuwidergehandelt würde, müßten als erstes schon 'mal 500,– Mark Strafe gezahlt werden – ein ganz schönes Sümmchen für unsereinen –, und zwar von *jedem*, der irgend etwas vorliest. Das Signal scheint eindeutig: Wir nehmen von nun an auch auf Sie keine Rücksicht mehr, Herr Fühmann, und auf Sie noch weniger, Herr Müller!, und wenn Sie sich auf den Kopf stellen! Auf der Schönhauser Allee kommt mir der schon in der Ferne abwinkende Volker Braun entgegen: »Keine Lesung bei Schulze ... Verboten!« So etwas habe ich mir noch nie gefallen lassen; wutschnaubend und aufgekratzt lese ich die rhythmisierte Prosa »Die Jungs von Ypsilon-Acht«, eine ziemlich unverhüllte Verhöhnung der Stasi, deren Vertreter zweifellos anwesend sind ... Nach zehn Minuten rasanten Vortrags breche ich die Lesung ab, nachdem Elke Erb mit einem leisen »Hör' lieber auf!« zum fahlgesichtig blickenden, merklich von Angst umhergetriebenen Dieter Schulze hinüber gewiesen hat: »Die haben den vermutlich ganz schön in der Mangel gehabt ...« – Beschlagnahmt wurden nach Schulzes Schätzung etwa 350 bis 400 Blatt Manuskript, 10 bis 12 Tonbänder oder Kassetten, die Korrespondenz mit Franz Fühmann, dem den »Organen« bekanntermaßen verhaßten ... – / / – Das ratlose Publikum wandert in den drei Räumen hin und her, als wäre noch etwas zu erwarten, als gelte es, noch etwas Spektakuläres zu unternehmen; am Fenster Monika Maron und Wilhelm Tappe, der abwesend über die grauen Dächer und in die dunstige Straßenschlucht der Lottumstraße starrt: Drüben rechts hat Frank-Wolf Matthies gewohnt, auch er vorzeiten ein Veranstalter regelmäßiger »Lesungen«, Anfang 81 dann, vor fast genau zwei Jahren, von uns melancholisch verabschiedet, nachdem er wegen seiner surrealen und anspielungsreichen literarischen Arbeiten und wegen ihrer Drucklegung im Westen für einige Tage inhaftiert gewesen ... Die Lottumstraße, die Lottumstraße, nicht weit von der Volksbühne entfernt, die Lottumstraße, in der ich Mitte der sechziger Jahre Richard Leising zum ersten Mal begegnet bin sowie seinem »Kohlenträger«: »Der Kohlenträger schafft die Kiepe ins Haus; der Keller hat zweiundzwanzig Stufen hinein und zweiundzwanzig hinaus.« (Ob der Richard noch hin und wieder ein Gedicht schreibt?, wenigstens das *eine* pro Jahr, das man von ihm erwartet?) – Lottumstraße, Lottumstraße!, in dieser kleinen Nebenstraße schwärt wenigstens für mein Gefühl der »Geist« der Auflösung, der Trennungen, des Blues spürbarer als anderswo im Prenzlauer Berg oder in Mitte ... »Die Zukunft ist uns *nahbar* geworden«; naja, jetzt dürfte sie sich wieder bis weit hinter den Horizont zurückgezogen haben.

ERICH ARENDT / / ... und Helmut Stieler spaziert und spaziert, wie ich es monatelang getan, mit dem nach seinem Schlaganfall bewußtseins-getrübten Erich Arendt im Raumerstraßen-Kiez umher; die Strecke, die dabei abgeschritten wird jedes Mal, dürfte kaum viel länger sein als die bei einem Frischeluft-Rundgang in einem größeren Gefängnishof; ob es auch Stieler durch den Kopf geht? Aber er tut noch mehr: Pausenlos fotografiert der emsige Laienfotograf den Dichter, den langsam durch den Winter (auch seines Lebens) wandelnden Dichter. Die Fotos von einem dieser Tage zeigen einen in wulstigen Fellmantel eingemummten Arendt, der wie der späte und entgeisterte Fridericus Rex auf einen zu geschlenzt kommt, die Hände über dem Rücken, ein Fridericus vor heruntergelassenen armen und schadhaften Rolläden, vor kahlen Stadtstraßenbäumen, in einem blätternden Hauseingang: Kein Tag des bauernschlauen arendtschen Lachens offenkundig; unter der schräg aufgesetzten und schön gezipfelten Baskenmütze, wie er sie seit vielen Jahren trägt, blickt uns einmal ein eindeutig angeekeltes Gesicht an, einmal ein mißmutig-mißtrauisches, und einmal streckt Arendt dem Fotografen (und uns) auf unflätigste Weise die wenig elegante und wie geschwollene Zunge heraus (als erinnere er sich an die berühmt-berüchtigte Einstein-Zunge, die indessen länger, spitzer, gewissermaßen feiner blinkt auf jenem vor allem unter Studenten weit verbreiteten Poster), höhnisch, häßlich und wie endgültig die Zunge, die Greisen-Zunge: Bäh! So kommt man auch ohne Worte aus: Bäh! Er streckt – wie damals der alte Einstein getan – der Welt die Zunge heraus ... Ganz und gar »abgetreten«, grübelt man, kann er in diesem Moment nicht sein, da er sich so extrem vernünftig verhält: Kein würdiger Greis, Gott sei Dank, kein geducktes Hutzelmännchen sogar jetzt! Die sogenannten »würdigen« und »ehrwürdigen« Greise werden wohl in der Regel vom mittelständischen Mittelmaß gestellt –

AUS DEN NORDBEZIRKEN / / »Angegriffen von der *aggressiven Luft* im Raum Bitterfeld ...«; Zitat aus einem Presse-Artikel mit der Überschrift BESTÄNDIGERER AUSSENANSTRICH ... – Kern eines Gedichts, das mir heute gegen Abend ein mir unbekannter junger Dichter aus den Nordbezirken bringt (welcher übrigens, wie sich gesprächsweise ergibt, sein *erstes Gedicht* in der Kaserne geschrieben hat: na, immerhin!); ein schlaksiger Mann, vielleicht 23/24 Jahre alt ... »Angegriffen von der aggressiven Luft im Raum Berlin der Jahre Anfang Vierzig / Ist vom Kleiderschrank der Fuß, schwarz angesengt, um den ich mit m Lappen (›schön feucht!‹) spure / Jetzt, im Schlafenszimmer, wohinein sie ihn gerettet aus dem Kriegsbrand, Witwe Sellmer / Die mir drei Mark Trinkgeld (›Lösche weiter!‹) gibt, womit ich Schreibpapier mir kaufe, DIN A 5 / FEINWEISS ...« Undsoweiter. – Verdient sich die paar Kröten, die er braucht, als Putzboy. Ob aus dem etwas werden könnte?, rätsele ich – und zeige ihm den Weg zu Uwe Kolbe und seinem Underground-Periodikum MIKADO: »Nur drei Straßen weiter ...« Hinterher fällt mir ein: Dank intensiver Gespräche mit dem Knaben weiß ich noch nicht einmal seinen Namen (nach Stunden des Gesprächs), ebensowenig, wo er wohnt. – Welch eine zivile Vertrauensseligkeit! ... »Aggressive Luft«, »Beständigerer Außenanstrich«, »Kopfschmerzen rings!«

BRIEFE AN FRANZ FÜHMANN (II) / / Lieber Franz Fühmann, seit ewigen Zeiten, nämlich seit meinem letzten Brief liegt es mir im Magen, daß einige Zeilen dieses Liedes über »Sajäns-Fiktschn« (es ist schon wieder auf Tour) eine etwas distanziertere Einstellung zu dem Trakl-Essay anzudeuten scheinen; seit ewigen Zeiten will ich Ihnen schreiben, daß ich »Vor Feuerschlünden« für ein Buch nicht kleineren, sondern eher noch erheblicheren Gewichts halte – gut, jetzt habe ich es endlich ausgesprochen, in Bewegung gesetzt durch den Besuch eines jungen Mannes (und Poeten) aus den nördlichen Bezirken, welcher mich mit beschwörender Dringlichkeit sowohl auf »Sajäns-Fiktschn« als auch auf das Trakl-Buch hinwies, und »das wäre jetzt das Wichtigste«; dem konnte ich nur zustimmen. (Es war übrigens kein Mann aus den uns schon bekannteren Kreisen, sondern fast eine »Unschuld vom Lande« – immer wieder neue Dichter!, mein Gott, dieser hatte angefangen mit dem Gedichteschreiben als Soldat in der Kaserne, was uns aber nicht zu einem Lob der Volksarmee bzw. der dort herrschenden Atmosphäre verpflichtet.) – / / – Übrigens sehe ich jetzt auch das Kinderbuch »Die dampfenden Hälse ...« (auch dieses fast ständig ausgeliehen, so auch jetzt: deshalb der halbe Titel) zusammen mit den beiden anderen Büchern und weiteren als Teil einer einzigen großen Bemühung, der für mein Gefühl wachsenden Gefahr der »Barbarisierung« dieser Gesellschaft sozusagen mit weit ausgebreiteten Armen und in unterschiedlichen Feldern entgegenzutreten; die Art und Weise, in der das geschieht – frappierend und wie selbstverständlich zugleich –, hat für viele offensichtlich etwas Ermutigendes, und mehr war wohl für die Literatur zu keiner Zeit zu erreichen, und auch nur dann, wie mir jetzt scheint, wenn sie eine Energie spüren ließ (oder läßt), welche eigentlich viel mehr erreichen will (wollte) und viel weiter ... Aber Schluß!, ehe es zum WORT DES SONNTAGS gerinnt. – / / – Mit Gespanntheit habe ich auf die Rezensionen u. ä. gewartet – was »SajänsFiktschn« betrifft, war ich allerdings davon ausgegangen, daß ihm ein einmütiger Schweige-Chorus zuteil werden würde –, auch in der Hoffnung, daß doch der eine oder andere das Riesenangebot erkennen und annehmen würde, welches vom »Angriff« mit herangetragen worden ist ... Sehe ich das falsch, wenn es mir so vorkommt, daß dieses Angebot im großen und ganzen ausgeschlagen worden ist? Bis auf ein oder zwei Ausnahmen – wahrscheinlich: nur eine! – sehe ich die Herren und Damen von der Sektion Literaturkritik in Anbetracht des Trakl-Buchs, der »SajänsFiktschn« und auch der »Dampfenden Hälse« (diesbezüglich kenne ich jedoch nur eine einzige Sache) sich in eine Art kleinen Zauberer-Kongreß verwandeln, welcher in der »Kunst« brilliert, aus einem herbeigeflügelten Elefanten (beziehungsweise: dreien) einmal ein Kaninchen, einmal einen Zwergpudel, einmal einen Schwarm von Kücken, dann wieder einen Kanarienvogel vors Auge des verblüfften Publikums zu zaubern – d. h.: für mich allein! (Denn außer mir immer noch und wahrscheinlich bis zum letzten Atemzug Hoffenden hat kein einziger meiner Bekannten, literarisch Interessierte, ja, literarisch Gebildete nicht wenige von ihnen, auch nur eine einzige der Rezensionen gelesen, die ich heißhungrig eingesammelt habe ...) Um es etwas unfreundlicher zu sagen – aber vielleicht sehen Sie das ganz anders!, es würde mich interessieren! –: Man könnte auch an eine Lehrdemonstration denken, mit der die verschiedenen Arten, feinere, gröbere, trägere, raschere, des Duckens und Sich-Wegduckens vorgeführt werden sollte, womit wir fast schon wieder beim Thema der vormilitärischen Ausbildung wären; eher Stoff für einen

kleinen Gesellschaftsroman als für eine sogenannte »theoretische« Auseinandersetzung, sage ich mir – oder bin ich vielleicht wirklich blind und taub und stumpf geworden für die feineren Nuancen des literaturkritischen Gewebes? Mit freundlichen Grüßen / Ihr ... – / / – PS.: Entschuldigen Sie, bitte, daß ich so ein lockeres Verhältnis zu den Überschriften Ihrer Bücher habe! Es hat mit meinem schwachen Namens-Gedächtnis zu tun. – FAUST und ULYSSES sind fast die einzigen Titel, die ich immer parat habe. A. E.
(Datiert: Berlin, den 20. 3. 83)

ECKE PRENZLAUERDIMITROFF / / Dieses Mal sind es *drei* Nummern, die letzten drei der Zeitung DIE VOLKSARMEE, die ich kaufen will. Eine verwirrte grauhaarige Zeitungsbudenfrau, welche kritisch-abwehrend murmelt: »Also, *Sie* müssen et ja wissen, wenn Sie *so* für Armee sind ...« – »Um Gottes willen, im Gegenteil!« – »Ach, so!«; und überreicht mir die drei Exemplare der VOLKSARMEE, ohne weiter vorwurfsvoll mit der Wimper zu zucken ... Ob das, was hier geschieht, außerhalb des Viertels oder außerhalb des Landes begriffen werden kann?

DIE WAND / / »Solidarność! Solidarność! Solidarność!«; ein paarmal steht es auf die vermutlich seit Kriegszeiten »frei stehende« bröckelnde Brandmauer gleich um die Ecke und nicht weit vom Helmholtzplatz geschrieben/ gesprüht/gesprayt, steht?, nein, *stand*! Nachdem einige dauer-verdächtige Leute Polizeibesuch bekommen haben – bei den unwilligen Gastgebern wird es sich wie üblich um unsere Freunde Herr Kannitverstan und Marusja Nix-Spreken-Deutsch gehandelt haben –, ist die Tilgung der frechen polnischen Vokabel angeordnet worden, und zwar in einer Weise, die das ganze Viertel in tiefe Nachdenklichkeit gestürzt hat: Man hat das mehrfache »Solidarność« nämlich nicht nur einfach schwarz und breitflächig zum

Verschwinden gebracht, wie es frühere Übermal-Schulen gehalten, sondern gleich die ganze dahinsiechende Wand renoviert und mit frischem hellgrauem Verputz versehen, psychologisch nicht unklug, da wohl kaum jemand diese Wunderwand mit etwelchen Slogans verunzieren möchte, diese einzige reinlich gleißende unter fünfhundert desolaten! Allerdings fragen sich jetzt viele, ob sie nun nicht auch die übrigen Wände, wie sie einem Tag für Tag deprimierend vor Augen stehen, mit sogenannten »staatsfeindlichen Parolen« bemalen sollen, damit sie endlich, endlich renoviert werden: »Anders tut sich ja offenkundig nix!« – Am Rande: Auch Kerstin und Peter Wawerzinek hatten im Zusammenhang mit dieser Affäre Besuch, und zwar von zwei ungemein mißtrauischen »Kollegen« von der KOMMUNALEN WOHNUNGSVERWALTUNG, ja, von der KWV (sic!), welche unter anderem Auskunft erhalten wollten über die Bedeutung des holländischen Aufklebers an der wawerzinekschen Wohnungstür – es ist Mode geworden, auf diese Weise seinen »abweichenden« Standpunkt kundzutun oder wenigstens anzudeuten –, eines allerdings kaum besonders bösartigen Spruchs, welcher schlicht besagt (wenn auch hämisch auf niederländisch): »Dieses Haus bleibe vom Krieg verschont!« – »Ach, so, ach, so ... Aber muß das unbedingt an der Wohnungstür kleben?«

MASKULIN-PROVINZ / / NEUES DEUTSCHLAND vom 29. 3. 83: »Warschau. Der erste Sekretär des ZK der PVAP und Vorsitzende des Ministerrates der VR Polen, Armeegeneral Wojciech Jaruzelski, hat am Montag in Warschau *den* zu einem zweitägigen Arbeitsbesuch in Polen weilenden *Minister für Volksbildung* der DDR, Dr. h. c. Margot Honecker, Mitglied des ZK der SED, zu einem freundschaftlichen Gespräch empfangen ...« – Dr. Margot Honecker, der Große Hüter des Deutschunterrichts und des Lesebuchgedichts u. ä.!

FOLGENREICHE »DICHTERLESUNG« / / »Bitte, seien Sie nicht zu scharf, nicht zu bissig, nicht zu bitter!« hatte mich der neue und junge Leiter der Städtischen Bibliothek in der Senefelder Straße angefleht, nachdem er sich zu dem Risiko entschlossen – »wär' doch gelacht, wenn das nicht möglich ist!« –, den anrüchigen Herrn Endler nach langer, nach jahrelanger Pause wieder einmal in einer quasi offiziellen »Einrichtung« auftreten zu lassen. Ich hatte den unternehmungslustigen Menschen bei Gerd Poppe getroffen; zweifellos wollte er beweisen, daß auch seinesgleichen durchaus in der Lage ist, gelegentlich ein renitentes »Ding zu drehen«: »Aber natürlich sollte man ein bißchen vorsichtig sein ...« Bin ich nicht vorsichtig genug gewesen? Es ist einige Wochen her seit dieser Lesung; der Bibliothekar in der Senefelder ist inzwischen tüchtig gerüffelt (»Das nächste Mal verliere ich meinen Posten!«), außerdem mit »verbindlichen Richtlinien« versehen worden, nach denen er für jede einzelne »Dichterlesung« *mehrere* Autoren in Vorschlag zu bringen hat, aus denen man »höheren Orts« den »geeignetsten« auswählen will; einzureichen sind diese Vorschläge mindestens ein halbes Jahr vor der geplanten Veranstaltung. – »Ja, das ist die Strafe für die Lesung mit Ihnen«, mäkelt der nun ziemlich mißmutige Bibliothekar an *mir*, an »Herrn Endler«, herum. – / / – Seine schlechte Laune wird verständlicher, wenn man von dem Weg erfährt, den die Liste durch die verschiedenen Institutionen zu nehmen geheißen ist, nämlich 1. zur Leiterin des Bibliothekwesens des Stadtbezirks Prenzlauer Berg, 2. ins Büro der Stadtbezirksrätin für Kultur, der ewigen, offensichtlich unsterblichen Madame Mannschatz, 3. in das Büro der zentralen Berliner Stadtbibliothek, 4. zum Stadtrat für Kultur beim Magistrat, also dem für die ganze Hauptstadt zuständigen Kulturboß ... (Von hier aus, davon kann man wohl ausgehen, die Anfragen beim Ministerium für Kultur, beim Schriftstellerverband, bei der Stasi; hier mögen auch die SCHWARZEN LISTEN liegen, die neulich ein Bekannter zu Gesicht bekommen hat.) In dieser Reihenfolge also steigt die Liste »aufwärts«, auf jeder Station »abgezeichnet«, mit Fragezeichen, mit Ausrufezeichen o. ä. versehen; vom Gipfel im Roten Rathaus aus wandert sie dann wieder »abwärts«, nach »unten«, und zwar ordentlicherweise in der umgekehrten Reihenfolge. Nach Schätzung meines Gewährsmanns aus dem Bibliothekswesen währt diese Wanderung jeweils mindestens ein Vierteljahr: Namen werden hinzugefügt, die Namen sogenannter »Förderfälle«, andere werden gestrichen. Wer da den Rotstift gezückt hat, bleibt für den Untergebenen ebenso unerforschlich wie für den betroffenen Autor, Angriffe auf genau zu bestimmende Personen schließen sich folglich aus, wieder einmal wird man auf Streufeuer ins nebeldurchzogene Dickicht angewiesen sein (falls man überhaupt noch »Lust« findet, sich zu wehren). Der Bibliothekar vermutet jedoch zu Recht, daß die beflissene Streicherei bereits bei der untersten Instanz beginnt, weil man sich selbstverständlich den Vorgesetzten gegenüber als »vertrauenswürdige«, als »verläßliche Kraft« beweisen werden will ... »Wenn alles so funktioniert wie geplant«, meint der Bibliothekar, »dann habe ich in kurzer Zeit meine eigene SCHWARZE LISTE beisammen.« – / / – Spürbar der Unwillen, mit dem der ja nicht schlimme Knabe mir gesteht (so, als hätte er sich auf etwas Sittenwidriges eingelassen; und hat er's denn nicht?), daß er eine erste, rasch zusammengestellte Liste bereits in ihre Umlaufbahn geschickt hat: Gegen Plenzdorf, der auch aufgeführt ist, wurden sofort, d. h. bereits »ganz unten«, die »heftigsten Bedenken geltend gemacht«, verbunden mit dem Argument: »Der hat doch schon so lange nichts Neues geschrieben ...« (Woher wissen diese unerleuchteten Blindschleichen das?) Der wirkliche Grund für die Ablehnung Plenzdorfs dürfte sein, daß er neulich bei Poppes »gelesen« hat – falls die Lesung von den Bullen nicht unterbunden worden ist –, schon lange vor der Veranstaltung zu Höpcke geladen und von dem »Buchminister« ermahnt, die Chose abzusagen; es handle sich bei den Veranstaltern bekanntermaßen um »Volksfeinde«. Plenzdorfs wahrlich rührende Antwort: Er habe dem Poppe »versprochen«, daß er in dessen Wohnung lesen werde, und er pflege seine Versprechen einzuhalten; wat sagste nu?

»UNSER WILHELM« / / Mit Bärbel Bohley – durch was nur hervorgerufen? – plötzlich über Wilhelm Pieck gesprochen, bei dessen Tod um 1960 ich ein seitenlanges (glücklicherweise unveröffentlichtes) edel-elegisches Gedicht geschrieben habe. Bärbel Bohley erinnert sich noch daran, daß sie über den Tod des so »grundehrlich« anmutenden »ersten Arbeiter- und Bauernpräsidenten auf deutschem Boden« ausdauernd und innig geweint hat, gemeinsam mit ihrem Vater. – So etwas sind wir also auch einmal gewesen ...

EINSATZ FÜR EINEN SATZ / / ND vom 31. 3.: »Die Grundorganisation der SED im Schriftstellerverband Rostock hat sich an alle Mitglieder und Kandidaten des Verbandes mit der Aufforderung gewandt, *in einem Satz* ihren Einsatz für den Frieden zu formulieren. Sie« – ? – »gehen davon aus, daß die vielen tausend Leser, Zuschauer und Hörer ihrer Werke, *erfahren sie einen solchen Satz*, den ins *Verhältnis* setzen zu dem, was sie von eben diesem Autor kennen. Haltung ist gefragt, Bekenntnis, *unverwechselbare Position*. Das Echo darauf ist bereits jetzt überzeugend. Selbst jene Kollegen, die aus verschiedenen, durchaus zu akzeptierenden Gründen *sonst etwas zurückhaltender sind*, haben sich mit klugen, eindringlichen, *überzeugenden Sätzen* zu Wort gemeldet.« Außerdem: »In diesem Jahr zum zweitenmal stellen sich die Mitglieder und Kandidaten des Schriftstellerverbandes unseres Bezirkes mit einer ›Jahreslese‹, gleichsam eine öffentliche Rechenschaftslegung, im Theater Stralsund vor. Die Veranstaltung steht unter der Überschrift ›Einsatz für den Frieden – Ein Satz für den Frieden‹ ... Auf der Bühne selbst, auf Plakaten und Handzetteln sowie in Presseveröffentlichungen werden diese Bekenntnis-Sätze eine wichtige Rolle spielen.«

PROBLEM / / »Zettels Traum« könne man eigentlich nicht lesen, sondern nur »leseln«, meint Peter Keit. – *Leseln*, schön! – Aber erst einmal muß man das Ding vor sich auf dem Tisch liegen haben. – Und wie krieg' ich das Ungetüm über die Grenze?

APRIL 83

BEGRÜSSUNG / / Der seit Dutzenden von Jahren kiezbekannte Wanderprediger und Säufer *Herr Fischer*, dessen Vornamen keiner kennt; es heißt stets nur: Herr Fischer ... Dieses Mal steht er unter der U-Bahn Dimitroffstraße an einem der eisernen Tischchen von KONNOPKES Würstchenbude, eine große Flasche Adlershofer vor sich, wild gestikulierend den kauenden Curry- und Bockwurstessern zugewandt: »Ick ... hupp ... bejrüße Sie ... hupp ... *in meiner Heimatstadt Berlin* ...« Und dann mit wankendem Fuß und wackelndem Kopf und zeitlupenartig langsam: »Hurra ... Hurra ... Hurra!«

MEIN TELEFON / / Das schön grauhaarige Dorle in der Prenzlauer; sechzig Jahre alt; in untergeordneter Stellung bei der Akademie der Wissenschaften beschäftigt, oft und schlimm gebeutelt von der Partei (aus der sie irgendwann ausgeschlossen worden ist), dann aber doch mit einem kleinen Überlebensposten »beschenkt«, vermutlich aufgrund ihrer Reumütigkeit, keinesfalls wegen ihrer (mit Sicherheit unbeträchtlichen) Fähigkeiten; das »Höhere« in ihr drückt sich in unsäglichen nach-rilkischen Sonetten aus, die ihrer Meinung nach unbedingt veröffentlicht werden müßten (»Eva Strittmatter darf doch auch ...«); ich behalte meine Meinung für mich. – Enervierend und bis zu einem gewissen Grad rätselhaft, wie sie sich bemüht, ungeachtet der einen oder anderen kritischen Anmerkung – vor allem wegen der bösartigen Ablehnung ihrer Sonette durch die Verlage – immer wieder in ein entschuldigendes Verhältnis zur sogenannten »Macht« zu finden, immer wieder mit rechtfertigenden Worten für die Politik der Partei und der Regierung »einzutreten«, geradezu hechelnd bisweilen; vor ein paar Tagen z. B. unvermittelt: »Wir schei-

/ 237

nen ja im Augenblick eine sehr liberale Phase in unserer Kulturpolitik zu haben ...«; das klingt, als wolle sie sagen: »Siehst du, so schlimm, wie du immer behauptest, sind wir gar nicht.« Daß es sich um eine »liberale Phase« handelt, schließt sie aus der Erzählung über einen »Alkoholiker-Kongreß«, höchst internen Charakters übrigens, auf dem »*sehr offene Worte* gefallen sein sollen« über die beunruhigende Zunahme der Alkoholiker-Zahl in der DDR, von der jedes Kleinkind längst weiß. - / / - Immerhin darf ich bei ihr auch »in den Westen« telefonieren; da ich »telefonunwürdig« bin, wie der Ausdruck lautet, bleibt mir kaum etwas anderes übrig, als das eine oder andere »fremde« Telefon zu benutzen, hauptsächlich ihres. In der letzten Zeit ist mir der Apparat jedoch immer unheimlicher geworden; es bedarf jedes Mal einer gewissen Überwindung, ehe ich beginne, eine Nummer zu wählen, ob östlich, ob westlich ... Mit Hilfe dieses Apparates habe ich z. B. die Verabredungen mit meiner westberliner Freundin Marie-Luise Salomon getroffen, die seit längerem immer wieder an der Grenze zurückgewiesen wird, »ohne Nennung von Gründen« natürlich.

»KÄMPFER« SOLLEN ES SEIN / / Vorgestern bei der ewigen Verlagslektorin Giesecke; sie berichtet über die immer dumpfer schwärende »Atmosphäre« im AUFBAU-VERLAG: »Die wollen die fünfziger Jahre wiederhaben ...« - Der arme Streit z. B. um das Manuskript des neuen Buchs von Bernd Wagner; vor allem wegen eines »Parteiarbeiters« und ehemaligen Buchenwaldhäftlings, welcher als »zerbrochener Charakter« dargestellt wird: »Das waren, das sind doch *Kämpfer* ... Wir wollen *starke* Gestalten, nicht *das* da!« - G. wundert sich über die Maßen, daß das neue Buch von Elke »so« *durchgegangen* ist; »vielleicht gerade noch im letzten Moment?« fragt sich G. (Erscheinen soll es im Herbst.)

ZUR MACHTFRAGE / / Ein Brief Franz Fühmanns vom 4. 4., in welchem der Dichter sein mißmutiges Verhältnis zur derzeitigen Literaturkritik resümiert; darin die Beschreibung eines Aufeinandertreffens mit unserem Haupt- oder Zentralkritiker Hans Koch, die mir Fühmann zur weiteren Verwendung »schenkt«, wie er nachdrücklich sagt; das zweite Fühmannsche Geschenk dieser Art. Die Beschreibung wird apostrophiert als ein Postskriptum, ein Nebenher: »Ja, vielleicht eins noch – jener Freund und Gönner, Prof. Dr. Hans Koch, begegnete mir neulich bei den Ungarn, etwas sehr voll schon des süßen Weines, und er legte die Stirn in Falten und sagte bedauernd, er möchte gern 1 Kritik über mich schreiben, er habe meine Gesammelten Werke gelesen und immer laut schreien wollen von wegen dem Zeug, was da an Dummheit drinstände, es sei auch zum Gottserbarmen, wie ich von einem guten Dichter zu so einem elenden Skribenten abgerutscht bin (*Standardkritik* jedes offiziellen Kritikers vom Dienst auf jede Lesung außerhalb der Kirche) – also es jucke ihn in den Fingern, und ich sag: Laß doch nicht umsonst jucken, Kumpel, schreib doch – ich tät allerdings dann gern antworten, und da kraust er die Stirn noch krauser und ruft wörtlich: »Aber das ist es ja grade!!!!!« – also man *kann* mir mit meiner Unwissenschaftlichkeit und meinem philosophischen Wirrkopf wahrhaftig nicht auch noch die Spalten der Presse öffnen, schlimm genug schon, daß dieser Kerl überhaupt hier gedruckt wird (was er ehrlich zugab nicht zu verstehen) – also *das*, bittesehr, *müsse* ich aber einsehn, daß ich nicht auch noch die Presse – ja, und dann neigte der Große Gönner seinen Kopf sehr schräg und sagte, Tränlein in den Kulleraugen, er werde aus diesem Grund darauf verzichten, die vernichtende Kritik zu schreiben – da ich ja nicht antworten dürfe, wolle er mir die Vernichtung nicht antun, und ich drückte spontan seine Rechte und sagte: Professor, wie bist du doch edel, aber edel sei der Mensch, hilfreich, gut und parteilich, und da nickte er gerührt mit dem Kopf und entschwand. – Es war eine sehr schöne Szene, ich schenk sie Dir, wenn Du sie haben willst ...« – Danke!, ich habe das Geschenk Fühmanns angenommen, wie man sieht: beinahe unersetzlich als Beispiel für den (auch von Hans Koch) immer wieder geforderter »Meinungsstreit«.

REVIVAL / / Die allmähliche Rückkehr solcher stalinistischen Invektiv-Vokabeln wie »Volksfeind«, »Volksverräter«, »Friedensfeind« – Hilbig ist neulich bedeutet worden, er müsse als »Friedensfeind« betrachtet werden, wenn er sein neues Buch im Westen veröffentlicht –; bald wird man uns wieder als »Agenten« und »Diversanten« anprangern wollen, als »Divergenten«, wie es früher der Volksmund zusammengezogen hat. – Irgend etwas Dumpfes und Giftiges bereitet sich vor ...

WERBUNG / / Seit einiger Zeit Gerüchte und Debatten über die drohende Arbeitslosigkeit im Land, einleuchtende Folge des demoralisierenden Leerlaufs in vielen Betrieben; kaum macht die Hiobsbotschaft die Runde, wird sie auch schon von der Stasi in dem und jenem Fall als Knüppel verwendet, z. B. bei der Anwerbung neuer Spitzel. Ein Beispiel: Das Mädchen X., vorher im Büro des »Friedenspfarrers« Eppelmann tätig gewesen, soll als studierte Germanistin endlich, endlich eine ihr gemäße Stellung im KINDERBUCHVERLAG erhalten; große Freude natürlich ... Als sie am nächsten Tag den Verlag betritt, scheint sich die Atmosphäre vollkommen verändert zu haben: Sie könne zwar »eingestellt werden im Prinzip«, wird ihr in der Kaderabteilung des Unternehmens bedeutet, aber nur dann, wenn sie sich gleichzeitig im KINDERBUCHVERLAG als »Informant« einsetzen ließe. Wörtlich: »Die Sache mit Ihrer Anstellung *muß* nicht klappen! Wir haben genügend junge Arbeitslose auf dem Gebiet!« So unter Druck gesetzt, läßt sie sich verwirrt auf ein dreimaliges Treffen mit irgendeinem Typen in irgendeiner Kneipe ein, ohne zu vergessen, zu jedem Treff eine Freundin mitzunehmen, quasi als »Zeugin« – Eppelmanns Erziehung? –, woraus die Stasi den richtigen Schluß zieht, daß es mit diesem Mädchen X. keinen Sinn hat, daß es besser ist, die Werbe-Bemühungen abzubrechen. Es bleibt die Frage: Soll man nun die potentiellen jungen LektorInnen vor dem KINDERBUCHVERLAG warnen, da ja zumindest die Kaderabteilung nebenher auch noch als vermittelndes Organ für die Stasi agiert? Vielleicht müßte man vor dem Leben schlechthin warnen, dem fallenreichen: »Einstellungssperre, Einstellungssperre!«

SCHOCK / / Der erste Punkt der DDR-Verfassung nach Peter Keit: »Der Bürger ist Eigentum des Staates.« Es scheint einem nicht ganz unwahrscheinlich dank der sachlichen Art, in der Peter K. es vorträgt: bisher ist er noch auf keinen Menschen gestoßen, der ihn hätte korrigieren können. Auch ich muß nachschlagen und finde in der Verfassung der Deutschen Demokratischen Republik vom 6. April 1968 den ersten Satz: »Die Deutsche Demokratische Republik ist ein sozialistischer Staat deutscher Nation.«

DIE LÖSUNG / / Hermann Kant im SONNTAG (12/83): »Ich hoffe auf die *neu gebildeten Literaturzentren* ...«; und ich zweifle nicht daran, daß Kant weiß, wovon er spricht, nämlich einem neuerlichen, dem bisher vielleicht schärfsten Strangulationsversuch im Hinblick auf die neue, die junge Literatur, die zu wesentlichen Teilen der Domestizierung durch Staat und Partei zu entgleiten droht (oder bereits endgültig entglitten ist). Das kommt natürlich wie die Hexe im Märchen hülfreich und liebevoll als »Förderung«, wenn auch deutlicher als jemals zuvor als eine, die gleichzeitig Überwachung bedeutet: Vielleicht dann lieber *nicht* »gefördert« werden? (Ach, wer als »nicht-förderungswürdig« bzw. »nicht-förderungswillig« erkannt und eingestuft ist, wird natürlich ebenso überwacht, ja, darüber hinaus: verfolgt.) Wahrlich, ich glaube die Hexe in »Hänsel und Gretel« locken zu hören, wenn ich bei Kant oder Höpcke lese: »In den Veranstaltungen ist jeder Schreibende willkommen, vor allem aber jene jungen Talente werden erwartet, die, aus welchem Grund auch immer, noch nirgends *Anschluß gefunden haben* ...« (Die bisherigen Zirkel »schreibender Arbeiter«, »schreibender Schüler«, »schreibender Soldaten« etc. zielen auf etwas anderes offenbar.) Im gleichen Augenblick, da öffentliche Literaturlesungen (nach mehrmaliger eigener Erfahrung) ausschließlich Mitgliedern bzw. Kandidaten des Schriftstellerverbands erlaubt sein sollen, im gleichen Augenblick, da private Lesungen in Wohnungen (oder Räumen der Kirche), die Lesungen jener also, die keinerlei »Anschluß finden« möchten, verboten und verboten werden, in genau diesem Moment taucht für jeden Bezirk des Landes ein »Literaturzentrum« auf, und jedes wird – nach Höpcke – betreut von sogenannten »gesellschaftlichen Beiräten«, in denen nicht nur »Beauftragte des Schriftstellerverbandes und literaturwissenschaftlicher und literaturverbreitender Einrichtungen« tätig werden, sondern nicht minder Beauftragte »von FDJ, FDGB, Kulturbund«, überragt sie alle von den »Vertretern der Bezirksleitungen unserer Partei« sowie der »Räte der Bezirke« als auch – nein, das hat Höpcke vergessen! – des Ministeriums für Staatssicherheit! Hermann Kant: »Ich hoffe auf ...« – Ich nicht!, sagt man sich sogleich, ohne gerne weiterlesen bzw. weiterleben zu wollen.

BRIEFKÖPFE / / Im Briefkopf der Gertrude Stein fand man vorzeiten tatsächlich das sozusagen sprichwörtliche »A rose is a rose is a rose is a rose«; im Briefkopf Franz Fühmanns prangt, in Versalien gehalten, rechts oben seit neuerem ein Reimgebilde, das einen kaum weniger erstaunt als Gertrude Steins Rosenrose: »ÜBERS NIEDERTRÄCH-TIGE / NIEMAND SICH BEKLAGE; / DENN ES IST DAS MÄCHTIGE, / WAS MAN DIR AUCH SAGE.« (Um Fehlschlüssen vorzubeugen, hat Fühmann vorsichtigerweise den Verfassernamen dazu drucken lassen: *J. W. v. Goethe*; und ich nehme an, daß Fühmann wie unsereins grienend bemerkt hat, daß die Initialen »J. W.« auch einem anderen »Größten« eignen, welcher mit seinem Leben und seinem Werk dem Goetheschen Spruch alle Ehre gemacht.) – / / – Wir können uns nicht genugtun, uns die Gesichter der (möglichen) Adressaten vorzustellen; die Gesichter von Staatsanwälten, Ministern, Angestellten bei Wohnungs- und Schulbehörden, bei Paßstellen und Urheberrechtsbüros, die Gesichter von Poetessen und Poeten, das Gesicht von Gisela Steineckert ... »Von den Handwerkern ganz zu schweigen«, fügt Maria K., die lebenserfahrene Prenzlauer-Berg-Veteranin, hinzu. – »A rose is a rose is a rose«; einem Brief an die Steuerbehörde vorangestellt, das wär' doch 'mal 'was!

AUSDRUCKSWEISE / / »Lieber Adolf! Leider muß das *Drama aus dem Gendarmenmilieu* am Sonnabend in der ESG *sozusagen durch höhere Gewalt* ausfallen, da die ganze Veranstaltung *in der geplanten Form* von heute auf morgen verboten wurde. Ich hoffe, demnächst im Mai *eine andere Gemeindebühne* in Berlin zu finden und sage dann Bescheid, okay? – 1000 Grüße – *E. T. A.*« – Um was geht es eigentlich?, was ist das? Eine interstellare Nebelschwade, Nachricht von einem anderen Stern?, der mit »Gemeindebühnen« bestückt ist? Ein Weilchen muß man schon grübeln über den Zettel, den man am 16. 4. 83 im Briefkasten finden konnte, ehe es einem wieder einfällt: Ah ja, Mrozeks Stück »Die Polizisten« ist gemeint; und E. T. A. dürfte kein anderer als »W. E. T. A. Theuer« sein, der im vergangenen Jahr bei Ecke Maaß nicht mit einer »Lesung«, sondern einer »Liestung« brilliert hat! Ehrlich, ich hatte den Plan dieser Gemeinde nicht sonderlich ernst genommen, im Prenzlauer Berg und in dieser Zeit ein Stück aufführen zu wollen, das schlicht und einfach »Die Polizisten« betitelt ist.

VERLUSTANZEIGE / / – Was ist denn eigentlich aus der Gasmaske geworden, die ich – wie alle anderen – als Kind während des Krieges im Schubfach hatte »für den Notfall«? – Ich spüre noch heute, wie ich sie mir übungsweise und mit Hilfe der schimpfenden Mutter übers Gesicht zerre.

»FLÄCHENBEFRAGUNG« / / Wieder einen neuen Fachbegriff gelernt: »Flächenbefragung«; sie gilt dieses Mal dem Dunckerstraßengebiet und benachbarten Terrains und zielt auf die »Punker« (zu denen sich auch Papenfuß und andere meiner Bekannten mehr oder weniger provokant bekennen). Herumgefragt wird, ob man irgendwelche Punker *persönlich* kenne, in welchen Häusern und vor allem auf welchen Dachböden der Gegend sie sich »herumtreiben« würden, welches Verhältnis man zu ihnen habe, das alles in einer Tonlage, als ginge es um Schädlingsbekämpfung und Unkrautvertilgung. Die Rechercheure stellen sich vor als Leute von der »Kripo« – wieder einmal! –, obwohl nicht nach »Straftätern« oder Gaunern gefahndet wird, von denen es im Prenzlauer Berg wahrlich mehr als genug gibt, sondern nach widerborstigen Jugendlichen. Es wird gefahndet nach Knaben und Mädchen – »ideologisierte Eckensteherei« habe ich ihre Haltung in Erinnerung an den altberliner Eckensteher Nante vor Jahren einmal bezeichnet –, welche sich, gemessen am höchst verständlichen Waschzwang von Kommissar Schmidt oder Oberleutnant Müller, zu selten unter die heimische (im Kiez recht seltene)

Dusche begeben, nach Leuten mit *zu* wallendem Haar, *zu* orchideenartiger Frisur. Es wird nach einer nicht zu kleinen Gruppe mit einem bestimmten welt- und familienverachtenden Weltbild gefahndet (»No Future«), wie dürftig es auch immer ausgebildet sein mag (zeitgemäßer als das der Fahnder/Eltern wird es allemal sein!), nach einer »Minderheit«, nicht etwa nach einer »Gang«. Die dringlich-hektische Art und Weise der »Flächenbefragung« kommt selbstverständlich einer handfesten »Kriminalisierung« gleich – und tatsächlich hört man von ersten Verhaftungen (Elke Erb ist in diese Auseinandersetzungen hineingezogen), höhnischen Quälereien durch die Polente, von Selbstmordversuchen –, menschenrechtswidrig bis zum TeZett! Ein Unternehmen, von der mißachteten FDJ mit Sicherheit begrüßt und gefördert, das geradezu pinochethaft zum Himmel stinkt ...; es bestätigt neuerlich die Echtheit jenes Geheimdokuments, das jüngst (nach Lutz Rathenow) im SPIEGEL abgedruckt gewesen ist und die »Bekämpfung« dreier Gruppen in der DDR verheißen hat, 1. der Punker/Rocker, 2. der widerständlerischen kirchlich orientierten Jugend, 3. des künstlerischen »Undergrounds«. (Holzschnittartig vereinfacht, ist es, wie ich von anderer Seite erfahre, den »Ordnungsgrupplern« der FDJ von ihren »Offizieren« folgendermaßen eingebleut worden: »Wir haben drei Hauptfeinde: Die Kirche, die Künstler, die Assis ...«; die Punker werden gewiß zu den »Assis« gerechnet, obwohl sie zuweilen wie Papenfuß auch »künstlerisch tätig« sind bzw. gelegentlich in die Kirche zur Blues-Messe wandern.) – Wir fragen uns besorgt: Was wollen die Herrschaften mit (oder aus) den Punkern machen?, wollen sie ihnen einen »erzieherischen« Kreuzweg bescheren – oh ja, die Selbstmordversuche sind schon begründet! –, an dessen Ende dann wirklich ein Häuflein psychischer Krüppel umhertaumeln mag und sich widerstandslos in Reih' und Glied der FDJ-Ordnungstruppe hineinstubsen läßt, wie man sie leeren Gesichts und einer fremden Besatzungsmacht ähnlich zuweilen Rock- und Popkonzerte der renitenteren Art regulieren und bedrohen sieht, zweifellos zu Schlimmerem präpariert dank der berühmten »Erziehung zum Haß« (siehe: Pol Pot) für den »Fall der Fälle«? Ja, unfrohen, bösen, dressierten, dreisten, stummen Gesichts – der deutliche Gegenpol zu den Punkern –, so habe ich sie zuletzt in Wernigerode auf dem Marktplatz erlebt, die FDJ-Ordnungsgruppler, aufgestellt in Reihen und dennoch lümmelhaft zwischen dem Publikum und einer Bühne, auf welcher eine in Ungnade gefallene magdeburger Rockband ihre Irritation hinausrief, hinaussang, um schließlich als Kommentar den Song »Helpless« zu intonieren: »Helpless, helpless, helpless ...«; und jeder wußte, was es bedeuten sollte. In einer Nebenstraße war außerdem Polizei bereitgestellt, der FDJ-Ordnungsgruppe im Notfall Unterstützung zu geben. – »Flächenbefragung, Flächenbefragung«; und die gute Elke versucht den »Befragern« ins Gewissen zu reden und gehört mit einem Mal (mit einem Mal?) zu den Verteidigern der Punker, obwohl sie niemals ein »No Future« am Jackett tragen würde, von der Stasi vermutlich als »schrullige Nudel« begriffen (begriffen?) ...

EIN APROPOS / / Da dieses und anderes geschieht, rinnen Autoren aus Ost und West zu sogenannten »Friedensgesprächen« zusammen, nach Poppe, der diese Aktivitäten aufmerksam verfolgt – ich beachte sie kaum noch –, allmählich das Widerwärtigste und Verlogenste, was man sich denken kann: Schriftsteller aus der DDR als »Rechtfertigungstrupps« sozusagen, als Variante der FDJ-Ordnungsgruppen, wenn man so will ... Grass soll erstaunt gewesen sein (was unsereins nun wieder erstaunt) über das nahezu gebetsmühlenartige Bekenntnis relativ erwachsener Menschen zu »ihrem« Staat DDR! Eine ganz einfache Erklärung wäre möglich: Die dürfen gar nicht anders!, sie würden sonst gegen allerlei Gesetze, z. B. den berühmten »Herabwürdigungsparagraphen«, verstoßen und sich strafbar machen!; kapiert?

BEWEISSICHERUNG / / »Dada-Didi« Schulze klingelt Sturm, um mir einen Brief vom Gericht zu zeigen, die Antwort auf seine und des Rechtsanwalts Gysi Beschwerde ob umfangreicher Manuskriptbeschlagnahme, verbunden mit der dringlichen Bitte um Rückgabe; Begründung der Beschlagnahme durch die »Juristen« Dr. N., L. und W.: »Der Beschuldigte« – der des »asozialen Verhaltens« Beschuldigte – »wendet schriftstellerische Tätigkeit ein, ohne Einkünfte aus Publikationen vorweisen zu können. *Folglich* hat sich die Beweissicherung u. a. auf behauptete Arbeitsleistungen zu erstrecken.« – Das heißt: Die Zeugnisse für Schulzes »Arbeitsleistungen«, seine Manuskripte, verschwinden auf Nimmerwiedersehen in den Archiven des »sozialistischen« Gerichts? Diese »Juristen« sind wahrlich des Teufels: »Zynismus« wäre eine zu schwache Vokabel zur Charakterisierung ihrer Argumente. – »Im übrigen sind *Beweissicherungen* auch zur Aufklärung der Schuld notwendig und zulässig, wenn das Verhalten des Beschuldigten Umstände erkennen läßt, die eine *Begutachtung* begründen könnten. Insoweit sind *schriftliche Entäußerungen* für eine mögliche Begutachtung von Bedeutung ...« Also müssen 400 Blatt Manuskript beschlagnahmt werden, außerdem Kassetten etc. Der triefende Hohn dieses Abschaums N. / L. / W., wenn sie von »Verhaltensweisen« Schulzes schreiben, die »auf eine *komplizierte Persönlichkeitsstruktur* schließen lassen«, als könnten sie das nicht über jeden von uns sagen! Das alles fällt dem Verein am 11. 3. 83 ein, da am 12. 3. 83 die »Lesung« bei Schulze stattfinden soll: »Gegen den Beschuldigten ist ein Ermittlungsverfahren mit Verfügung vom *11. 3. 1983* anhängig und die Durchsuchung und Beschlagnahme nach Paragraph 108 StPO zulässig ...« – Verbot der »Lesung«, Durchsuchung, Einleitung eines Strafverfahrens; alles in *einem* Aufwasch ... – / / – Nachrichten aus der phantasmagorischen und rechtens mörderischen Gewalt-Welt des Punk-Primitivisten Dieter Schulze: »... aaaaaaa ...! mit diesem jämmerlichen / aufschrei stürzte sich / der wachtmeister in den / stacheldraht ...! / es war kaum eine körper / stelle mehr / ohne eine blutende wunde / und die hunde / hatten nur ihr blutendes / opfer – das sie mit gieriger hingabe zerfleischten ...! / wie kulturlose kannibalen ...! / von keiner seite kam ein / bedauern oder gar ein letztes wort der besinnung ...« Es ist nicht ohne schwarze Komik, wie Schulze sich seine Rache für allerlei erlittene Unbill ausmalt: In Staub mit allen Feinden Dieter Schulzes! Aber sie sollen wenigstens ein kleines bißchen leiden und nicht sofort mausetot sein! – Dabei sieht man dem Knaben seine Angst schon von weitem an ... Wie kann man ihm nur helfen, wenn selbst Gysi machtlos zu sein scheint?

HAUSWALD / / »Einkassiert« für elf oder zwölf Stunden der Fotograf Hauswald, der im Kiez umherhastende und jeden Dreckswinkel und Straßenköter knipsende Hauswald. – Haussuchung. – Poppe teilt es mir warnend mit. – Mitgenommen worden sind Fotos, Bücher, Zeitschriften; darunter einige LITFASS-Nummern mit Fotos von Hauswald und Beiträgen auch von mir – Jetzt sitze ich in meiner Bude und höre besoffen »Waiting for the sunrise«.

DIE ÜBERTRETUNG / / Peter Brasch, welcher in einem Autosalon, der auch mit dem Vertrieb sogenannter »Westwagen« befaßt ist, den Schriftsteller und Rennfahrer Dr. Claro Kingsize erlebt (wie wir ihn einmal nennen wollen), außerdem, wie dieser Kingsize vom Verkäufer etwelche Batterien (?) für sein exquisites Automobil überreicht bekommt (sicher nicht ganz leicht zu kriegen) – und sich revanchiert mit seinem letzterschienenen Buch, dem vermutlich dankbar erschauernden Handelsmann hinter vorgehaltener Hand, aber doch auch noch vernehmbar für den nahe stehenden Brasch, die zwei magischen Worte zuflüsternd: »Die Westausgabe!« (Bei Dr. Claro Kingsize ist davon auszugehen, im Unterschied zu Volker Braun oder Christa Wolf, daß die Westausgabe von der Ostausgabe sich hauptsächlich dank der unterschiedlichen Druckfehler unterscheidet.) – / / – Diese Anekdote sagt meiner Meinung nach mehr über die DDR als alle angeblich kritischsatirischen DRITTERNAGEL-Geschichten von Hermann Kant zusammen, von denen eine »Die Übertretung« heißt. Ich stelle mir diesen Claro Kingsize, nachdem Brasch ihn mir beschrieben hat, gerne mit der Stimme Hermann Kants gesegnet vor; man muß sich das hochnäsig-diktatorische Gequäke des Großmeisters in Erinnerung rufen, um das beflissene Geflüster Kingsizes' – zweifellos eine »Übertretung« nicht von den schlechtesten Eltern – bis in seine vierte Dimension hinein würdigen zu können: »Die Westausgabe!« – / / – Compris?

EDDI KOPFLOS / / Ein holländischer Besucher macht mich auf ein vor kurzem erschienenes Gedicht von Manfred Jendryschik aufmerksam, das den grammatikalisch etwas verrutschten Titel »GELEGENTLICH A. E., POLEMIKER« trägt und mich als einigermaßen schrulligen Typen vorstellt: »Wenn, sage ich, der Kommunismus kommt / ach eines schönen Tags, um diese Ecke / er auf uns zu, sitzt *Eddi* kopflos da / mit seinen Worten, wen soll er jetzt verdreschen / die Beamten sind doch alle abgehauen, der Erste / Arbeitslose, faul saufend. Das lügst du! // schreit er aus der Zukunft her, fuchtelnd / die Arme, noch immer, denk ich / dieser alte Ton, unwandelbar der Mann ...« – Ob nicht doch Manfred Jendryschik, der so etwas um 1980 zu Papier zu bringen versteht, der Mensch mit der Schrulle ist von uns beiden? »Wenn, sage ich, der Kommunismus kommt«, sprechen wir uns wieder, ja? / *

DIE REISE NACH HOLLAND (I) / / Vor einigen Wochen die Einladung zum POETRY INTERNATIONAL nach Rotterdam (12. bis 18. Juni). Ich habe sofort zugesagt und ein Visum beantragt. Andererseits: Schweinerei!, in Rotterdam sind auch Nicht-Mitgliedern des Schriftstellerverbandes der DDR (wie unsereinem) sogar *öffentliche* Lesungen erlaubt!, was für anarchische Zustände – im Unterschied zur ordentlich sortierten DDR! Wie fatal für die Herrschaften, die entscheiden müssen, ob ich hinfahren darf oder nicht. Zweifellos gibt es im Verband Kollegen, die sich in solchen Fällen zu beschweren pflegen: »Weshalb nicht ich?, weshalb dieser dubiose und zehntrangige Endler ... Das müßte unterbunden werden? Weshalb wenden sich diese ahnungslosen Holländer nicht an den Verband und bitten um unsere Vorschläge?« Tatsächlich scheinen solche Leutchen sich jetzt endgültig durchgesetzt zu haben, zumal wir uns für unsere seltenen Reisen ins westliche Ausland kaum durch die mit Sicherheit erhoffte Kniefälligkeit oder »Vorsicht« bedankt haben, eher im Gegenteil ... Elke Erb, die in Westberlin »lesen« wollte – die Veranstaltung war bereits angekündigt –, hat im Verband sogar erfahren müssen, daß man nicht einmal als Verbandsmitglied so ohne weiteres Einladungen in den Westen annehmen darf. Die neue Regelung bestimmt: Solche »privaten« oder »halbprivaten« Einladungen zu dem oder jenem Vortragsabend könnten »prinzipiell« nicht mehr akzeptiert werden, »Einladungen« müßten an »staatliche Stellen« bzw. den Verband gerichtet werden, der dann »sein« Sortiment präsentiert, aus dem der westliche Geschäftspartner gefälligst das Gewünschte auswählen möge im günstigeren Fall. (Verfügungsgewalt der *einen*, staatsgetreuen Autoren über die *anderen*, die weniger »verläßlichen«: Konkurrenzkampf ist garnix dagegen!) – Am 4. März hatte ich dem Ministerium für Kultur geschrieben, am 27. April (!) erhalte ich – nach einer Zwischendurchmahnung vom 20. April – die trotz all unserer Skepsis trotzdem noch verblüffende Antwort: »Ihr Brief vom 4.3.1983 an den Stellvertretenden Minister für Kultur, Klaus Höpcke, mit der Bitte, am Poetry-International-Festival in Rotterdam teilnehmen zu können, wurde dem Sektor Auslandsarbeit der H. Verlage und Buchhandel zur Bearbeitung übergeben. Da dazu Konsultationen mit anderen staatlichen Einrichtungen erfolgen müssen, hat sich eine Antwort *leicht* verzögert. Wir bitten, das zu entschuldigen. Im Ergebnis dieser Konsultationen muß ich Ihnen mitteilen, daß die DDR, ähnlich wie einige andere sozialistische Länder, *keine Delegation* zu diesem Festival entsenden wird. *Deshalb ist auch eine private Beteiligung nicht möglich.* Wir bitten um Verständnis für diese Entscheidung ... Mit freundlichen Grüßen! / Joachim Scholz / *wissenschaftlicher* Mitarbeiter ...« – / / – Ja, das ist es nun; und ich fühle mich dazu aufgefordert, den Artikel »Erledigen oder ermöglichen?« (sic!) herauszukramen, der vor ein paar Wochen (am 4. Januar) in der WELTBÜHNE gestanden hat, verfaßt von Klaus Höpcke. Erledigen oder ermöglichen: »Erwirken, daß das Mögliche geschieht. Das meinen wir, wenn wir ermöglichen sagen wollen. Wollen wir jemandem etwas *möglich machen* – eine Ausbildung, eine *Arbeit*, eine *Zusammenkunft*, eine *Reise* –, so setzt das natürlich voraus, daß wir zuvor ins Auge gefaßt haben, inwiefern der entsprechende Wunsch, die erklärte Absicht *gerechtfertigt* ist. Stellt sich das nach Maßgabe des vorher Auszumachenden als gegeben heraus, beginnt ein Bemühen, das zuweilen *die Form eines Ringens* annimmt, in dem mehr Beweglichkeit und Zähigkeit aufgebraucht werden, als es der Gegenstand eigentlich erwarten ließe. Da entstehen Reibungsverluste, die wir uns ersparen sollten. Nicht durch Verzicht auf jenes

Bemühen, sondern durch die vervollkommnete Bereitschaft, *ohne Verzug* zu verwirklichen, was als notwendig und als *real möglich* erkannt wurde ...« Schon vor vier Monaten habe ich mich über diesen Artikel halb krank gelacht, nicht zuletzt bei dem Gedanken an Frau Großmäulchen und Herrn Duckmäuserich, Otto Schäbigkeit und Willi Anmaßung als Laokoongruppe, über meine Existenz, meine »realen Möglichkeiten« debattierend, zuweilen in »Form eines Ringens«, wenn ich Höpcke richtig verstanden habe. /

INTERN / / »... alles im Griff / auf dem sinkenden Schiff«? Martina, Studentin der Kunstgeschichte und Freundin von J., berichtet von der tristen Stimmung an ihrer Hochschule: Lustlosigkeit ringsher (auch oder gerade bei den braveren Kindern des Landes); nicht zuletzt hervorgerufen durch die mehr oder weniger deutlich ausgesprochene Mitteilung des »Lehrkörpers«, daß Martina und ihre Mit-Studenten nur *sehr geringe* Aussicht haben, nach dem Abschluß irgendeine Arbeit in ihrem Fach zu finden. (M. hat noch zweieinhalb Jahre vor sich.) Das sieht sehr nach vorsorglicher Disziplinierung aus: »Wer sich nicht so oder so verhält, der ist – draußen!« Die Folge solcher schwarzen Zukunftsverheißungen scheint (nach Martina) allerdings nicht zu sein, daß lebhaftere Studientätigkeit einsetzt, sondern müde Passivität um sich greift. Martina hat ein »internes Papier« zu Gesicht bekommen, das von einer »studentischen Jugend« spricht, die »keinerlei Initiativen« mehr zeige – statt der wahrscheinlich erwarteten partei- oder staatstreuen Beflissenheit. Wieder einmal Ratlosigkeit auf dem RAUMSCHIFF ENTERPRISE! – Keinerlei Initiativen? Na, wartet! Ich gebe Martina meine Dalí- und Max-Ernst-Bände mit, auch Bretons SURREALISTISCHE MANIFESTE, die sie mit verzücktem Gesichtsausdruck und begierig entgegennimmt; von Müdigkeit keine Spur.

THE LAST BOOK / / Das allerletzte Buch, das man sich im Leben kauft, das man liest oder zu lesen begonnen hat – es könnte das Thema eines melancholischen Chansons sein, gesungen von Jacques Brel vielleicht: »Jeder kauft irgendwann sein letztes Buch / Im Frühling, im Herbst oder Winter ...«; oder so ähnlich, naja! Das Buch, das sich Erich Arendt, damals noch bei wachem Verstand und ungelöschter Neugier, gekauft bzw. aus Westberlin mitgebracht hat, scheint Georges Batailles Sammlung erotischer und grausamkeitsträchtiger Bildwerke DIE TRÄNEN DES EROS gewesen zu sein, erschienen bei Matthes & Seitz; das Vorwort von Bataille endet mit einem Satz, der Erich Arendt gewiß nicht mißfallen hat, falls es ihm noch vergönnt gewesen ist, ihn aufzunehmen: »An der Heftigkeit der Überschreitung, im Taumel des Lachens und des Weinens, am Überschwang der Gefühle, die mich bestürmen, erkenne ich, wie klein die Spanne ist zwischen dem Schrecken und einer Wollust, die meine Kräfte übersteigt, zwischen der letzten Qual und einer unerträglichen Lust!« Auch der fast achtzigjährige Erich Arendt, in eine letzte und aussichtslose Liebe zu einem Kinde verstrickt (Old Man's Romance), ist mit Sicherheit bis zum Augenblick seines geistigen Zusammenbruchs solchen Gedankengängen noch aufgeschlossen; mancherlei Äußerungen von ihm, zuweilen als delikates Geheimnis zugeflüstert, schienen beweisen zu wollen, daß er auch im hohen Alter die »Tränen des Eros« zu weinen nicht verlernt hatte, daß er nicht zuletzt in dieser Beziehung kein betulich-weiser und normgerechter Greis geworden war zum Glück derer, für die er lebenswichtig gewesen ist; die er verlassen hat, wiewohl er noch lebt. A. vermutet gleich mir, daß die TRÄNEN DES EROS nicht nur das letzte Buch gewesen, das sich Arendt gekauft, sondern das ihn auch ernstlich interessiert hat, nämlich als ein mit seiner Lebens- und Liebesproblematik direkt oder indirekt korrespondierendes ... Was das Werk ihm »gegeben«, ob er es bis zu Ende durchgelesen oder nur durchblättert hat, darf man Arendt, den nunmehr ganz und gar tränenleeren, leider nicht mehr fragen; bestenfalls würde man wohl sein so endgültig klingendes »Mh« zu hören bekommen, mit dem er auch die Lobreden und Gratulationen zur Feier seines achtzigsten Geburtstages in der westberliner Akademie der Künste kommentiert haben mag; der RIAS-Bericht über die für unsereinen unzugängliche Veranstaltung schließt mit dem vielleicht bewundernd gemeinten Satz: »Der gefeierte Jubilar schwieg eisern.« – Mmmh!

DIE REISE NACH HOLLAND (II) / / (Ein Brief an das Ministerium für Kultur; Ende April:) Sehr geehrter Herr Scholz, meinen Brief vom 4. März 83 an den Stellvertretenden Minister Klaus Höpcke beantworten Sie am 27. April 83 mit dem Bescheid, daß ich am POETRY-INTERNATIONAL-FESTIVAL in Rotterdam nicht teilnehmen darf (ohne mir übrigens die Ihnen zur Verfügung gestellte Einladung, die ja auch so etwas wie eine Ehrung darstellt, mit Ihrer Antwort zurückzuschicken). Ihre Begründung: Die DDR entsende, »ähnlich wie einige andere sozialistische Länder, keine Delegationen zu diesem Festival ...« usw. Nicht nur, weil diese Antwort meine Bitte verfehlt – ich hatte keineswegs um die Entsendung einer DDR-»Delegation« nach Rotterdam gebeten –, empfinde ich Ihre Auskunft als zutiefst unbefriedigend. Sie müssen es doch so gut wie ich bemerkt haben: Nach Rotterdam werden keine »Länder« eingeladen, sondern ausschließlich *Dichter*!, und ich halte diese Verfahrensweise für die einzige dem Wesen der Poesie angemessene; alles andere läuft fast zwangsläufig auf das hinaus, was Karl Kraus als »Kulturpolitikkultur« bezeichnet hat; zwei oder drei Mal in meinem Leben bin ich in diesem Sinne »Delegationsmitglied« gewesen, die Erinnerungen daran gehören zu meinen trübsten ... (Letztendlich handelte es sich immer um eine kennzeichnende, wenn auch unfreiwillige HERABWÜRDIGUNG DER POESIE; Sie können davon ausgehen, daß in solchen Fällen so gut wie alle anderen Poeten – mit Ausnahme vielleicht der Dichter-»Sekretäre« und unvermeidlichen literarischen Reise-Kader – diese Empfindung mit mir geteilt haben.) Um es zu konkretisieren: Rafael Alberti ist meines Wissens nicht eingeladen worden als spanische »Delegation«, sondern als der große Dichter Rafael Alberti; Breyten Breytenbach, nach qualvoll langer Zeit in südafrikanischen Gefängnissen endlich frei, ist ganz gewiß nicht vom Südafrika der Apartheid nach Rotterdam »delegiert«; usw. Und so ist Adolf Endler als der in der DDR lebende Poet Adolf Endler eingeladen worden, als nichts anders; und als solcher hat er um Ihre Hilfe gebeten ... In früheren Jahren hatte man, wenn ich richtig informiert bin, gegen diese Verfahrensweise nichts einzuwenden, was allein schon daraus erhellt, daß man sich nicht darum gekümmert hat, ob auch »Delegationen« anderer sozialistischer Länder in Rotterdam in Erscheinung treten oder nicht. (Und das wurde dem Charakter des Rotterdamer Festivals sehr gerecht, welchem es, wie aus Obigem sich ergibt, eben *nicht* um Vollzähligkeit der Nationalitäten, sondern möglichst um Vollzähligkeit der wesentlichen Dichter auf diesem seltsamen Erdball ging und sicher noch geht; am allerwenigsten aber geht es, wie leicht zu sehen ist, den Rotterdamern um das vollzählige Erscheinen etwelcher »Verbände«, die ja nun wahrhaftig nicht in jedem Fall die Garanten literarischer Qualität sind.) Deshalb und aus einer Reihe anderer Gründe muß ich Ihnen sowie den von Ihnen angeführten und leider anonym bleibenden »Staatlichen Einrichtungen« (?) leider mitteilen: Nein, ich habe *kein* Verständnis für die von Ihnen (oder ihnen) getroffene Entscheidung, wenn sie so begründet wird, wie es in Ihrem Brief geschehen! – / / – Eine weitere

Frage, die mich im Zusammenhang mit Ihrer »Begründung« beschäftigt: Der Satz »Deshalb« – nämlich weil keine Delegation entsandt wird: Deshalb! – »ist *auch* eine private Teilnahme nicht möglich«, dieser etwas mysteriöse Satz wird doch wohl kaum bedeuten wollen, daß »die DDR« unter Umständen gerne a) eine sozusagen offizielle »Delegation« entsenden würde und zusätzlich b) einen »privaten« Einzel-Dichter, welcher dann womöglich auch noch in Opposition zu der Haupt-»Delegation« steht – oder doch? Selbst wenn es so gedacht war, würde es die Ablehnung meines Reisewunsches nicht sinnvoller machen. Ich gehe aber davon aus, daß meine »Entsendung«, wenn überhaupt, nur dann möglich ist, wenn ich als »Delegationsmitglied« erkürt werde – und das betrifft, wie der *hohe Verallgemeinerungsgrad* Ihrer Zeilen nahelegt, nicht nur Rotterdam, sondern alle künftigen Treffen dieser Art, es betrifft also, wenn ich Sie richtig interpretiert habe, meine Zukunft als Dichter ... Es erhebt sich ja sofort die Frage, *wer*, welche *Organisation* unseres Landes mich delegieren soll oder will: Müßte das nicht der Schriftstellerverband sein? Sie wissen aber sehr gut, daß ich seit einigen Jahren dieser Vereinigung nicht mehr angehöre, auch nicht die Absicht habe, irgendwann einmal dem Verband wieder beizutreten – das stand für mich auch schon vor den derzeitigen strangulativen Maßnahmen gegen Autoren fest, die außerhalb des Verbandes stehen, also wohl nach dem Verständnis einiger Kollegen im Verband gar keine »Schriftsteller« sind, sondern eher so etwas wie »Asoziale«, Maßnahmen unter *Mißbrauch* der Polizeiorgane, welche die öffentlichen Artikulationsmöglichkeiten dieser Kollegen auf ein Minimum reduzieren: Erschwerung von Dichterlesungen oder deren Verbot, Haussuchungen, im Extremfall Beschlagnahme von Manuskripten etcetera ... Ich wäre Ihnen dankbar, sehr geehrter Herr Scholz, wenn Sie mir diesen Passus näher erklären würden, der ja unter

Umständen bedeuten könnte, daß ich für den Rest meines Lebens auf die Teilnahme an Internationalen Poeten-Treffen der unterschiedlichsten Art verzichten muß! Außerdem bitte ich Sie, Ihre Entscheidung noch einmal zu überprüfen. / Mit freundlichen Grüßen –

ANARCHO-COMPUTER / / Man darf vermuten, daß gewisse Computer nur deshalb angeschafft bzw. »aufgestellt« werden, um die »Verantwortung« zu übernehmen – wie auch jener in Berlin arbeitende, von dem neulich Peter Brasch Kunde gegeben hat, ein Computer, welcher über die »Reisewürdigkeit« bzw. »Reiseunwürdigkeit« von Leuten zu entscheiden hat, die ins westliche Ausland fahren wollen. (Allerdings muß man überhaupt erst einmal »eingespeist« sein; »*Ich bin nicht eingespeist!*« klagt Peter.) Die Hauptaufgabe dieses Apparats scheint weniger darin zu bestehen, etwelche Arbeit zu erleichtern oder zu beschleunigen, sondern notfalls den »Schwarzen Peter« zugeschoben zu bekommen. Und wenn sich der SCHWARZE PETER dem Zugriff seiner Herren entzieht (er scheint hier und da schon damit begonnen zu haben), zu rebellieren beginnt, sich zum Anarcho-Computer entwickelt? Angeblich verblüfft der Reise-Computer mit seinem »Yes« oder »No« nicht selten sogar seine gewiß nicht zimperlichen Aufsteller, die ja auch schon nicht leicht durchschaubar waren (und sind), wenn sie ihre Entscheidungen fällten (und fällen). Ergo: Es bleibt alles beim alten, wenigstens für das Opfer.

MAI 83

VERSTÄNDIGUNGSSCHWIERIGKEITEN / / Attraktiv gestaltetes Plakat an der Litfaßsäule am Helmholtzplatz, welches an den fünfzigsten Jahrestag der Bücherverbrennung erinnern soll; und irgendeiner hat höhnisch mit dem Zimmermannsstift drübergekritzelt: »Wann soll et denn losjehen?« Jetzt muß ich einem ausländischen Besucher, den ich darauf aufmerksam gemacht habe, mühselig erklären: »Nein, nein, das ist keine Nazi-Schmiererei! Im Gegenteil! Das könnte auch ich geschrieben haben!«

GEGEN SIPPENHAFT / / Der siebenjährige Robert, grübelnd: »Wat kann denn Reagans Mutter dafür, det der so doof is' ...«

DRESDENER TRÄNEN / / Kaum glaubhafte, dann aber von einem verläßlichen Sachsen bestätigte »Vorgänge« in Dresden und Umgebung, in einem als besonders »liberal« geltenden Bezirk; man erfährt, daß sogenannte »renitente« Künstler und Intellektuelle in ihren Ateliers und Buden besucht und dringlich aufgefordert werden, »doch lieber die DDR zu verlassen«, hübsch, nicht wahr? (So 'nen Besuch erhoffen sich mindestens fünf bis siebenundzwanzig Leute in unserem Hinterhaus schon seit Jahren.) Mein Gewährsmann erzählt mir eine der widerspruchsvollen Stories, wie sie mir inzwischen als »ddr-typische« gelten, wie sie aber in keinem Buch der Autoren des Landes »verwendet« werden. – Die Geschichte beginnt damit, daß sich eine Dame aus dem »Kulturapparat« bei unserem Kollegen einfindet, um ihm mitzuteilen: »Sie wollen doch aus der DDR weg? Sie können ...« Er darauf: »Wie kommen Sie zu solchen Unterstellungen? Ich habe noch niemals den Wunsch geäußert, die DDR verlassen zu wollen! Wo haben Sie das her?« Die etwas verwirrte Dame: »Aber es könnte doch sein ...« Und da sie beginnt, ihm die »Ausreise« in den buntesten Farben schmackhaft zu machen (»Hier haben Sie sowieso keine Chancen mehr!«), erinnert er sich daran, daß er noch Schnaps im Haus hat: »Gut, reden wir über das alles! Wissen Sie was? Ich hab' noch 'ne Flasche Nordhäuser Doppelkorn ...« – Nach einigen Stunden liegen die beiden sich besoffen in den Armen und »heulen sich gegenseitig die Jacke voll« ... SO IST DAS!, um Kurt Vonnegut zu zitieren; eine DDR-Story, die uns erst einmal einer nachmachen soll. Weshalb sie mich an Maxim Gorki erinnert, kann ich nicht genau sagen; vielleicht einfach nur deshalb, weil der GROSSE BITTERE auch so nahe am Wasser gebaut hatte, wie man gelegentlich liest.

FAHNE / / Helmut Stielers »Gespräch« in der VOLKSBILDUNG, von welcher der zu Unrecht wegen »Herabwürdigung« verurteilte und demzufolge entlassene junge »Heimerzieher« wieder eingestellt werden will, ohne seine verwerfliche kritische Haltung zu ändern: Wie lange nun schon diese selbst die Freunde Stielers enervierende unablässige Kleinkrieg um »volle Rehabilitierung«! Statt sachbezogener Auskünfte wird ihm unter anderem die Botschaft zuteil: »Wir wissen genau, Kollege Stieler, mit wem Sie *verkehren* ...« (womit nach Stielers und unserer Meinung auf Erich Arendt, doch wohl auch auf mich angespielt werden sollte), ganz so, als verkehre er mit der »Unterwelt«, in gewisser Weise und für nicht wenige »Bürger« sind wir's ja auch!, wie andererseits die Bekanntschaft zumindest mit Erich Arendt für Stieler mit Sicherheit auch ein Schutzschild sein dürfte. – Und dann, da sich Stieler während des Gesprächs heftig Notizen macht: »Was schreiben Sie denn da immer?« Der mißtrauischen Frage direkt folgend die höhnische Antwort, die dieser VOLKSBILDUNGS-Typ sich selber gibt: »Ach, ich weiß schon: Sie schreiben schon wieder Gedichte ...« (Tatsächlich bemüht sich Stieler seit einiger Zeit darum, Gedichte zu schreiben, Gedichte im Stil Erich Arendts charakteristischerweise – doch woher wissen die das?) Und schließlich der vernichtend geschwungene Hammer: »Weshalb haben Sie keine Fahne 'rausgehängt zum 1. Mai?« – »?« – »Weshalb haben Sie am Feiertag der Arbeiter nicht geflaggt?« Stielers Entschuldigung: »Aber ich wohne doch im Hinterhaus ... Wie sähe das denn aus?« – Dieses denkwürdige Gespräch, so präzis wie möglich der Wiedergabe durch Helmut Stieler nachgezeichnet, hat stattgefunden am 5. Mai, drei Tage vor dem TAG DER BEFREIUNG, dem 8. Mai! Prompte Berichterstattung zweifellos durch P. oder W. über Stielers Lebenswandel und Verhalten an Margots Bildungs-Schergen, falls es sich wirklich um Vertreter der VOLKSBILDUNG gehandelt hat, die sich für das »Gespräch« mit Stielern parat gesetzt ...

»VAN DER LUBBES DER FEDER« / / ... und nicht nur die versteckten, auch die öffentlichen Drohgebärden werden barbarischer und bedrängender von Woche zu Woche; nach dem revuehaften Drohgebärdenzirkus im Oktober des vergangenen Jahres, der sich »Kulturkonferenz der FDJ« genannt hat – Hartmut König: »... *unduldbar* ist und bleibt eine geschichtspessimistische, ignorante Grundposition gegenüber dem realen Sozialismus«; unduldbar! –, zieht die PEN-Clubspitze in Gestalt des Generalsekretärs Henryk Keisch nach mit einem Interview (?), veröffentlicht in der WELTBÜHNE vom 10. Mai 83, das die Herrschaften selber erschreckt zu haben scheint; das Heft ist, wie man hört, nach wenigen Stunden wieder eingezogen und aus den Kiosken abgeholt worden; jedenfalls ist es am nächsten Tag nicht mehr erhältlich gewesen ... – / / – Um verständlichen Irrtümern vorzubeugen: Die »van der Lubbes der Literatur« sind *wir*! Und charakterisiert werden wir von

Keisch als Leute, »deren wichtigstes *literarisches Betriebskapital* ... eigentlich darin besteht, daß sie die DDR *verlassen* oder sich in eine *Art innere Emigration* begeben haben ...« PEN-Keisch, zweifellos der Verfasser der »flachsten« Poesie des Landes, nämlich einmalig substanzloser »Epigramme«, glaubt den Lesern der WELTBÜHNE erklären zu müssen: »Der Autor auch der flachsten Lyrik, des langweiligsten Theaterstücks, des substanzlosesten Romans, läßt er sich nur mit dem Etikett eines DDR-›Dissidenten‹ versehen, erscheint dann allein dadurch bereits lobes- und literaturpreiswürdig.« Allerdings: »Im Grunde seines Herzens und seines *Gewissens* ahnt so einer wohl, wie es um ihn steht, aber *man kann ihm kaum verübeln, daß er die Ahnung verdrängt*. Bei einigen dieser *Personen* geht dies alles sehr weit. Es zeigen sich deutliche *Symptome* eines Renegatenkomplexes, der *zeitweilig außer Kontrolle gerät* und ihnen die Urteilskraft raubt. Ihr Bedürfnis, sich zu rechtfertigen, und die Erfahrung, daß sie, um Beachtung zu finden, ständig neu von sich reden machen müssen, sich in ihrer Renegatenrolle ständig neu bewähren müssen, veranlaßt sie zu wahren Amokläufen des Ressentiments und der Wichtigtuerei. Das erklärt manches sonst *Unerklärliche*, manchen nie für möglich gehaltenen Verlust an Charakter und auch an elementarer Intelligenz.« – / / – Das ist natürlich die Stelle dieses gerichtsmedizinischen Gutachtens, welche den anonymen Sprecher der WELTBÜHNE seine Bewunderung zu äußern zwingt: »Sie zeichnen das psychologische Porträt dieses Typs mit erstaunlicher Einfühlungsbereitschaft ...« Ja, lieb ist der Keisch, das Schwein! – / / – Henryk Keisch darauf: »Ich würde mich gern mit dem psychologischen Porträt begnügen. Aber man weiß: Der psychologische Fall wird leicht zum politischen. Jener bedauernswerte Holländer van der Lubbe, dessen sich vor 50 Jahren die Nazis bedienten, um die Reichstagsprovokation zu starten, war, wie man weiß, *gemütskrank*. Gerade das machte ihn als Instrument der Provokation so geeignet. In unserem Zeitalter des Masseneinflusses der Medien können Brandstiftungen durchaus auch literarischer Art sein. Was einige *van der Lubbes der Feder* wissentlich oder unwissentlich in dieser Hinsicht leisten, kommt der Wirkung nach einer Hilfestellung für die Schürer eines neuen kalten, morgen vielleicht eines sehr heißen Krieges nahe ...« Etcetera. - / / - Das Gemunkele über die Einrichtung von Lagern für störrische Intellektuelle, »Isolierlager« sozusagen, scheint einen realen Hintergrund zu haben! Folgt man Henryk Keisch, könnte aber auch an psychiatrische Kliniken gedacht sein.

UNDERGROUND-ZEITSCHRIFTEN / / Ratten- und Mottenpresse; Quitten-Press; möglicher Name einer politisch-literarischen Undergroundzeitschrift: QUITT. - Gut gewählt erscheint mir der Titel der von Bernd Wagner, Uwe Kolbe und Lothar Trolle herausgegebenen Zeitschrift MIKADO, der »Sinn und Form des Underground«, wie ich das ziemlich anspruchsvolle Unternehmen bezeichnen möchte: Stäbchen für Stäbchen wird aufeinandergelegt, und plötzlich ... fällt das fragile Gebilde zusammen; Schluß!, Verboten! (Was bei der Herstellung solcher subversiven Blättchen stets mit-einkalkuliert werden muß, sobald man sich darauf einläßt.) - Eine andere Underground-Gazette nennt sich frecherdings ENTWERTER-ODER; eine grüne Grübelstunde müßte 'mal eingelegt werden ... - Seitdem das mit den Zeitschriften, die natürlich in winzigster Auflage »erscheinen« - »Klein, aber mein!« -, seitdem es mit diesen »Heftpublikationen« angefangen hat, sitzt alles herum und grübelt über neue Zeitschriftengründungen und vor allem über die eventuellen Titel der intendierten Kollektionen. Wie wäre es mit einer *Underground*-Zeitschrift, die *UPPER*CUT heißt? Eine Spielwiese für die renitenten »Nichtstuer«, die sich als besonders fleißig bei der Namenssuche für Unternehmungen erweisen, die mit Sicherheit niemals das Licht der Welt erblicken werden! Auch *OBER-WASSER* ließe sich denken! Die Saufbolde und Hurenböcke des Kiezes möchten vorschlagen: VAGINETTE (mit der Kinderbeilage »VAGINETTCHEN«). Prächtig fände ich MUTTER MATSCH ... »Na, wie wär's?« – »Noch 'n Doppelten und 'ne Molle, Franz!«

DER FILM HIER / / Die schöne und geheimnisumwitterte Indologin (und Mitarbeiterin der DDR-Sendungen für Indien) Christa Tragelehn besucht; auf die Frage, weshalb sie nicht »in'n Westen macht«, wo ihr Mann B. K. Tragelehn als Regisseur arbeiten darf, erhalte ich die flimmernde Antwort: »Ich will von dem *Film hier* noch etwas mitkriegen ... Das ist eigentlich alles!« – / / – Es wäre die richtige Auskunft für Christa Wolf gewesen, die mir vor einiger Zeit gesagt hat: »Daß *du* noch nicht abgehauen bist, das kapiere, wer will! Aber es wird ja gemunkelt, daß du ein Masochist bist ... Bist du wirklich ein Masochist?« Ehrlich gesagt (auch wenn ich den einen oder anderen enttäusche mit diesem Bescheid): Nicht mehr und nicht weniger als jeder andere DDR-Patriot ... – / / – Es bleibt jedoch zu bedenken: Darf man als Edelmann die DDR und das, was in ihr geschieht, sich vom Leibe halten, indem man sie (und es) als makabren bzw. kuriosen filmischen Unterhaltungs-Beitrag begreift? Ein bißchen pervers würde das schon sein, selbst wenn einem die Definition gefallen will. Natürlich gelingt es auch Christa Tragelehn nur hin und wieder.

PRENZLAUER BERG / / »Wir leben mit *Rissen in den Wänden* / ist es dir aufgefallen? ... / Wir wohnen illegal, mach das / dir täglich bewußt, daß sonst / wir beide auf der Straße säßen. / / Wir hausen im Prenzlauer Berg ...« (Uwe Kolbe in SINN UND FORM; 3/79) – / / – »*Eingepreßt* zwischen Stadtmitte und den nördlichen Außenbezirken befindet sich der Bezirk Prenzlauer Berg in einer unglücklichen Lage ...« (DIE NEUE ZEITUNG, 24. 6. 47) – / / – Allerdings, was die Jetztzeit betrifft: »Prenzlauer Berg ist – und das alles ist hier ohne jede Ironie gesagt – längst nicht mehr eine Wohngegend, sondern eine ›Haltung‹. Die *Risse in den Wänden der Hinterhofhäuser* erscheinen nicht selten als die Korrelate für die ›Risse‹ und ›Nöte‹ des Ichs.« (Ingrid und Klaus-Dieter Hähnel über Junge Lyrik am Ende der Siebziger Jahre; WEIMARER BEITRÄGE 9/81; aber weshalb setzen sie die Nöte in Anführungszeichen?) – / / – Außerdem, und man weiß es seit langem: »... der Berliner hängt an seiner Stadt, seiner Straße, seinem ›Kiez‹ mit der gleichen Liebe und Treue wie *der Heidjer an seiner Heide, der Älpler an seinen Bergen, der Marschbauer an seiner Hallig.*« (ROLAND VON BERLIN, 24. 10. 48) – / / – Zu bedenken gegeben dennoch und mit erneutem Bezug auf das verwickelt-verwinkelte Heute und Hier: »Sicher« – im Sinne von »gewiß« gebraucht! –, »sicher ist der Weg zu sozialistischen Positionen *auch im Sozialismus* weder selbstverständlich noch mühelos. Unsere ernsthafte Aufmerksamkeit verdienen daher auch diejenigen, deren ›Weltgefühl‹ ... auf *spezifische Weise* mit den *Rissen der Hinterhof-Häuser* im Prenzlauer Berg korrespondieren. Fraglich ist es jedoch, ob es im *wohlverstandenen* Interesse solcher Autoren (beziehungsweise solcher, die es werden wollen) liegt, sie in ihrer *zum Teil selbstgewählten* ›sozialen Unsicherheit‹ und Isolation noch zu bestärken.« (Mathilde und Rudolf Dau in einer Antwort auf Hähnel/Hähnel – s. o.! –; WEIMARER BEITRÄGE 3/82.) – / / – Daraus in beinahe direkter Linie hervorgehend die Verhörfrage, 1982 in einer Bezirkshauptstadt im Süden einem dort wohnhaften jungen Dichter gestellt: »Es heißt: Sie sollen Beziehungen zu PRENZLAUER-BERG-KREISEN unterhalten! Stimmt das?« – / / – Günter Görlich am 26. Januar 1983 auf einer Sitzung des Präsidiums und des Bezirksvorstandes Berlin des

Schriftstellerverbandes der DDR über »etliche jüngere Autoren«: »Oft bilden persönliche Nöte, ein *Defizit gelebten Lebens* den Schreibanlaß, wird *Gedichtemachen* zum entscheidenden Teil der Suche nach einer persönlichen Alternative zu vorgefundenen und *abgelehnten* Lebens- und Verhaltensweisen. *Das Weltgefühl dieser Autoren korrespondiert in spezifischer Weise mit den Rissen der Hinterhofhäuser im Prenzlauer Berg.*« (Risse, Nöte, Hinterhofhäuser, Risse; ein fast »klassischer« Fall von Motiv-Wanderung, die bei Görlich nicht endet, sondern ... nein, bis in die Polizeistationen folge ich der Wanderung dieses Mal nicht!) – / / – Mit gehobenen Worten das alles zusammengefaßt: »Es ist nicht anders: der Prenzlauer Berg ist mittlerweile das Berliner *Quedlinburg* geworden, unser *Rothenburg ob der Tauber* ...« (Friedrich Dieckmann in SINN UND FORM 3/80) – / / – Quedlinburg, Lüneburger Heide, Hallig und Rothenburg ob der Tauber, eingepreßt zwischen dem Stadtbezirk Mitte und den nördlichen Außenbezirken befindet sich der Bezirk Prenzlauer Berg weiterhin in seiner unglücklichen Lage und brüllt vor allem zwischen Mitternacht und viereinhalb Uhr in der Frühe aus seinen Rissen (und Kissen) zum Himmel hinauf: *Selbstgewählt, selbstgewählt, selbstgewählt, selbstgewählt, selbstgewählt, selbstgewählt, selbstgewählt* ...

RAUSCHGIFT / / Und auch das gehört zu diesem »Film«, als Leitmotiv gewissermaßen: Gestern habe ich zum ersten Mal auch hier in der Dunckerstraße 18 den, wie meine Mutter sagen würde, »gutbürgerlich« gekleideten Herrn mit der diplomatenhaft strahlenden (keinesfalls proletarisch zerknitterten) Aktentasche gesehen, der sinnend in unseren halbgeöffneten Müllcontainer starrt, in welchen ich jeden Samstag oder Sonntag überflüssig gewordenes Gekritzel und »erledigte« Manuskripte zu kippen pflege; und es ist Woche für Woche eine ganz schöne Menge ... Sinnend starrt das Männeken in den Container hinein; sinnend starre ich hinab auf das Männeken. – / / – Dabei fällt mir ein, daß es in diesen Wochen neuerlich Vorladungen und Befragungen für einige Mitglieder des Poppe-Kreises gegeben hat, vor allem der Frauen schon wieder – angeblich wegen der von Westberlin herüberschwappenden und sich ausbreitenden RAUSCHGIFTSZENE ... Aber dann wären die Herrschaften doch zum Eigentlichen gekommen, unter anderem auch zu Fragen bezüglich der Dichterlesungen u. ä., wie sie Poppe regelmäßig in seiner Wohnung in der Rykestraße geschehen läßt, gelegentlich auch mit mir ... – / / – Mh, gehören eigentlich Rauschgifthandel und Poesie und Dichterlesungen etc. nicht wirklich als zusammengehörig betrachtet? Und der Herr dort unten vor'm Müllcontainer schnuppert vielleicht nach meinem *Stoff* ... Drei leere Wodka-Pullen (Adlershofer) wird er finden!, nun ja, vielleicht auch nur vier, liebe Mutter!

IN DER WATTE DES TAGS / / Erich Arendts Gedicht »Hahnenschrei«; es ist, wenn man den Angaben in dem Sammelband AUS FÜNF JAHRZEHNTEN trauen will – und man sollte es wenigstens in diesem einen Fall besser nicht tun –, im Jahr 1940 entstanden. Nicht gerade einer der stärkeren Texte Arendts, handelt er vom Mißtrauen, vom Verrat, von der Bespitzelung: »Ganz / in der Watte des Tags / die Straßenbahnen. / Verstummt. Wandleere / Gesichter, Kalk / in Kalk. / Das Glockengeläut war / am Grund der *Ungesichtigen* / nicht mehr vernommen. / Frührot wie Senkblei / im Auge, die Menschen / an Morgentischen / haben die Sprache verloren, haben / die Sprache des Steins: / gewonnen! / Der Mann dort, den Hahnschrei, dreifaches Messer / im Rücken: ›Das Segel! das –‹ Schon / erblinden die Straßenspiegel. / Einblick / das Spitzelgesicht.« – Die zutiefst stutzen machenden Verse findet man untergebracht bzw. versteckt in der Abteilung »Nicht nur von ungefähr getrieben und verschlagen« (ein bezeichnender Titel nebenher, es hätte ja auch »Vertrieben und geschlagen« heißen können), mitten unter den konventionell-aktivistischen Gedichten aus der letzten Zeit des französischen Exils. Auf den ersten Blick scheint »Hahnenschrei« nicht nur auf das Neue Testament, sondern auch auf Paris verweisen zu wollen (auch pariserische »Straßenbahnen« soll es dazumal noch gegeben haben); ihm vorausgeschickt ist das Sonett »Die Bastille« (1939), in dem die Erinnerung an die Große Französische Revolution zusammenfließt mit aktueller Bedrohung und desperater Prognose: »Volk von Paris, mit ahnungslosem Angesicht, / bald hämmern sie für dich die Guillotine!«; eine vollkommen andere Qualität der Symbolsprache als die andeutungsschwanger verschlüsselte (keinesfalls visionärprophetische) in dem angeblich nur wenige Monate später entstandenen Spitzel-Gedicht ... Man stutzt und grübelt: Ist ein nazistischer Spitzel gemeint, an denen im damaligen Paris kein Mangel geherrscht haben soll, oder vielleicht ein stalinscher, den »Schwankenden«, den eventuell abtrünnigen oder »unzuverlässigen« Kommunisten belauernd? Des Rätsels Lösung war einfach; glücklicherweise hat Arendt auf unsere Fragen noch antworten können (heute könnte er's vermutlich nicht mehr): »Ach, Sie haben es bemerkt? Ist bis jetzt niemandem aufgefallen, nicht einmal dem Czechowski!«; dem Herausgeber des Sammelbands AUS FÜNF JAHRZEHNTEN also! (In der bei Rowohlt zwei Jahre vorher erschienenen Auswahl UNTER DEN HUFEN DES WINDS fehlt das Gedicht.) Und Arendt, ironisch blinzelnd, gesteht: »Das Gedicht ist von *jetzt*!« (Also aus der DDR-Zeit.) »Ich habe es ganz einfach falsch datiert ... Hätte ich es anders unterbringen können in dem Band?« Da ich Arendts Auskunft weitergebe, fällt mir plötzlich ein: Ist dieses in Tarnfarben changierende bittere Gedicht »Hahnenschrei« nicht vielleicht sogar das einzige,

/ 267

das Arendt in den letzten 25 Jahren einem DDR-Thema im engeren Sinn gewidmet hat? »Einblickt / das Spitzelgesicht ...«; und damit war der Fall DDR abgehakt? – / / – »Hahnenschrei« muß entstanden sein um 1967, vielleicht sogar erst im entscheidenden Jahr 1968; und es drückt etwas aus, was neben anderen und schöneren Ingredienzien Arendts Wesen (und seine Poesie) mitbestimmt hat: Seine in der Tat stete und häufig zur Sprache gebrachte Sorge, auf vielfältige Weise überwacht zu werden – »konspirativ überwacht«, wie der Fachausdruck lautet –, sein nie versiegendes Mißtrauen auch in bezug auf viele seiner Besucher (wobei er mancherlei Ungerechtigkeiten riskiert hat wie wir alle), das vergiftete Gefühl, selbst bei seinen Spaziergängen einen Bewacher auf den Fersen zu haben; Befürchtungen, die so tief sitzen, daß sie sich sogar jetzt noch, obwohl Arendt nicht mehr ganz bei Bewußtsein ist, in allerlei kleinen Gesten des Mißtrauens gegenüber dem und jenem zeigen, vor allem aber abzulesen sind an der abweisenden Versteinerung seiner Gesichtszüge, wenn ihn auf der Straße X. oder Ypsilon begrüßen. (Gegenüber dem Staat und dessen Einrichtungen ist dieses Mißtrauen allumfassend.) – Welch zermorschenden Widersprüchen zwischen dem Erhabenen einerseits und dem Banalen und Miserablen andererseits Arendt ausgesetzt ist!; hier seine empfehlenden und strahlenden Loblieder auf die Weltpoesie und die Landschaften seiner Sehnsucht, dort die Berichte über alltäglich-graue Mißlichkeiten: »Sehen Sie, ich stehe an der Prenzlauer Allee, wo der Lampenladen LICHTQUELLE ist, und ich spüre deutlich, daß irgendwer hinter mir steht. Ich gehe ein kleines Stück, halte jäh inne, warte, blicke nach unten ... Was gewahre ich? Wildlederschuhe, ganz merkwürdige Wildlederschuhe, langsam an mir vorbei ... Eine Ecke weiter das gleiche Spiel: Wieder die Wildlederschuhe unten an mir vorbei. Und dann noch einmal: Die Wildlederschuhe ... Ich habe dann regelrecht gespielt mit dem Genossen!« Nicht selten wurde man von Arendt befragt: »Was ist das für einer, der mit dem X. gekommen ist? Haben Sie den schon 'mal gesehen? Kennen Sie den? Also, irgendwie kommt der mir nicht ganz stubenrein vor!« ... Daß die Stasi in den vergangenen Jahren tatsächlich ein ziemlich enges Verhältnis zu Arendt unterhalten haben muß, ist mir auf schwer zu erklärende Weise deutlich geworden, als ein mit Sicherheit der Sicherheit nahestehender Typ von Erich Arendt als dem »Ete Arendt« gesprochen hat, ja, als dem »Ete«, eine kesse und gewissermaßen kriminalisierende Profanierung seines Vornamens, die selbst der dem Dichter nächste Mensch niemals gewagt hätte, niemals gewagt hat. Für die Stasi ist Erich Arendt u. U. der nicht ganz ernst zu nehmende »Ete«; was ich kurioserweise nicht ohne Wut notiere.

»OPPOSITIONSVERMINDERUNG« / / Die einen drängt man hinaus, den anderen wird der Abmarsch brutal und höhnisch verweigert. Nachdem man ihn hundertmal mit angedeuteten Absagen und angedeuteten Zusagen genasführt hat – nein, er wird wohl nie mehr Unterschlupf bei der »Volksbildung« finden –, verkündet Helmut Stieler bei den Behörden, er möchte »jetzt doch lieber die DDR verlassen« und andernorts Arbeit suchen. Die Antwort, die endlich ganz deutliche Antwort, die ihm entgegenschlägt: »*Dich* lassen wir nicht 'raus!, *dich* doch nicht!« Und Stieler nickt mir zu: »Wortwörtlich!« – / / – Das wird Stielern in der gleichen Zeit ins Gesicht gerotzt, da der Feinsinn bestimmter »Theoretiker« im ZK endlich die beschönigende Wortschöpfung »Oppositionsverminderung« gefunden hat, um die peinliche Ausreise-Welle, eine schmähliche Niederlage der Partei und des Staates, »den unwilligen Genossen gegenüber« letztendlich doch als einen Sieg darzustellen, errungen von einem nach wie vor klug und weise operierenden Politbüro. – »Feinere Köpfe nennen es natürlich nicht Oppositionsverminderung, sondern *Oppositionsreduktion!*«, erklärt mir Katja. – / / – Kein Trost für Helmut Stieler, der sich verzweifelt fragt: »Bin ich denn *keine* Opposition?«

BUSCHFUNK / / »Na, wird sich schon per *Buschfunk* zwischen Dresden und Rostock herumsprechen«; so ein Besucher über jene, wie der »Buschfunk« besagt, hier und da (nach polnischem Vorbild) für »Regime-Gegner« oder »Abweichler« vorsorglich parat gestellten »Lager«. Fragt sich nur, in wessen Interesse es sich »herumspricht« in diesem Fall: Soll wieder einmal derangierende Angst verbreitet werden in den Kreisen der renitenten Trotzköpfe des Landes? – / / – Aber die Chose mit dem »Buschfunk«, auf den man sich gerne verläßt, und den unsereins nahezu systematisch »beliefert« wie vermutlich auch die Staatsmacht, ist schon interessant: In bestimmten Fällen, bei bestimmten Informationen weiß man ganz einfach, ohne daß man darauf hingewiesen worden wäre: »Das mußt du weitergeben! Diese Schweinerei muß sich schleunigst herumsprechen in den Bezirken!« Jede »schlümme Nachricht« (aber natürlich auch allerlei Gerücht) trommelt sich in sechs oder sieben Tagen, wenn nicht noch schneller, bis hinauf nach Rügen oder quer hinab bis in den Bezirk Suhl ... – / / – Wie das im einzelnen funktioniert, wird vielleicht immer unaufgeklärt bleiben; *daß* es funktioniert, beweisen die alsbaldigen Nachfragen besorgter oder erfreuter Besucher. Wenn die Meldung dann in den westlichen Medien auftaucht, verliert sie in der Regel an Glanz und Gewicht (auch das interessant), ganz so, als wäre einem etwas gestohlen worden. Im Frankreich der Besatzungszeit, lese ich, hieß der Buschfunk »das arabische Telefon«; mit Sicherheit hat gelegentlich die Gestapo mit-telefoniert, nicht zuletzt, um Angst und Schrecken zu verbreiten.

KATHI / / Die etwa fünfunddreißigjährige mütterliche Kathi, die drei Kinder hat: »Drei Kinder darfste nich' haben; du hast nur zwee *Flucht-Hände*.«

SPRINGFLUT / / Die phantastische Flut der »Wohnungslesungen« nach den Verboten und Ordnungsstrafen; »... und in Leipzig fängt das jetzt auch an!« Statt dreier (abgewürgter) Lesungen in der Woche sind es mit einemmal an den unterschiedlichsten Punkten in Mitte, Prenzlauer Berg, Pankow, Friedrichshain fünfzehn oder zwanzig; »... und in Weißensee fängt das jetzt auch an!« Die Polizei – eine Variante des »Zauberlehrlings«-Effekts? – scheint verblüfft, scheint gelähmt zu sein; jedenfalls rührt sie sich seit kurzem kaum noch oder taucht bestenfalls schattenhaft auf, um in der Regel gleich wieder zu verschwinden bzw. chamäleonhaft die Farbe zu wechseln. Oder ist die Zurückhaltung auch die Folge der sich häufenden West-Meldungen über die Schikanen, denen die »Szene« ausgesetzt ist (oder war)? Ratlosigkeit spielt sicherlich mit. Aber auch unsereins hat das schwerlich voraussehen können: Wird die eine Lesung verboten oder aufgelöst, beginnt der Kiez zu »arbeiten« und zu wüten und ersetzt sie alsbald durch *zehn* andere, kreuz und quer über die Stadt verteilt, »Operation Hase und Igel« könnte man's nennen, wenn es organisiert oder gar gelenkt wär', was mit Sicherheit nicht der Fall ist. – / / – Es liegt in der Natur der Sache, daß diese Springflut nicht ohne höhnisches Gelächter kommt. Nach dem Besuch einiger »Wohnungslesungen« der letzten Wochen frage ich mich: Ist es ein Revival des Polit-Dadaismus der Herzfelde, Grosz usw. aus der Zeit nach dem Ersten Weltkrieg, das wir erleben? Die (natürlich illegalen) Wohnungs- und Atelierlesungen, bei denen sich dieser Trend artikuliert (besser: auslebt), geraten mehr und mehr zu höhnisch-karnevalesken Happenings (Leonhard Lorek z. B. auf diesem Weg), oft mit der entsprechend wüsten New-Wave-Musik vorangetrieben. Obwohl (auch das nicht ohne Hohn) der »Kunst-Charakter« dieser Produktionen hervorgekehrt wird, wird wohl nur ein Literaturwissenschaftler der DDR derlei abwiegelnd als »unpolitisch« einordnen können. Ein Beispiel: Das angeblich wegen des effektvollen Rischelraschel-Geräuschs vorgeführte Zerreißen von Zeitungen (nicht zuletzt der Parteipresse), yeah Babe, aus quasi »musikalischen« Gründen das und anderes, John Cage und die Folgen; haben Sie denn noch nie etwas von John Cage gehört, Herr Hauptmann, oder vom Free Jazz? Aber ob so oder so, um eine schrille Herausforderung des so hervorragend sortierten und sozusagen diszipliniert »ablaufenden« öffentlich-offiziellen Kulturlebens mit seinen braven »Dichterlesungen« handelt es sich zumindest. Leider werden derlei entfesselte Aktivitäten auch von manchem unserer so tief ernsten und moralin-gedopten »Dissidenten« nur mit gerunzelter Stirn und eher abwehrend zur Kenntnis genommen!: Ach, meint ihr denn wirklich, daß solcher Hokuspokus nur »Kinderei« und deshalb verantwortungslos ist? – Und die Papiertauben fliegen und fliegen und fliegen, diesen und jenen zum Tort, mag es auch noch nicht ganz deutlich sein, wohin sie fliegen am Ende ... Yeah, Babe! – / / – ... ich selber beobachte das, trotz allen Engagements, freilich wie durch eine Scheibe, durch nichts und niemanden aus meinem »Stimmungstief« emporzureißen. Zu spät für mich!, will es mir scheinen, eines Sinnes mit jenem torkelnden Polizisten auf der Schönhauser, der vor ein paar Tagen die Passanten mit einem gebetsmühlenartigen »Es ist alles zu spät« über den Zustand des Landes (und seinen eigenen) aufzuklären versucht hat. – »Ich bin am Ende«, versuche ich J. zu sagen; sie antwortet kalt: »Das warst du schon oft!«

PEN-CLUB / / »... Die Mitglieder des PEN sollen jederzeit ihren ganzen Einfluß für das gute Einvernehmen und die gegenseitige Achtung der Nationen einsetzen. Sie verpflichten sich für die Bekämpfung von Rassen-, *Klassen-* und Völkerhaß und für die Hochhaltung des Ideals einer in einer einzigen Welt in Frieden lebenden Menschheit mit *äußerster Kraft* zu wirken.« (Undsoweiter) ... Ja, die vor einigen Monaten verheißene PEN-Charta hat das PEN-Club-Mitglied Endler immer noch nicht zugeschickt bekommen; und die Sitzung des PEN-Zentrums, bei der wir Mitglieder sie zu erhalten gehofft hatten, ist nun auch schon wieder ein Weilchen vorbei! Es fällt dem Sekretariat und dem Präsidenten offenkundig besonders schwer, uns darüber zu informieren, daß einen diese Charta neben manch anderem Stachligen und Unbequemen nicht nur zur »Bekämpfung« des Rassenhasses, sondern auch des »Klassenhasses« verpflichtet ... (Ein Teil »unserer« Mitglieder müßte also konsequenterweise austreten; vielleicht auch ich?) Jedenfalls ist uns statt dieses katastrophalen Dokuments wieder einmal nur ein Referat des Präsidenten Kamnitzer geboten worden, statt der jahrzehntelang vorenthaltenen Charta ein Vortrag *über* die Charta, mit welchem uns Unerleuchteten klargemacht werden sollte, daß schließlich selbst die Chose mit dem »Klassenhaß« intellektuell durchaus zu bewältigen wäre; man möge doch, bitteschön, bedenken, daß ja der Kommunismus, wie allgemein bekannt, letztendlich zur »klassenlosen Gesellschaft« führen müsse, ergo in eine Wunderwelt nun wirklich ohne allen »Klassenhaß«, wenn auch, wie allgemein bekannt, auf speziellen Wegen o. ä. – Hat irgendeiner der anwesenden Mafiosi gelacht? Haben sich wenigstens einige der so triftig Aufgeklärten gegenseitig sarkastisch zugezwinkert? Neese! Trotzdem muß meine dringliche Nachfrage im Oktober vergangenen Jahres einigen Wirbel verursacht haben (vermutlich in der sogenannten »Parteigruppe«); denn wieder einmal muß Präsident Kamnitzer, und er tut es wie nebenher und in bedauerndem Ton, »einige Kollegen« darüber belehren, daß die Feier eines »Ausschlusses« im PEN nicht so lustig über die Bühne gehen könne wie im Schriftstellerverband, da der PEN den andersgearteten »internationalen Regeln« verpflichtet wäre. (Ich blicke in die Runde: Wer von euch mag es wohl gewesen sein, der meinen »Ausschluß« verlangt hat?) Ja, leider, leider ... Man muß wohl Gevatter Hein die Entscheidung überlassen, falls der oder jener nicht von sich aus seinen »Austritt« erklärt, was eine schöne Dummheit wäre. – / / – PS.: Biermann ist, glaube ich, noch heute Mitglied des DDR-PEN; und Joachim Seyppels Mitgliedschaft »ruht«, wie der Ausdruck lautet, ruht und ruht, nachdem er nach seinem Weggang in den Westen einige Größen des DDR-PEN in »unerträglich beleidigender Weise« attackiert hat. / *

STILLE TAGE AM PRENZLAUER BERG (III) / / »Zementmixer, batzibatzi! Zementmixer, batzibatzi!« Als gönnte mir unsere brutal vergnügungs- und volksmusiksüchtige Hinterhofwelt nicht einmal die Handlanger-Arbeit an den Prosafassungen der Okudshawa-Songs (vom milden Herzen Leo Kossuths mir zugeschustert der Dreigroschen-Deal), beginnt sie gerade an diesem ohnehin schon kopfschmerzenschwangeren Tag eine halbe Stunde früher als sonst mit der Reprise eines trostlosen Nachkriegsschlagers und ihrer von *Böswilligkeit strotzenden* vorabendlichen Lärm-Kanonade, und in einer Art und Weise, als wäre sie vornehmlich dem fünften Stock gewidmet und dem Domizil des Diaristen hier oben – ja, »mein Vater- und Mutterland ist der fünfte, der fünfte Stock«, wie es im Liede heißt, nämlich in *meinem*! –, läßt sie bereits um 17 Uhr 15 die ersten Fähten (Fêten) zur Verabschiedung etwelcher »Ausreiser« und die schrägsten Eheauseinandersetzungen steigen, als wäre es »Vatertag« ... Bin ich schon jemals so kaputt gewesen wie jetzt? Ich weiß schon kaum noch, was ich niederschreibe ... – Den Rest aber gibt mir das Wummwummwumm, das die (angeblich) *gelähmte* Alte unter uns mit ihrem (vermutlich verlängerten) Krückstock durch die Zimmerdecke hallen läßt – »Ruhä!, Ruhä!« –, in musikalischer Hinsicht dieses pausenlose Wummwummwumm ein Nachklang des beinahe täglichen *manischen* Teppichklopfens, sieben, acht schnelle Hiebe zur Introduktion, dann unaufhörlich bis zu einer ganzen Stunde: Zack, zack, zack, zack!; Teppichklopferei in hundertundfünfzig schnellen Viererschritten gleichsam ... Ach, selbst meine bissigsten Witzeleien helfen mir immer seltener auf! »Helpless, helpless, helpless ...«; dieser Tage habe ich J. die Fragmente »The Crack-up« von Francis Scott Fitzgerald zu lesen gegeben, um mich auf diese indirekte Weise verständlich zu machen – natürlich vergeblich! Achselzucken rings ...

SCHWARZE HALSKETTE / / »Ich habe keine Lust mehr ...«; aus einem Brief von 1967. / »Ich habe keine Lust mehr ...«; aus einem Brief von 1973. / »Ich habe keine Lust mehr ...«; aus einem Brief von 1977. / »Ich habe keine Lust mehr ...«; aus einem Brief von 1981. / »Ich habe keine Lust mehr ...«; aus einem Brief vom letzten Tag des Mai 1983. / *

NACHTRÄGE 93

Nachtrag zu HAUPTWERK (S. 24): Erst nach der »Wende« ist (mir und anderen) deutlich gemacht worden, daß wir 1979 nicht aus einem staatlich gelenkten Schriftstellerverband ausgeschlossen worden sind, sondern aus einem Unternehmen der »Opposition«. Da es darum ging, den »Schriftstellerverband der DDR« zu erhalten, wurde alsbald die Story von der im großen und ganzen doch »widerständlerischen« oder oppositionellen Rolle des Verbandes und anderer Vereinigungen in der DDR gestrickt, das Ganze sozusagen »richtungweisend« von Hermann Kant dirigiert, der in einem Brief an den Außerordentlichen Schriftstellerkongreß Anfang März 1990 die Wegweiser aufgestellt hat: »Der Verband«, so Kant, »ist im letzten Jahrzehnt *jener Teil der DDR gewesen*« – dank des Ausschlusses solcher Leute wie Schlesinger, Bartsch, Endler etc.? –, »in dem Demokratieverständnis, kritisches Bewußtsein, Meinungsvielfalt ... deutlicher als in vergleichbaren Bereichen der Gesellschaft ausgeprägt waren ...« – Das kantsche Motiv wurde u. a. aufgenommen vom NEUEN DEUTSCHLAND bzw. von Dr. Irmtraud Gutschke, die anläßlich der angedrohten Streichung der staatlichen Subventionen für die Künstlerverbände der ehemaligen DDR sich zu einem Empörungsausbruch veranlaßt fand (ND vom 5. Juli 90): »*Nicht auszudenken*: Jene Kräfte, die schon *seit Jahrzehnten*« – bei Kant war es immerhin nur *ein* Jahrzehnt gewesen – »die geistige *Opposition* in unserem Land getragen haben ..., sollen nun *auf einmal* nicht mehr gemeinnützig sein ...« Jaja, nicht auszudenken; fast konnte man eine neuerliche Sprachregelung vermuten: Kurz vorher hatte es in einer Erklärung der Akademie der Künste geheißen (30. 6. 90): »Es kann nicht hingenommen werden, daß Orchester, Theater, Verlage, Künstlervereinigungen, freie Gruppen etc., deren Wirken die *Widerständigkeit* von Kultur spiegelt, vor unseren Augen ... verfallen ...« Unsereins konnte sich nur noch sagen: Show me the road to Bozen! Eine Erklärung für diesen Aufschrei gebe ich nimmermehr; und um so weniger, als mir gerade jetzt wieder der inzwischen fast legendäre Protestbrief vom 6. 4. 86 an Erich Honecker in die Hände fällt (er ist unterschrieben von den »Präsidenten« o. ä. Manfred Wekwerth, Hermann Kant, Wolfgang Lesser, Willi Sitte, Hans-Peter Minetti, Gisela Steineckert, Lothar Bellag und Karl-Heinz Schulmeister), der u. a. die bitteren Zeilen enthält: »Wir danken Dir für die kluge und weitsichtige Politik der Partei, die ein den Künsten so günstiges Klima schuf, in dem jeder auf seinem Gebiet mit Freude arbeiten kann und spürt, wie sehr er gebraucht ...« Etc. – Show me the road to Bozen!

Nachtrag zu SOG (S. 49): Ganz ohne Angst scheine ich bei aller sarkastischen Schnoddrigkeit doch nicht umhergelaufen zu sein; ich begegne ihr wieder in einem handschriftlichen Brief an Bernd Jentzsch, dessen Ablichtung der Adressat mir vor kurzem zugeschickt hat (ich hatte das Schreiben vergessen); datiert ist der Brief am 16. 12. 1980: »Lieber Bernd, am vorletzten Tag in Bielefeld nun endlich der angekündigte Brief; hier ist so allerlei kreuz und quer gelaufen, um sich schließlich in einem umfassenden Skandal zu entladen – das hat mich nicht zur Ruhe kommen lassen. Auch jetzt rekapituliere und unterstreiche ich lediglich das bereits Gesagte: 1. wäre ich Dir sehr dankbar, wenn Du für mich eine Reihe von Manuskripten, hauptsächlich zum sogenannten Roman gehörende, verwahren würdest (und zwar so lange, bis ich sie *eigenhändig* wieder von Dir abhole), würde ich es für richtig halten, wenn Du im Fall, daß mir etwas zustößt *(Tod, längere Inhaftnahme o. ä.)*, über diese Manuskripte so verfügst, als hätte ich Dir alle Rechte übertragen, und sie nach Ermessen an die Öffentlichkeit bringst!« Undsoweiter. Bedarf das Zitat eines Kommentars?

Nachtrag zu STATEMENT ENDE MÄRZ 1982 (S. 93) / /
»Groß in Gesängen rühmten die alten den Schaffer Prometheus / Weil er das Feuer uns gab; wir heute schlucken den Rauch.« Rainer Kirschs Beitrag zum Thema »Prometheus«, betitelt »Das Ende vom Lied«; und Heiner Müller: »PROMETHEUS, als die Götter, oder wie immer der unerforschliche Ratschluß in der ihm zugemessenen Zeit benannt war, die Welt, was ist das, unter ihm weggesprengt hatten, wohin, endlich allein mit seinem endlich frei schwebenden Felsen« – Keinen kann die im Herbst 1984 mitgeteilte Pointe überraschen, man habe sich entschlossen, die Lyrik-Grafik-Mappe PROMETHEUS ZWEIUNDACHTZIG nicht in den Handel zu geben, sondern sie zu »magazinieren« ... Aber, lieber »Herausgeber« Rittig, weshalb denn zum Griesgram werden? Hier haben wir sie doch endlich, die ins Schwarze treffende aktuelle Variante des Stoffes: *Prometheus, magaziniert* – und kein Herakles weit und breit, der ihn befreit! (84/93)

Nachtrag zu KULTURKONFERENZ DER FDJ (S. 159) / /
»... keine Farbe, keinen Klang!«; »... keinen Ton, kein Blatt Papier, keinen Pinselstrich Farbe!« – Ach, und dann mußte auch Hermann Kant *auf seine Weise* ein Scherflein beitragen zu solchem rabiaten Entzugsprogramm, mußte auch er das Motiv aufnehmen und weiterspinnen, nämlich in seinem Referat zum IX. Schriftstellerkongreß: »... ›Die Ära der Skrupel ist vorbei‹, hat Amerikas Präsident vor den Kadetten von West Point erklärt, und er hat die künftigen Offiziere mit seiner Absicht vertraut gemacht, sich unserer zu ›entledigen‹. Weil aber diese Absicht zu glauben und auf das Verkümmern von Skrupeln Verlaß ist, gehörten uns Schriftstellern *Papier und Feder entzogen*, wenn wir sie nicht einsetzten, das Gewissen wachzuhalten und die Bereitschaft auch, sich gegen die Entlediger und Enthaupter zu wehren!«, beizutragen also zur sogenannten »Wehr-

bereitschaft« etc. »Die Zeit der Skrupel ist vorbei«, mag es rumort haben in unserem Kopf: »Hat das nun Kant gesagt oder Reagan?« Gorbatschow ist noch weit weg und hinter'm Horizont gewesen.

Nachtrag zu PEN-CLUB-TAGUNG (S. 160) / / Wenn schon die »Unterschrift« unter der PEN-Charta von den Mitgliedern des DDR-PEN offenkundig nicht zu wichtig genommen worden ist, Unterschriften anderer Art, vornehmlich »unseren Zwecken« dienliche, wurden dagegen wieder und wieder eingesammelt – bis in die irritablen Zeiten des »Umbruchs« hinein; »Schmierseife der Macht« diese vielleicht manchmal wie nebenher gelieferten »Unterschriften«; was denn anderes, werte K. H.!? Zum letzten (vorletzten) Mal mögen sie eingefordert (und gegeben) worden sein vom PEN der DDR für die Ergebenheitsadresse zum 40. Jahrestag der DDR, gerichtet an Erich Honecker, abgedruckt am Freitag, dem 22. September 1989 auf der ersten Seite des NEUEN DEUTSCHLAND. Der Wortlaut des Sendschreibens: »Die Richtlinien des Internationalen PEN verlangen von uns, die Friedenspflicht der Staaten anzumahnen, sich gegen rassistische Vorurteile zu wenden, nationalen Größenwahn zurückzuweisen und die Freiheit des Wortes zu verteidigen.« Und dann der entscheidende Satz: »Wir haben die Deutsche Demokratische Republik *immer* als einen Ort angesehen, an dem sich unsere Grundsätze verwirklichen lassen.« Unterschrieben haben dieses schöne Sätzchen, das man post festum als Forderung interpretieren mag, die Mitglieder des Präsidiums des PEN-Zentrums Deutsche Demokratische Republik – und für einige der Kollegen tut es mir leid, daß ich sie in dieser allzu bunten Reihe wiederfinden muß –; unterschrieben haben diesen mit spruchartiger Kantigkeit dargebotenen knieweichen Schmonzes Günter Cwojdrak, Günther Deicke, Friedrich Dieckmann – Friederich, oh, Friederich! –, Fritz Rudolf Fries, Stephan

Hermlin, Heinz Kamnitzer, Walter Kaufmann, Rainer Kerndl, Helga Königsdorf, Rita Schober, Jean Villain. – / / – Man kann es, um es zu wiederholen, rechts oben auf der ersten Seite des ND vom 22. 9. 89 nachlesen; gleich darunter findet sich die beängstigende Nachricht placiert: »Polizei knüppelte *in Köln* Hunderte Antifaschisten brutal zusammen / Zahlreiche Verletzte ...« Es gehörte bekanntlich zum »Stil« der partei- und stasigelenkten Presse, die Untaten der eigenen Leute mit Meldungen über wirkliche oder erfundene Untaten des »Gegners« zu beschönigen oder sogar psychologisch vorzubereiten: Zahlreiche Verletzte ... Nur noch wenige Tage waren es bis zu den frenetischen Knüppel- und Folteraktionen der sogenannten »Volkspolizei« und der Mielke-Truppe am 7./8. Oktober, mit denen sie die anschwellenden Protestdemonstrationen zu stoppen versucht haben. – Am 15. Oktober war im Schaukasten des Jugendklubhauses »Arthur Hoffmann« in Leipzig-Connewitz und an anderen Stellen der Spruch festgezweckt: »Neun Stunden lang mußten sie mit dem Gesicht zur Wand stehn. / Es sind Verbrecher. / Wer?« (Darunter die einsame Unterschrift des Verfassers.) Der Zettel hing einige Wochen lang; offensichtlich war niemand mehr willens, ihn abzureißen. – / / – Der Zettel hängt auch noch, als sich – sechs Wochen nach der PEN-Kundgebung zum 40. Jahrestag – das DDR-Zentrum neuerlich meldet und wieder mit einem an die Staatsmacht, die jetzt Egon Krenz heißt, gerichteten Schreiben – die Zahl der »Unterschriftler« hat sich etwas verringert –; in dieser anderen ERKLÄRUNG heißt es u. a.: »Neue Töne, veränderte Haltungen« – was für'n Deutsch! – »kommen von der Spitze des Staatsrates und der Sozialistischen Einheitspartei ...« (Bravo, Egon Krenz!, ist man geneigt, solchen Zeilen hinzuzufügen: Und Dankeschön auch!) »Neue Töne« enthält dementsprechend auch der Brief des Zentrums (ich zitiere nach der LEIPZIGER VOLKSZEITUNG vom 31. Oktober 89), mit welchem der vorhergegangene Brief zum puren Blödsinn degradiert wird: »Der wiederholte Verweis auf ausreichende Strukturen politischer Meinungs- und Willensbildung kann nicht überzeugen, da diese Strukturen langfristig und wiederholt versagt haben ...« Unterschrieben haben Günter Cwojdrak, Friedrich Dieckmann, Fritz Rudolf Fries, Stephan Hermlin, Walter Kaufmann, Rainer Kerndl, Helga Königsdorf, Werner Liersch, Jean Villain, die sechs Wochen vorher mit ihrer Unterschrift das ungefähre Gegenteil bekräftigt hatten – ich darf wiederholen –: »Wir haben die Deutsche Demokratische Republik immer als einen Ort angesehen, an dem sich unsere Grundsätze verwirklichen lassen.« Sind die Unterschriften vom 22. September vielleicht gefälschte gewesen? Oder in Trance hingekritzelt? Oder aber ...?

Nachtrag zu NACHRICHT VOM KUNSTHANDEL (S. 202) //
Da ich begonnen hatte, meine Notizen aus den Jahren 81 bis 83 für eine eventuelle Drucklegung zusammenzuschaufeln, durchzusehen und stilistisch zu verbessern, kommt Freund Ypsilon, der überaus aktensüchtige Kollege, um die Ecke am Alex geschritten und grient gehässig und besserwisserisch und läßt wie beiläufig, doch mit deutlichem Genuß die Bemerkung fallen: »Da wird wohl manch einer jetzt sein Tagebuch *ganz neu* schreiben müssen ...« (So viel zur Wahnsinnsatmosphäre zu Beginn des Jahres 92, einige Strähnen davon auch in Wolfgang Hilbigs trefflichen Roman »Ich« hineingeschlungen; Anderson und Schedlinski waren gerade als Stasi-Spitzel erkannt.) Meine bestenfalls zweisilbige Antwort: »Ach, nee?« – Tatsächlich wäre heute, im September 93, keine andere Antwort zu geben. Ich finde eine einzige Stelle in diesen Blättern, die in Frage gestellt werden müßte, nämlich die vermutlich irrtümliche Behauptung Rüdiger Rosenthals (S. 172), er wäre im Winter 82 aufgrund der Denunziation einer Galeristin W. für

einige Stunden in Haft genommen worden; Rosenthal weiß inzwischen, daß Sascha Anderson die Hand im Spiel gehabt hat. Zu revidieren wäre zudem die zu liebevolle Charakterisierung Andersons als eines geschäftstüchtigen »Schlitzohrs« in der NACHRICHT VOM KUNSTHANDEL, und zwar erheblich zu revidieren: ....

Nachtrag zu EDDI KOPFLOS (S. 249) / / Das Gedicht »Gelegentlich A. E., Polemiker« von Manfred Jendryschik findet sich auf der Seite 72 des 1980 im Mitteldeutschen Verlag erschienenen jendryschikschen Gedichtbands »Die Ebene«. Es heute wiederzulesen, bedeutet nicht zuletzt, an Leipzig und dessen seltsames Verhältnis zum Diaristen zu denken (ich deute wieder 'mal nur an!): »Wenn, sage ich, der Kommunismus kommt / ach eines schönen Tags, um diese Ecke / er auf uns zu, sitzt Eddi kopflos da / mit seinen Worten, wen soll er jetzt verdreschen / die Beamten sind doch alle abgehauen, der Erste / Arbeitslose, faul saufend. Das lügst du! / / schreit er aus der Zukunft her, fuchtelnd / die Arme, noch immer, denk ich / dieser alte Ton, unwandelbar der Mann.« – Ich habe dieses Produkt aus der Feder Meister Jendryschiks durchaus so begriffen, wie es der holländische Literaturwissenschaftler Gerrit-Jan-Berendse in seinem Buch »Die ›Sächsische Dichterschule‹« (ohne mein Zutun) interpretiert hat: »Im Text ›Gelegentlich A. E., Polemiker‹ von Manfred Jendryschik tritt Endler allerdings nicht als vorbildhafte Person bzw. Dichter auf, sondern – wie der Titel schon vermuten läßt – als lästige Figur, als unermüdlicher Kritiker des jeweiligen Zeitgeistes. Im Gedicht gelingt es Jendryschik, den Fahndungsblick der Institutionen auf das Subjekt Endler zu richten, dessen Nihilismus in naher Zukunft ausgedient haben sollte ...« – »Unwandelbar der Mann«, freilich, für Jendryschik gilt es gewiß nicht; bereits im Dezember 89 wurde z. B. im Mitteldeutschen Verlag Halle/Saale die folgende Einladung zur Mitarbeit an einer Anthologie getippt: »Lieber Herr Endler, die Situation in der DDR hat sich radikal verändert; *die SED hat verspielt* ...« Weiter: »Was man auch im einzelnen gegen Kohls Zehn-Punkte-Programm oder gegen den Aufruf, eine sozialistische Alternative zur BRD zu entwickeln, einwenden mag: Die gegenwärtigen Verhältnisse *erfordern das Nachdenken*. Deshalb wenden wir uns mit der Bitte an Sie, Ihre *Ansichten* zu der *prekären* Frage ›Brauchen wir eine DDR?‹ (bzw. Ist Sozialismus noch eine *wichtige Vorstellung?*) niederzuschreiben. Wir denken an einen Beitrag von *vier bis fünf Seiten* ...« (Allein dieses »vier bis fünf Seiten« wäre für Karl Kraus einer tödlichen Selbst-Verurteilung der Einlader gleichgekommen, von der fragwürdigen »wichtigen Vorstellung Sozialismus« ganz zu schweigen.) Unterschrieben war die offenbar recht flink entworfene Einladung von einem gewissen Manfred Jendryschik, welcher wenige Jahre vorher noch ... naja! – Der solchermaßen zur Lösung der Welträtsel aufgeforderte Verfasser will gerne zugeben, daß er angesichts der enormen Geschwindigkeit des Positionswechsels gewisser Leute wirklich ein wenig »kopflos« in seiner Bude sitzt, wenn ihm auch die Beantwortung der Frage »Wen soll er jetzt verdreschen?« eigentlich kein allzu großes Kopfzerbrechen bereitet ...

Nachtrag zu PEN-CLUB (S. 272) / / *Mitte Oktober 1990:*
Endlich, endlich habe ich sie vom PEN-Zentrum Deutsche Demokratische Republik zugesandt bekommen, die anderwärts so oft beschworene PEN-CHARTA, in deren Geist auch der ostdeutsche PEN sowohl nach außen als auch nach innen hätte agieren müssen; nach etwa fünfzehnjähriger Mitgliedschaft hat mich das Dokument, wenn auch nicht in Gold und Silber gedruckt oder in einen Lorbeerkranz eingefaßt, doch noch erreicht, das zum Kampf gegen Krieg und Völkerhaß, zum Kampf gegen jegliche

Zensur und Einschränkung der Meinungsfreiheit verpflichtende; es hat mich erreicht zusammen mit dem aus leicht erkennbaren Gründen so lange nie richtig fertig gewordenen STATUT DES PEN-ZENTRUMS DDR – als Ausfertigungsdatum, man höre und staune!, ist der 30. Januar 1990 genannt (kurz darauf ist es schon wieder korrigiert) –; zusammen mit der aktuellen Mitgliederliste, die 85 Namen nennt, in welcher indessen die mindestens zweimal vorgeschlagene große Dichterin Elke Erb im Unterschied zu mancher harry-thürkschen Mediokrität immer noch fehlt; zusammen mit einigen vervielfältigten Briefen, darunter einer, den Stephan Hermlin an den Generalsekretär des westdeutschen PEN-Zentrums gerichtet hat und der den geradezu heroisch anmutenden Satz enthält: »Der PEN der DDR hat niemals gegen die Charta verstoßen ...« (Ein Satz wie ein Schwur, bei dessen Kenntnisnahme man nicht wußte, ob man in sich hinein weinen, ob man hellauf lachen sollte.) Das ganze Package, unbelastet von nennenswerter Selbstzerknirschung, ist dem Autor wie sicher auch den übrigen Mitgliedern des ostdeutschen PEN übermittelt worden als MITTEILUNGSBLATT 1/1990; und es kam, was wenigstens meinen Fall betrifft, um Jahre zu spät ... Um es so volkstümlich wie möglich zu sagen: Das PEN-ZENTRUM DDR war für mich »gestorben«! Die Kenner der glitschigen Materie werden, wenn sie die Radikalität des Autors schon nicht gutheißen wollen, sie zumindest begreiflich finden. Komplizierter mag es für den oder jenen erst werden, wenn ich dieser Feststellung die zweite hinzufüge: Einem PEN-Zentrum, das sich zum Beispiel der Aufnahme Stephan Hermlins verweigern würde, möchte ich allerdings so wenig angehören wie einem, das eine Poetessa wie Elke Erb abweist, auf keinen Fall! – *Mitte Oktober 1990:* Nun ja, vielleicht entscheide ich mich doch noch für den attraktiven Posten des mümmelnden Einsiedlers oder des madenzerfressenen Säulenheiligen in den klirrenden

Wüsteneien bei Bitterfeld und Leipzig! ... Ach, aber die Welt will es wohl doch nicht, daß ich mich zum mehr oder weniger glückseligen Eremiten mausere: Anfang Dezember 90 erhalte ich nämlich einen Brief – ich möchte nicht verraten, von wem verfaßt, lieber F. D.! –, der mir genau das Gegenteil für meinen weiteren Lebensweg vorschlägt; in diesem Brief heißt es unter anderem: »Natürlich wäre es fabelhaft, wenn Sie sich entschließen könnten, für die Funktion des Präsidenten zu kandidieren ...« – nein, nicht für den Posten des Bundespräsidenten, sondern den des Präsidenten des ehemaligen PEN-ZENTRUMS DDR –, »ich bin sicher, es stieße auf breite Zustimmung! Es wäre so wichtig« (nein, ich kann mir nicht verkneifen, auch diese Partie des Briefes mitzuteilen), »es wäre so wichtig, wenn dieses Amt an einen *hochkarätigen Poeten* käme, noch dazu an einen, der in schwierigen Zeiten und in schwierigster Lage ausgehalten hat. Ich wüßte mir keinen besseren Kandidaten ...« Etcetera. Darauf hätte ich antworten müssen: Wer so einen wie *mich* zum Präsidenten von irgend etwas vorschlägt, den kann ich nur für vollkommen verantwortungslos halten! Natürlich habe ich schleunigst meinen »Austritt« erklärt.

Nachtrag zu SCHWARZE HALSKETTE (S. 275) / / ... und dann bin ich 'mal wieder »übergesiedelt« (83/84), dieses Mal nach Leipzig; und dann hat man immer häufiger den Namen eines gewissen Gorbatschow gehört; und dann hat das »Neue Denken« auch in der DDR und sogar in Leipzig-Connewitz Platz gegriffen; und im Zeichen dieses von der Sowjetunion herschwirrenden »Neuen Denkens« trug die Stadtbezirkshyäne für Kultur, die Kollegin W., Ende Oktober 87 ein Referat vor, das der »Entwicklung des geistig-kulturellen Lebens« im Stadtbezirk Leipzig-Süd bis ins Jahr 1990 hinein gewidmet war; und in diesem Referat hieß es unter anderem und wahrlich *vollkommen neu*:

/ 287

»Ausgehend von der Einheit und Wechselwirkung zwischen Wirtschafts- und Sozialpolitik sind die Fähigkeiten und Bedürfnisse *gezielt zu entfalten*, Arbeitsfreude und *Wohlbefinden* zu fördern sowie die sozialistische Kunst und Literatur, die von den Werten und Idealen des Sozialismus erfüllt sind, zu entwickeln. – Die vor uns liegende Etappe unserer gesellschaftlichen Entwicklung verlangt demzufolge, auf der Grundlage unserer Errungenschaften und Erfahrungen den neuen Erfordernissen entsprechend *auf neue Art zu denken* und zu arbeiten, die Bereitschaft und die Fähigkeit zu entwickeln, sich *auf das Neue* einzustellen und schöpferisch nach vorwärtsführenden Lösungen zu suchen ...« – Das NEUE DENKEN, in »schöpferischer« Weise zum Nachplappern alter Floskeln weiterentwickelt; nicht anders auf der Seite 18 des Referats unter FünfPunktEinsPunkt, wenn es speziell um »Entwicklung und Verbreitung von Kunst und Literatur« geht, nämlich so: »Es besteht die Aufgabe, sowohl die vielfältigen Möglichkeiten der Künste *noch umfassender zu lenken*, hohe soziale, *sittliche* und ästhetische Ideale und Motive für das Denken und Handeln der Menschen auszuprägen, Vertrauen ins Leben, Zuversicht und Tatbereitschaft zu *erzeugen*, die sozialistische Lebensweise zu entwickeln, die *Wehrbereitschaft der Jugend insbesondere* zu fördern als auch durch ein vertrauensvolles Verhältnis des Rates des Stadtbezirkes, der gesellschaftlichen Kräfte und Betriebe zu den Künstlern in unserem Territorium zum Entstehen einer *Vielzahl neuer Werke* in allen Gattungen und Genres beizutragen ...« Etc., etc. – »Darf ich das 'mal heute abend *studieren*«, sagt meine Frau Brigitte, Untergebene der Frau W., »das ist doch sehr lang und inhaltsreich ...« – »Aber *keinem* zeigen, bitte, es ist ein vertrauliches Dokument; und morgen früh hätte ich es gerne zurück ...« Ach, meine liebe wagemutige Frau Brigitte, die es sogar riskiert hat, mit laufendem Tonbandgerät, im bunten runden Täsch-

chen versteckt, bei einem seiner Besuche in Leipzig Klaus Höpcke »anzuhauen« wegen der Lesungs-Verbote in ihrem Jugendklubhaus »Arthur Hoffmann« in der Steinstraße 18, yes, indeed, mit laufendem Aufnahmegerät, Herr Minister! So haben wir gearbeitet, ha!, und ganz ohne Auftrag ...
Einige Kollegen höre ich diese Mitteilung kommentieren: »Wir haben doch immer gewußt, was das für Lumpen sind!«

RECLAM-BIBLIOTHEK

Adolf Endler
Die Exzesse Bubi Blazezaks
im Fokus des Kalten Krieges
Satirische Collagen und Capriccios
1976–1994

208 Seiten. RBL 1540. 19,– DM
ISBN 3-379-01540-7

Vor- und Nachwendetexte Endlers sind in diesem Band versammelt, und mit Recht warnt der Autor den Leser vor der »schwarzhumorigen Verdrehtheit, welcher man bei der Lektüre dieser Prosa begegnen wird: Schleudertour, Gespensterbahn, nichts für schwache Nerven, nichts für den gehobenen quasi ›normalen‹ Geschmack diese teils desperat zerbröckelnden, teils irrwitzig ausschweifenden Fragmente, Glossen, Zitat-Serien, Lästerlaudatios.«
Entstanden ist ein Buch, dessen Untertitel auch »Bausteine für eine andere Geschichte der DDR« hätte lauten können.

RECLAM-BIBLIOTHEK

MachtSpiele

Literatur und Staatssicherheit im Fokus Prenzlauer Berg

Herausgegeben von Peter Böthig und Klaus Michael
416 Seiten. RBL 1460. 22,– DM
ISBN 3-379-01460-5

Der vorliegende Sammelband stellt Material zur Unterwanderung der Literaturszene des Prenzlauer Bergs durch die Staatssicherheit der DDR zusammen. Er hebt sich dabei von der anschwellenden Flut der Publikationen zu den Machenschaften der Stasi in der DDR ab, weil er weder mit sensationellen Enthüllungen handelt, noch in einen moralisierenden Ton oder in Schwarz-Weiß-Malerei verfällt. Ziel der Herausgeber, die selbst am »Prenzlberg« aktiv gewesen waren, ist es vielmehr, einen »Prozeß vertieften Nachdenkens über das Verhältnis von Literatur und Staatssicherheit« zu dokumentieren und zu befördern.

(Germanistik)

RECLAM-BIBLIOTHEK

Günter Kunert
Schatten entziffern

Lyrik, Prosa

Herausgegeben von Jochen Richter
255 Seiten. RBL 1505. 19,– DM
ISBN 3-379-01505-9

Günter Kunert, geb. 1929 in Berlin, hat in den fast fünfundvierzig Jahren seit seinem Debüt ein außerordentliches und vielfältiges Werk vorgelegt: Gedichte, Balladen, Essays, Satiren, Glossen, Erzählungen, Reisebücher, Märchen, Kinderbücher, einen Roman. Er schrieb Drehbücher für zahlreiche Kinofilme und für das Fernsehen, Hörspiele, Libretti und Theaterstücke.
Die von Jochen Richter besorgte Auswahl präsentiert Gedichte und kurze Prosa aus verschiedenen Schaffensperioden Günter Kunerts bis hin zu neuesten, noch unveröffentlichten Arbeiten.